CANCER AND THE CITY

12 AOÛT 2004. CHIMIO N°1. JE METS DU GLOSS, LE VIVA GLAM DE M.A.C.

CANCER AND THE CITY

UNE HISTOIRE VRAIE

MARISA ACOCELLA MARCHETTO

TRADUIT DE L'AMÉRICAIN PAR :
FANNY SOUBIRAN
ET JAKUTA ALIKAVAZOVIC

L'ICONOCLASTE

COORDINATION ÉDITORIALE : JEAN-BAPTISTE BOURRAT

RÉVISION : MARIE SANSON
LILIANE CRAPANZANO

LETTRAGE : CÉLINE MERRIEN & FRÉDÉRIC FELDER

PRÉPRESSE : SYCOMORE

CET OUVRAGE A ÉTÉ ACHEVÉ D'IMPRIMER À SINGAPOUR
SUR LES PRESSES DE L'IMPRIMERIE TWP EN JUILLET 2007

DÉPÔT LÉGAL : SEPTEMBRE 2007

ISBN : 978-2-913366-17-6

ÉDITIONS DE L'ICONOCLASTE
3, RUE ROLLIN
75005 PARIS
T : 01 42 17 47 80
F : 01 43 31 77 97

CANCER AND THE CITY SE PROLONGE SUR :
WWW.EDITIONS-ICONOCLASTE.FR

ET SUR :
WWW.CANCERVIXEN.COM

POUR SILVANO

QUE SE PASSE-T-IL QUAND UNE ILLUSTRATRICE NEW-YORKAISE, MOI, MARISA ACOCELLA, FASHION-ADDICT, DINGUE DE MAQUILLAGE ET DE STILETTOS, AMATRICE DE BONS VINS ET DE PÂTES FRAÎCHES, CÉLIBATAIRE ENDURCIE, MENANT UNE VIE DE RÊVE, SE DÉCOUVRE...

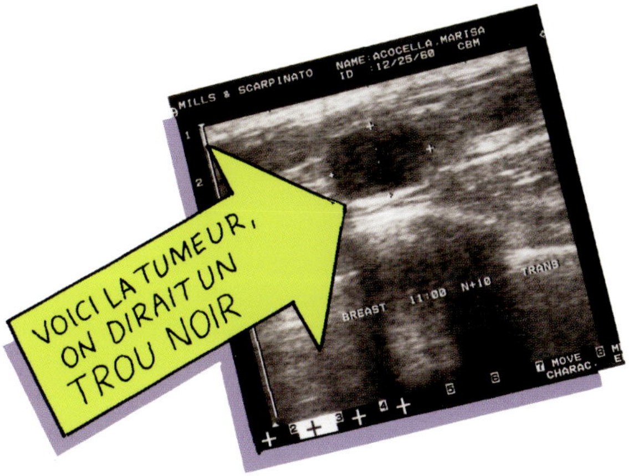

UNE BOULE AU SEIN?!?

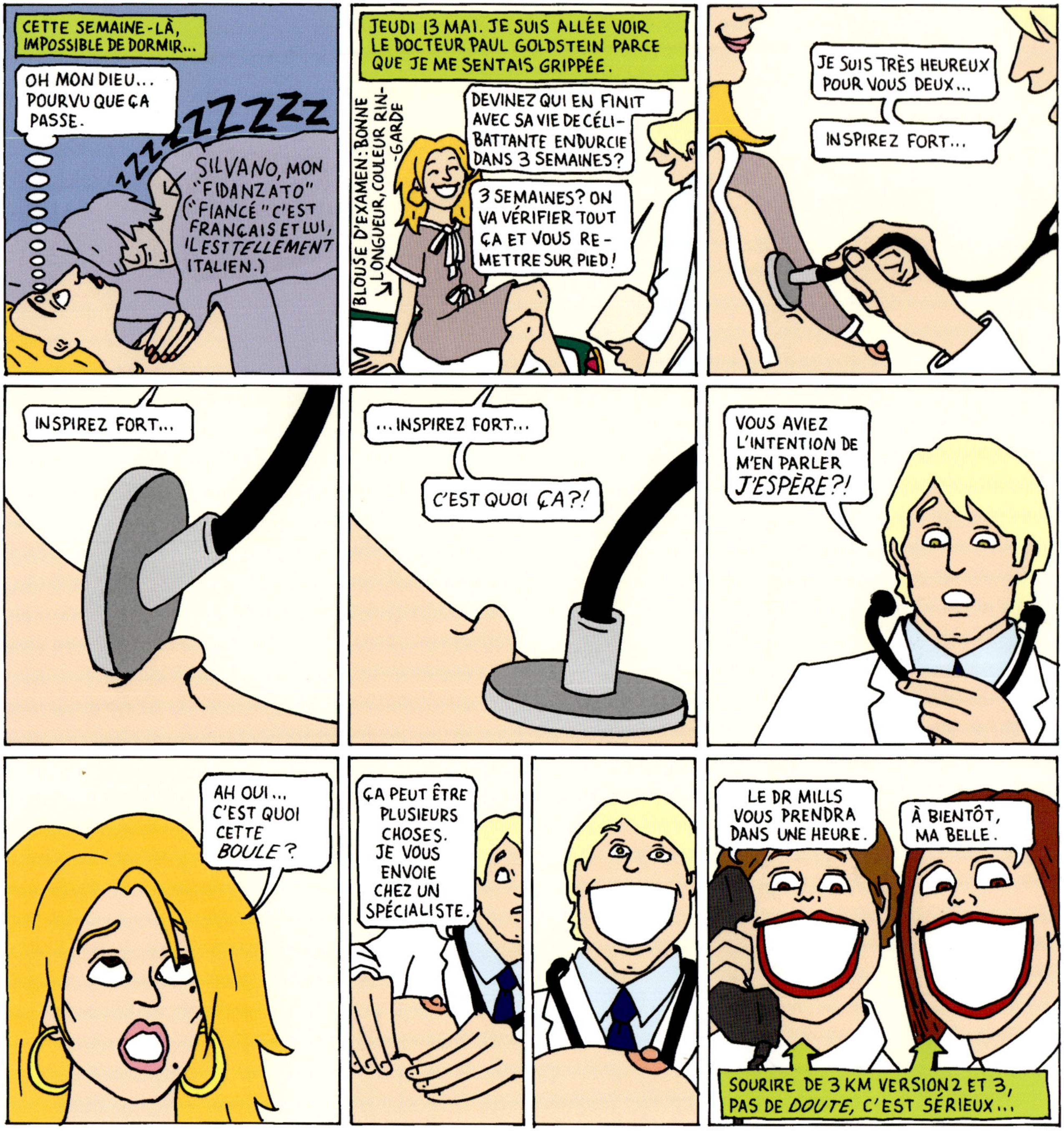
CETTE SEMAINE-LÀ, IMPOSSIBLE DE DORMIR...
OH MON DIEU... POURVU QUE ÇA PASSE.
ZZZZZZZZZZZ
SILVANO, MON "FIDANZATO" ("FIANCÉ" C'EST FRANÇAIS ET LUI, IL EST *TELLEMENT* ITALIEN.)
JEUDI 13 MAI. JE SUIS ALLÉE VOIR LE DOCTEUR PAUL GOLDSTEIN PARCE QUE JE ME SENTAIS GRIPPÉE.
BLOUSE D'EXAMEN: BONNE LONGUEUR, COULEUR RIN-GARDE
DEVINEZ QUI EN FINIT AVEC SA VIE DE CÉLIBATTANTE ENDURCIE DANS 3 SEMAINES?
3 SEMAINES? ON VA VÉRIFIER TOUT ÇA ET VOUS REMETTRE SUR PIED!
JE SUIS TRÈS HEUREUX POUR VOUS DEUX...
INSPIREZ FORT...
INSPIREZ FORT...
...INSPIREZ FORT...
C'EST QUOI *ÇA*?!
VOUS AVIEZ L'INTENTION DE M'EN PARLER *J'ESPÈRE*?!
AH OUI... C'EST QUOI CETTE *BOULE*?
ÇA PEUT ÊTRE PLUSIEURS CHOSES. JE VOUS ENVOIE CHEZ UN SPÉCIALISTE.
LE DR MILLS VOUS PRENDRA DANS UNE HEURE.
À BIENTÔT, MA BELLE.
SOURIRE DE 3 KM VERSION 2 ET 3, PAS DE *DOUTE*, C'EST SÉRIEUX...

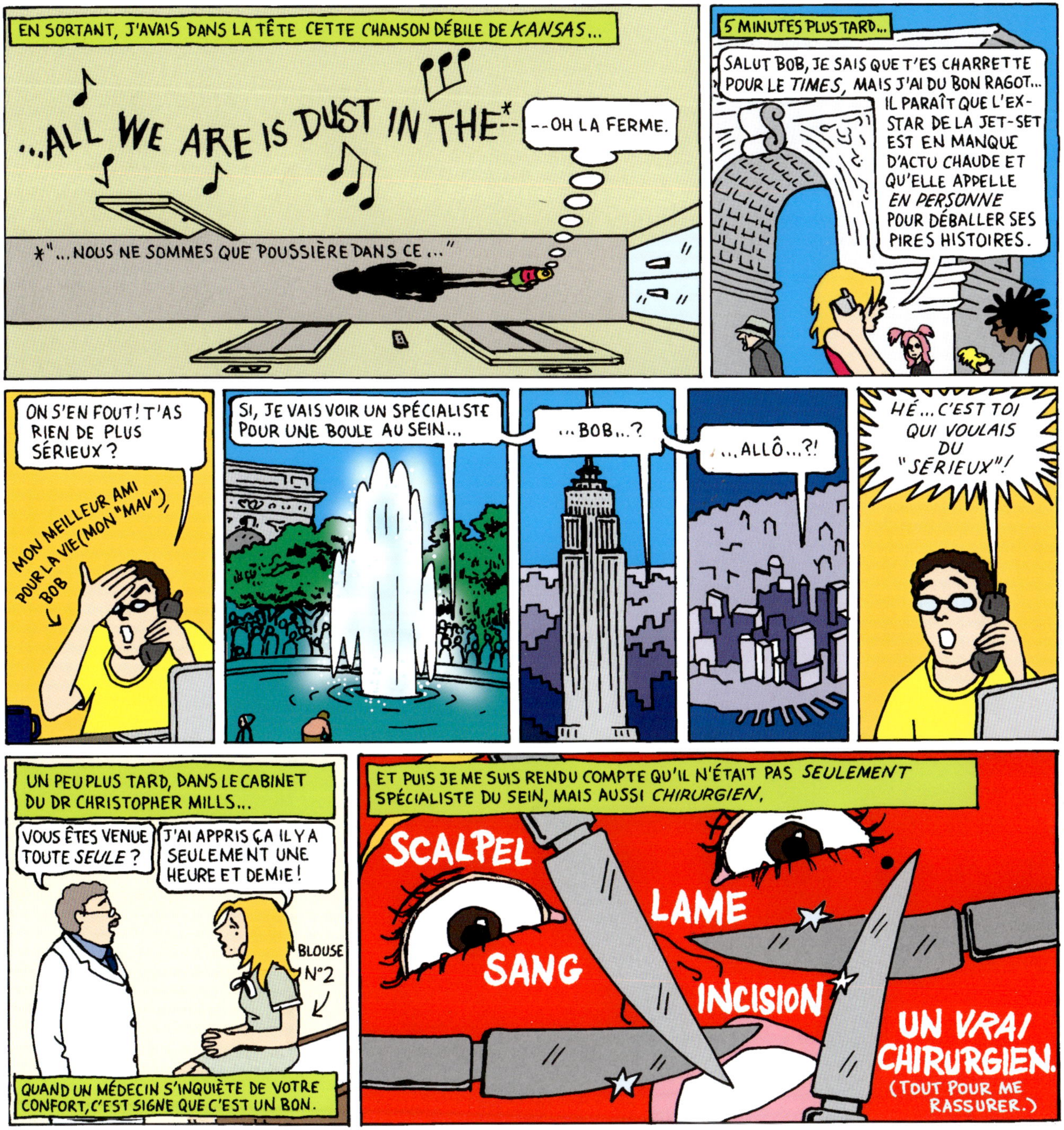
EN SORTANT, J'AVAIS DANS LA TÊTE CETTE CHANSON DÉBILE DE KANSAS...
...ALL WE ARE IS DUST IN THE*--
--OH LA FERME.
*"...NOUS NE SOMMES QUE POUSSIÈRE DANS CE..."
5 MINUTES PLUS TARD...
SALUT BOB, JE SAIS QUE T'ES CHARRETTE POUR LE TIMES, MAIS J'AI DU BON RAGOT... IL PARAÎT QUE L'EX-STAR DE LA JET-SET EST EN MANQUE D'ACTU CHAUDE ET QU'ELLE APPELLE EN PERSONNE POUR DÉBALLER SES PIRES HISTOIRES.
ON S'EN FOUT! T'AS RIEN DE PLUS SÉRIEUX?
MON MEILLEUR AMI POUR LA VIE (MON "MAV"), BOB
SI, JE VAIS VOIR UN SPÉCIALISTE POUR UNE BOULE AU SEIN...
...BOB...?
...ALLÔ...?!
HÉ... C'EST TOI QUI VOULAIS DU "SÉRIEUX"!
UN PEU PLUS TARD, DANS LE CABINET DU DR CHRISTOPHER MILLS...
VOUS ÊTES VENUE TOUTE SEULE?
J'AI APPRIS ÇA IL Y A SEULEMENT UNE HEURE ET DEMIE!
BLOUSE N°2
QUAND UN MÉDECIN S'INQUIÈTE DE VOTRE CONFORT, C'EST SIGNE QUE C'EST UN BON.
ET PUIS JE ME SUIS RENDU COMPTE QU'IL N'ÉTAIT PAS SEULEMENT SPÉCIALISTE DU SEIN, MAIS AUSSI CHIRURGIEN.
SCALPEL
LAME
SANG
INCISION
UN VRAI CHIRURGIEN.
(TOUT POUR ME RASSURER.)

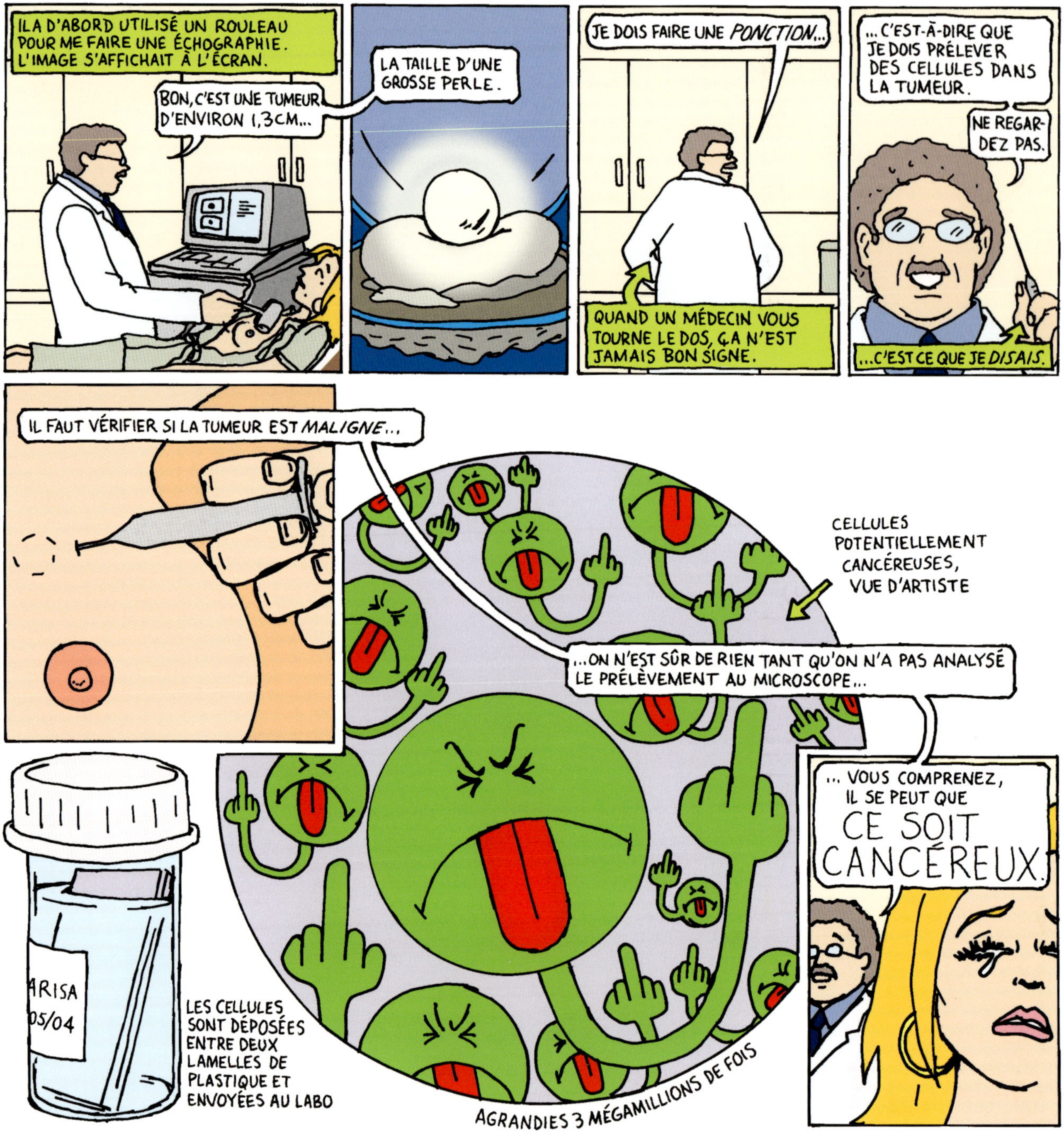
IL A D'ABORD UTILISÉ UN ROULEAU POUR ME FAIRE UNE ÉCHOGRAPHIE. L'IMAGE S'AFFICHAIT À L'ÉCRAN.
BON, C'EST UNE TUMEUR D'ENVIRON 1,3CM...
LA TAILLE D'UNE GROSSE PERLE.
JE DOIS FAIRE UNE *PONCTION*...
QUAND UN MÉDECIN VOUS TOURNE LE DOS, ÇA N'EST JAMAIS BON SIGNE.
... C'EST-À-DIRE QUE JE DOIS PRÉLEVER DES CELLULES DANS LA TUMEUR.
NE REGARDEZ PAS.
...C'EST CE QUE JE *DISAIS*.
IL FAUT VÉRIFIER SI LA TUMEUR EST *MALIGNE*...
CELLULES POTENTIELLEMENT CANCÉREUSES, VUE D'ARTISTE
...ON N'EST SÛR DE RIEN TANT QU'ON N'A PAS ANALYSÉ LE PRÉLÈVEMENT AU MICROSCOPE...
... VOUS COMPRENEZ, IL SE PEUT QUE CE SOIT CANCÉREUX.
ARISA 05/04
LES CELLULES SONT DÉPOSÉES ENTRE DEUX LAMELLES DE PLASTIQUE ET ENVOYÉES AU LABO
AGRANDIES 3 MÉGAMILLIONS DE FOIS

EN ARRIVANT CHEZ MOI, J'AI AUSSITÔT APPELÉ MA BANDE EN RENFORT, À COMMENCER PAR MA MÈRE.
T'ES ASSISE ?
MA MÈRE, TOUT SAUF DISCRÈTE, BRUSHING CHOUCROUTE, BIJOUX MASTOC, ET PERSONNALITÉ HYPER ENVAHISSANTE C'EST LA SOPHIA LOREN DU NEW JERSEY.
J'AI MAL À LA GORGE ET AU GENOU, MERCI DE T'EN INQUIÉTER...
QU'EST-CE QU'IL Y A ?
ZBOOUM !
ÇA Y EST, JE SUIS ASSISE.
VLAN !
C'EST TA FAUTE... JE T'AVAIS DIT QUE TU ÉTAIS TROP NÉGATIVE DANS LA VIE !
LA TOILETTE
ET T'AS PAS INTÉRÊT À ME DESSINER SUR LE TRÔNE !
N'ÉCOUTE PAS TA MÈRE.
← KIMBERLEY, MA MAV, MARIÉE ET MÈRE DE DEUX ENFANTS, CONNECTICUT
MARISAA... C'EST SÛREMENT JUSTE UN FIBROME.
↑ SHARON, MA MAV, COIFFEUSE COLORISTE DES STARS
DU CALME... TU AS BIEN FAIT DES MAMMOGRAPHIES NON ?
← ANNIE, MA MAV, CADRE SUP' DANS LA MODE
LÀ OÙ JE PASSE MA VIE, MA TABLE À DESSIN →
J'AI JAMAIS FAIT DE MAMMOGRAPHIE.
QUOI ? TU N'AS JAMAIS FAIT DE MAMMOGRAPHIE ?! JE VAIS TE TUER !
MERCI, MAIS JE M'EN SORS TRÈS BIEN TOUTE SEULE DE CE CÔTÉ-LÀ.
ÉCOUTE, SALETÉ DE CANCER...
... À 43 ANS, JE ME MARIE ENFIN, POUR LA PREMIÈRE FOIS...
Je veux une robe simple et blanche et près du corps.
... ET DAVID REMNICK, LE RÉDACTEUR EN CHEF DU NEW YORKER, VEUT PUBLIER PLUS DE MES DESSINS...
OK, JE VAIS REDOUBLER D'EFFORTS.
... CE N'EST PAS LE MOMENT !

CE SOIR-LÀ, SILVANO M'APPELLE DE SON FABULEUX RESTAURANT.
ALEC BALDWIN A ADORÉ LA GRANDE CIGALE DE MER. JE T'EN AI GARDÉ UNE. REJOINS-MOI VITE, J'AI FAIM !
EN GÉNÉRAL, J'ATTENDS AU BAR QUE NOTRE TABLE SE LIBÈRE ET J'OBSERVE LE MANÈGE HALLUCINANT DE SILVANO.
PAS DE PARMESAN AVEC LES FRUITS DE MER ! C'EST SACRILÈGE !
SORS-MOI CE TRUC DE TON TABLIER, ON DIRAIT UN KANGOUROU !
PRENEZ L'OSSO BUCO. IL EST À SE DAMNER !
TOUT ÇA DANS LA MÊME MINUTE, JE LE JURE !
UNE FOIS QUE L'HOMME LE PLUS ÉNERGIQUE DE LA TERRE S'EST ENFIN POSÉ, JE LUI RACONTE MA MERVEILLEUSE JOURNÉE.
SILVANO, LE DOCTEUR M'A TROUVÉ UNE BOULE AU SEIN ET J'AURAI LE RÉSULTAT DES ANALYSES DEMAIN MAIS NE T'INQUIÈTE PAS...
...IL SE PEUT QUE CE NE SOIT *PAS* CANCÉREUX.
LE LENDEMAIN, VENDREDI 14 MAI, JE SUIS CENSÉE RECEVOIR LES RÉSULTATS ET DONC, À CHAQUE FOIS QUE J'ENTENDS...
DRING! DRING!
AAAAAHH!
ZOOOUM!
BING!
AÏE.
RÉPÉTER 57 FOIS
C'EST MAMAN, ILS ONT APPELÉ ?..
...POUR LE CANCER ?
CONVERSATIONS N°4, 5, 6, 9, 10, 11, 12, 13, 14, 16, 17, 18, 19, 20, 21, 23, 24, 25, 26, 27, 29, 35, 44, 45, 46, 47, 48, 51, 52, 55 & 56
MARISA CHÉRIE... DU NOUVEAU..?
...POUR LE CANCER ?
SHARON PORTE MASQUE ET GANTS LATEX POUR APPLIQUER SES COULEURS
CONVERSATIONS N°15, 43
QUOI DE NEUF..
...POUR LE CANCER ?
CONVERSATIONS N°1, 3, 8, 22, 38, 39, 41, 49, 57
JOURNAL DES APPELS -14 MAI :
TOTAL DES APPELS REÇUS : 57
TOTAL DES APPELS DE SILVANO : 9
TOTAL DES APPELS DE MES MAVs : 17
TOTAL DES APPELS DE MA MÈRE : 31
TOTAL DES APPELS DU MÉDECIN : 0

LE 15 MAI, LE LENDEMAIN DU JOUR OÙ LES RÉSULTATS DEVAIENT TOMBER...
COMMENT TU TROUVES, BABY ?
ÇA JURE, J'ADORE.
SUPER-JE-T'AIME-BYE-BYE.
JE T'AIME AUSSI. BYE.
APPELLE-MOI-SI-TU-AS-DU-NOUVEAU-OU-BESOIN-DE-QUOI-QUE-CE-SOIT.
PAS LA PEINE. LES MÉDECINS N'APPELLENT JAMAIS LE WEEK-END !
10H03
DRING! DRING!
C'EST-MOI-J'AI-OUBLIÉ-MES-LUNETTES-DE-SOLEIL-JE-FILE-CIAO!
CIAO, BELLO.
SCH-ZOOOUM!
DRING! DRING!
palmOne
T-Mobile
Appel Dr Mills
10H12 PRÉCISES.
MARISA, DR MILLS À L'APPAREIL. J'AI UNE MAUVAISE NOUVELLE.
MON MONDE S'ÉCROULE.

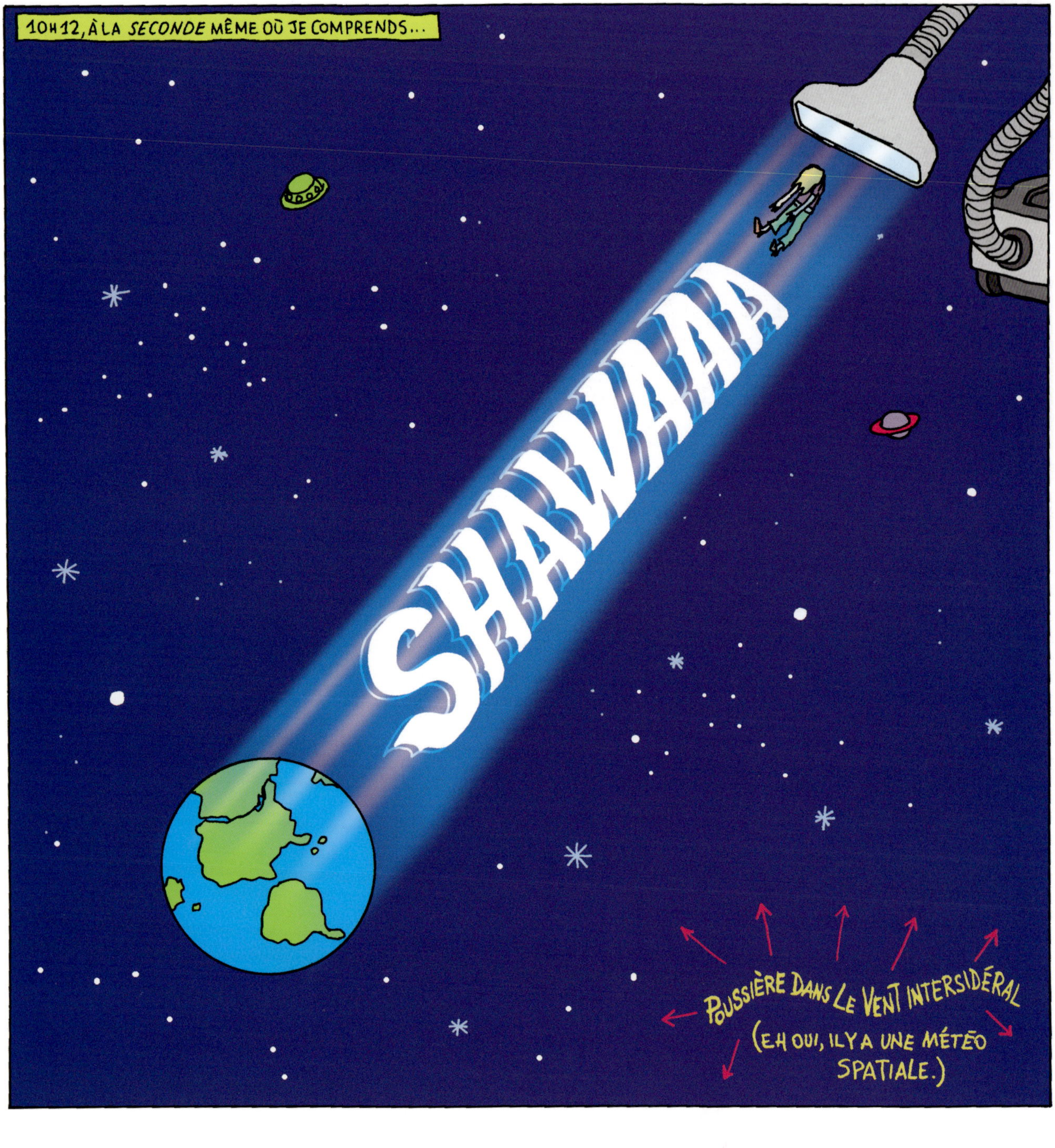
10H12, À LA *SECONDE* MÊME OÙ JE COMPRENDS...
SHAWAAA
POUSSIÈRE DANS LE VENT INTERSIDÉRAL
(EH OUI, IL Y A UNE MÉTÉO SPATIALE.)

LE ROWENTA DE L'UNIVERS M'ASPIRE DANS UN TROU NOIR.
FLOP!
JE SUIS SEULE,
J'AI PEUR.
PÉTRIFIÉE POUR L'ÉTERNITÉ DANS L'IMMENSITÉ DU NÉANT ET PLONGÉE DANS UNE OBSCURITÉ ÉPAISSE...
...AVEC POUR SEUL SOUHAIT DE REVENIR À MES OBSESSIONS NARCISSIQUES ET FUTILES, MES HISTOIRES D'EGO, DE POIDS, DE PEAU GRASSE ET DE CHEVEUX SECS...
MAIS QUI SAIT SI J'AURAI *ENCORE* DES CHEVEUX ?
JE SUIS LÀ, AU FOND
OU SI JE SURVIVRAI?

10H12 MIN. 3S, À LA MILLISECONDE SUIVANTE, JE DOIS APPELER MES PARENTS...
BIEN SÛR, C'EST MA MÈRE QUI DÉCROCHE.
OH MON DIEU, JE VAIS VOMIR !
CÔTE DU NEW JERSEY
ET DIRE QUE MON PÈRE DÉTESTE LE TÉLÉPHONE...
MAMAN EST ALLÉE AUX TOILETTES.
MARISA, NE ME DIS PAS QUE...
MON DIEU MON DIEU MON DIEU FAITES QUE CE SOIT FAUX !
LA TOILETTE
POURQUOI J'AI LE CANCER MAINTENANT ? POURQUOI JE DOIS ME FAIRE OPÉRER ? POURQUOI ÇA M'ARRIVE MAINTENANT ? ALORS QUE JE N'AI JAMAIS ÉTÉ AUSSI HEUREUSE !
IL FAUT QUE TU EN PARLES À SILVANO. C'EST TON FUTUR ÉPOUX.
CHÉRI, PASSE-MOI L'AUTRE COMBINÉ !
J'AI PEUR DE LE DIRE À SILVANO...
MARISA, C'EST MAMAN. SILVANO EST UN HOMME EXCEPTIONNEL.
C'EST PAPA, CHÉRIE. CE N'EST PAS N'IMPORTE QUI, ET C'EST POUR ÇA QUE TU AS ATTENDU 43 ANS POUR TE MARIER.
MAIS QUAND LES FEMMES TOMBENT MALADES, LES MECS SE BARRENT. LES MARIS QUITTENT LEURS FEMMES... ET ON N'EST MÊME PAS MARIÉS !

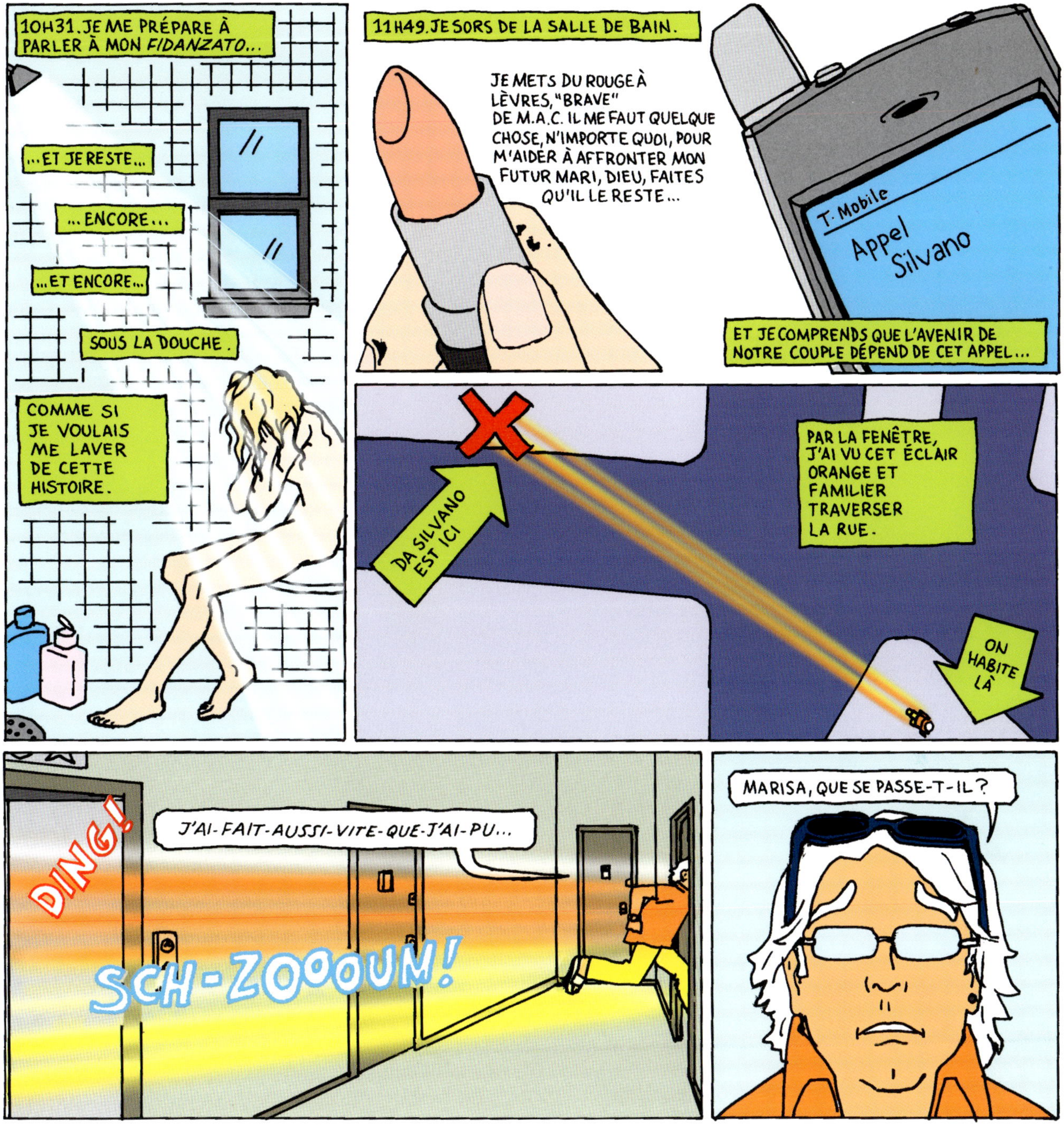
10H31. JE ME PRÉPARE À PARLER À MON *FIDANZATO*...
...ET JE RESTE...
...ENCORE...
...ET ENCORE...
SOUS LA DOUCHE.
COMME SI JE VOULAIS ME LAVER DE CETTE HISTOIRE.
11H49. JE SORS DE LA SALLE DE BAIN.
JE METS DU ROUGE À LÈVRES, "BRAVE" DE M.A.C. IL ME FAUT QUELQUE CHOSE, N'IMPORTE QUOI, POUR M'AIDER À AFFRONTER MON FUTUR MARI, DIEU, FAITES QU'IL LE RESTE...
T-Mobile
Appel Silvano
ET JE COMPRENDS QUE L'AVENIR DE NOTRE COUPLE DÉPEND DE CET APPEL...
DA SILVANO EST ICI
PAR LA FENÊTRE, J'AI VU CET ÉCLAIR ORANGE ET FAMILIER TRAVERSER LA RUE.
ON HABITE LÀ
DING!
J'AI-FAIT-AUSSI-VITE-QUE-J'AI-PU...
SCH-ZOOOOUM!
MARISA, QUE SE PASSE-T-IL ?

VOUS SAVEZ, JE N'AI PAS TOUJOURS ÉTÉ LA NARCISSIQUE ASSUMÉE QUE JE SUIS AUJOURD'HUI...

TAXI!
AOÛT 2001
J'ÉTAIS À FOND DANS LES TRUCS SUPERFICIELS, COMME TOUT LE MONDE À L'ÉPOQUE!
OUI, J'ÉTAIS VRAIMENT MAIGRE.
MOI, A.C.
C'EST-À-DIRE "AVANT LE CANCER"

"Arrête de sourire. On est à Manhattan."

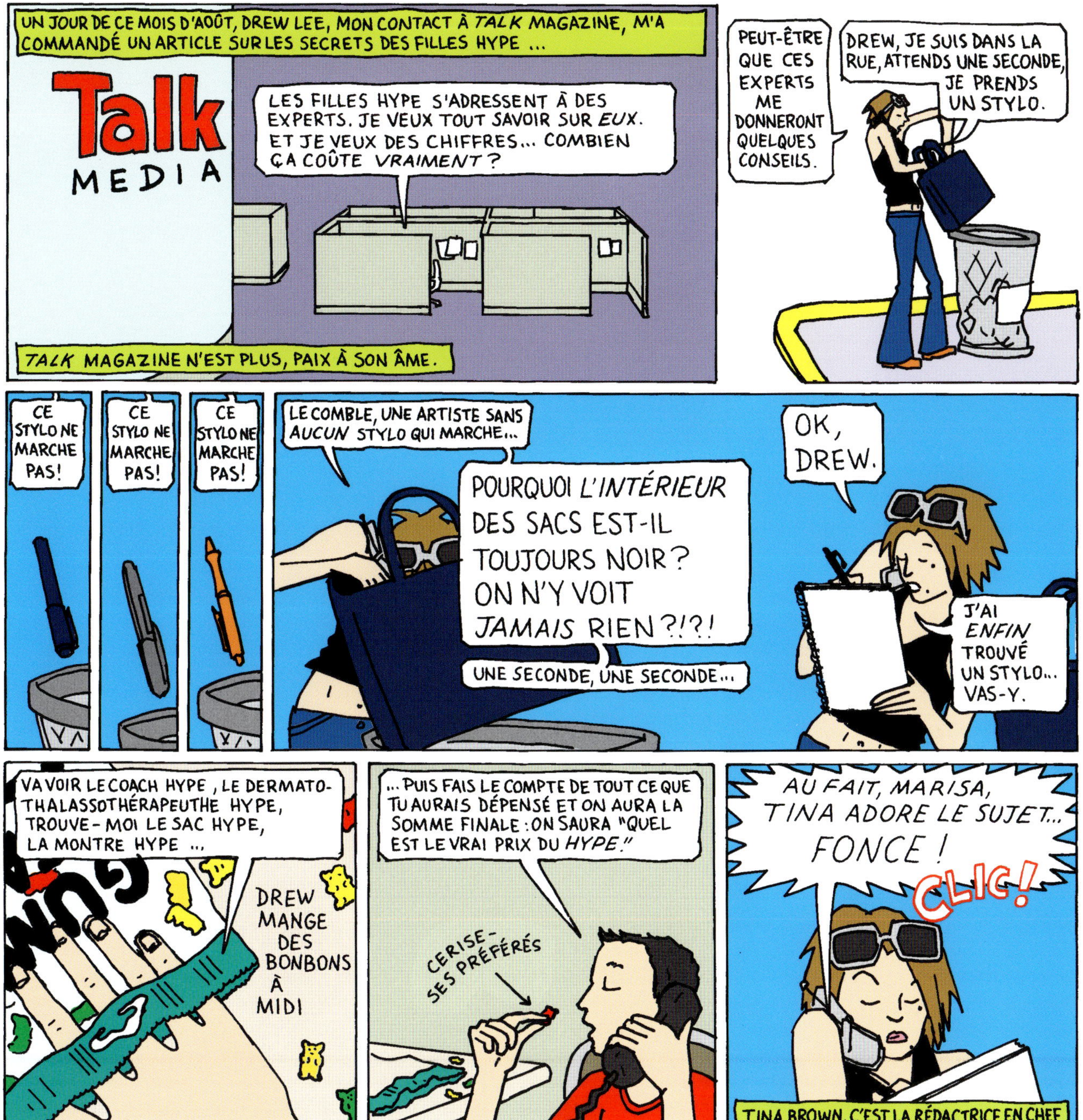

UN JOUR DE CE MOIS D'AOÛT, DREW LEE, MON CONTACT À *TALK* MAGAZINE, M'A COMMANDÉ UN ARTICLE SUR LES SECRETS DES FILLES HYPE ...
Talk MEDIA
LES FILLES HYPE S'ADRESSENT À DES EXPERTS. JE VEUX TOUT SAVOIR SUR *EUX*. ET JE VEUX DES CHIFFRES... COMBIEN ÇA COÛTE *VRAIMENT* ?
TALK MAGAZINE N'EST PLUS, PAIX À SON ÂME.
PEUT-ÊTRE QUE CES EXPERTS ME DONNERONT QUELQUES CONSEILS.
DREW, JE SUIS DANS LA RUE, ATTENDS UNE SECONDE, JE PRENDS UN STYLO.
CE STYLO NE MARCHE PAS!
CE STYLO NE MARCHE PAS!
CE STYLO NE MARCHE PAS!
LE COMBLE, UNE ARTISTE SANS *AUCUN* STYLO QUI MARCHE...
POURQUOI *L'INTÉRIEUR* DES SACS EST-IL TOUJOURS NOIR? ON N'Y VOIT *JAMAIS* RIEN?!?!
UNE SECONDE, UNE SECONDE...
OK, DREW.
J'AI *ENFIN* TROUVÉ UN STYLO... VAS-Y.
VA VOIR LE COACH HYPE, LE DERMATO-THALASSOTHÉRAPEUTHE HYPE, TROUVE-MOI LE SAC HYPE, LA MONTRE HYPE ...
DREW MANGE DES BONBONS À MIDI
... PUIS FAIS LE COMPTE DE TOUT CE QUE TU AURAIS DÉPENSÉ ET ON AURA LA SOMME FINALE : ON SAURA "QUEL EST LE VRAI PRIX DU *HYPE*."
CERISE-SES PRÉFÉRÉS
AU FAIT, MARISA, TINA ADORE LE SUJET... FONCE !
CLIC!
TINA BROWN, C'EST LA RÉDACTRICE EN CHEF.

J'HABITAIS
CARMINE ST
J'AI FONCÉ À MON APPART' CHIQUISSIME...
... UN DEUX PIÈCES MINUS AU DEUXIÈME ÉTAGE SANS ASCENSEUR, DANS WEST VILLAGE
VOICI UN APERÇU DE MON SALON...
PAS REPEINT DEPUIS 1989
DES PILES ET DES PILES DE DESSINS EN VRAC
FAUTEUIL ERGONOMIQUE. ÊTRE ARTISTE, C'EST POSER SES FESSES SUR UN SIÈGE ET Y RESTER.
MES OEUVRES
SOUS LES MAGAZINES C'EST UN CANAPÉ
BOÎTES PLEINES D'IDÉES D'ÉMISSIONS POUR LA TV
LÀ, SOUS LES MAGAZINES, LA TÉLÉ
ICI, SOUS LES MAGAZINES, LA TABLE BASSE DE MAMIE
MATÉRIEL DE DESSIN DANS LA KITCHENETTE
ATTENTION! RISQUE D'INCENDIE
DES BOÎTES ET DES BOÎTES ET DES BOÎTES ET DES BOÎTES ET DES BOÎTES DE DESSINS REFUSÉS
LA CHAMBRE EST PAR LÀ, MAIS JE NE SUIS PAS PRÊTE POUR ÇA.

UNE FOIS TROUVÉS LEURS NUMÉROS, J'AI APPELÉ LE TOP TEN DES EXPERTS HYPE.
VOUS ALLEZ VOUS MOQUER DE MOI?!
C'EST POUR UN REPORTAGE BD?!
POURQUOI C'EST UNE DESSINATRICE QUI FAIT L'ARTICLE?!?!
5TH AVE
MADISON AVE
PARK AVE
ILS AVAIENT TOUS DES ADRESSES CHICOS.
LES ILLUSTRATEURS NE FONT PAS QU'ATTENDRE L'INSPIRATION. CERTAINS SONT REPORTERS. ON ME COMMANDE DES SUJETS COMME À UN REPORTER DE BASE, SAUF QUE JE RENDS MES ARTICLES SOUS FORME DE BD, CE QUI S'APPELLE UN *REPORTAGE BD*.
RAPIDOGRAPHE 3.5 MON PRÉFÉRÉ
J'ÉTAIS LA PREMIÈRE À FAIRE DU BD JOURNALISME AU *NEW YORK TIMES* : UN DIMANCHE SUR DEUX DANS LA RUBRIQUE "STYLES".
MARISA ACOCELLA, BD JOURNALISTE POUR LE *TIMES*.
C'EST UNE BLAGUE.
VOILÀ MES ACCRÉDITATIONS. J'*ADORAIS* CE JOB.
THE NEW YORK TIMES
PRESS
MARISA ACOCELLA
PRESS
LES GENS SE CALMAIENT QUAND ILS APPRENAIENT QUE JE TRAVAILLAIS POUR "LA BIBLE DES QUOTIDIENS"...
EN REPORTAGE, JE SUIS LES GENS AVEC MON DICTAPHONE,
RadioShack
RADIOSHACK-- LE MOINS CHER ET LE MEILLEUR (NON, ILS NE M'ONT PAS GRAISSÉ LA PATTE)
ET MON DEUXIÈME DICTAPHONE PARCE QU'IL Y A TOUJOURS DES SOUCIS
ET
MON APPAREIL PHOTO. JE MITRAILLE PUIS JE M'EN SERS POUR DESSINER.
VRAIE CASSETTE
(FAROUCHE ANTINUMÉRIQUE)
Mead
ACADÉMIE Sketch Diary
JE NE SORS JAMAIS SANS ÇA.
ET MAINTENANT
ALLONS VOIR LES MANITOUS...

... LES GRANDS MANITOUS DE LA HYPE ...
QUE DOIVENT FAIRE LES FEMMES POUR ÊTRE HYPE ET COMBIEN ÇA COÛTE ?
DEUX DICTAPHONES SCOTCHÉS
LE DERMATOLOGUE HYPE M'A DIT ...
LIPOSUCCION DU VENTRE 7000$, LIPOSUCCION DES CUISSES (FACE INTERNE) 4000$, LIPOSUCCION DES CUISSES (FACE EXTERNE) 6000$ ...
MAIS JE NE VOIS PLUS QUE DES MAIGRES AUX TRAITS ÉMACIÉS, ET ÇA C'EST MOCHE ...
... DONC IL FAUT LEUR INJECTER DANS LE VISAGE DE LA GRAISSE PRISE SUR LE FESSIER. LÀ, DANS LES SILLONS NASOGÉNIENS
NASOGÉNIENS ?
... OUI, JUSTE LÀ. ON PEUT S'Y METTRE APRÈS VOTRE ARTICLE.
COÛT : 19500 $
LE DENTISTE HYPE M'A DIT ...
JE PEUX AGRANDIR VOTRE SOURIRE POUR RÉDUIRE L'IMPACT VISUEL DU NEZ.
C'ÉTAIT PAS ÇA MA QUESTION ?!?
COÛT : 40000 $ (14 FACETTES EN PORCELAINE)
LE COIFFEUR VISAGISTE HYPE M'A DIT ...
ÇA MANQUE DE VOLUME, MA BELLE ! VOS CHEVEUX VOUS ENFONCENT ...
JE M'EN OCCUPE TOUT DE SUITE.
COÛT : 400 $ POUR LA CLASSE-SUR-MESURE
LE MANUCURE HYPE M'A DIT ...
LES STARS M'ADORENT, MAIS PARFOIS JE MANUCURE DE SIMPLES MORTELS, POUR GARDER LES PIEDS SUR TERRE ...
VOUS AVEZ UNE HEURE ?
MAINS TACHÉES D'ENCRE - LE RAPIDOGRAPHE FUIT
COÛT : 500 $ POUR LA MANUCURE PEOPLE
L'ÉLECTRO-MASSEUR DE CELLULITE HYPE M'A DIT ...
EN GÉNÉRAL, C'EST QUATRE SÉANCES, MAIS IL FAUDRAIT QU'ON VOIE VOTRE --
-- NON, NON ... JE NE MONTRE PAS MON DERRIÈRE CAPITONNÉ
COÛT : 4000 $ (8 SÉANCES)
LA PRO DE L'ÉPILATION MAILLOT BRÉSILIEN HYPE ...
VOUS NE POUVEZ PAS EN PARLER SANS L'AVOIR FAIT. VOTRE COPAIN ME REMERCIERA ... UNE CLIENTE S'EST MÊME FIANCÉE !
COÛT : 50 $. ENFIN DANS MES MOYENS !
AVANT :
FORÊT TROPICALE DU BRÉSIL
APRÈS :
SPHYNX : LE CHAT SANS POILS

APRÈS DÉFORESTATION DRASTIQUE, J'AI APPELÉ MON COPAIN *D'ALORS*, L'ACTEUR...
DEVINE QUI S'EST FAIT FAIRE LE MAILLOT...
JE POURRAIS...
...PASSER.
BIIP!
5TH AVE
IL N'A PAS DÉCROCHÉ. PAS ÉTONNANT. TROP NOMBRILISTE POUR LEVER LA TÊTE UNE *SECONDE*.
DIEU MERCI, UN DOUBLE APPEL...
UN RV S'EST DÉCOMMANDÉ. MARISA, OÙ T'EN ES ?
SALON DE MADISON AVENUE OÙ TRAVAILLE SHARON, COIFFEUSE COLORISTE HYPE.
LA QUÊTE DU HYPE ME REND FOLLE! JE N'AI PAS ENCORE TROUVÉ LE SAC HYPE, NI LA MONTRE, NI LE PORTABLE! MAIS J'AI : COLLAGÈNE, LIPOSUCCION, INJECTIONS DE GRAISSE, REPULPAGE DES LÈVRES, GOMMAGES, DERMABRASIONS, BOTOX, ÉLECTROLIPOLYSE ANTICELLULITE, ÉLECTRODOLYSE, FILS TENSEURS, SOINS AU LASER, SOINS DU PIED, SOINS DU PIED AU LASER, INJECTIONS DE COUSSINETS EN COLLAGÈNE DANS LA PLANTE DES PIEDS, MÉDI-PEELINGS, MÉDI-PÉDICURE, MÉDI-MANUCURE, TEINTURE DES SOURCILS, FAUX CILS POSÉS UN À UN, TEINTURE DES CILS, PERMANENTE DES CILS, ÉPILATION LASER, FAUX SEINS, NEZ REFAIT — MAIS C'EST INDISPENSABLE DANS CETTE VILLE OÙ L'ON EST MOINS QUE RIEN SI L'ON N'EST PAS MIEUX QUE TOUT, ET J'EN SUIS DÉJÀ À 179 546 $ ET C'EST PAS FINI. IL FAUT FAIRE CI ET ÇA, ÇA N'EN FINIT PAS, C'EST FOU, COMPLÈTEMENT FOU!
VOILÀ OÙ J'EN SUIS !
CHEZ SHARON, 11 MINUTES PLUS TARD :
JE ME SENS SI *MOCHE* DEPUIS QUE JE TRAVAILLE SUR LA *BEAUTÉ*... CES EXPERTS M'ONT TROUVÉ DES DÉFAUTS DONT JE N'AVAIS PAS IDÉE!
UN PEU TERNE, TOUT ÇA...
COÛT : 450 $ LE BALAYAGE
OH SHARON...
PAS TOI !
ÇA DOIT ÊTRE DANS LES GÈNES DE LA BEAUTÉ !

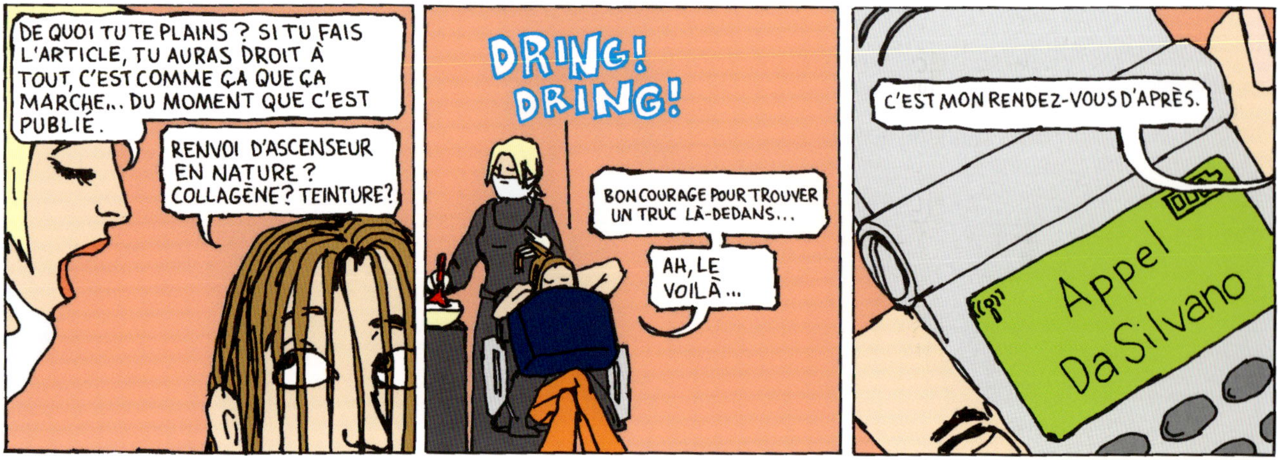

ET JE SUIS ALLÉE INTERVIEWER LE RESTAURATEUR HYPE, SILVANO MARCHETTO,
IL SE TROUVE QUE LE RESTAURANT HYPE ÉTAIT *MON* RESTO HYPE DEPUIS QUE J'AVAIS 17 ANS.

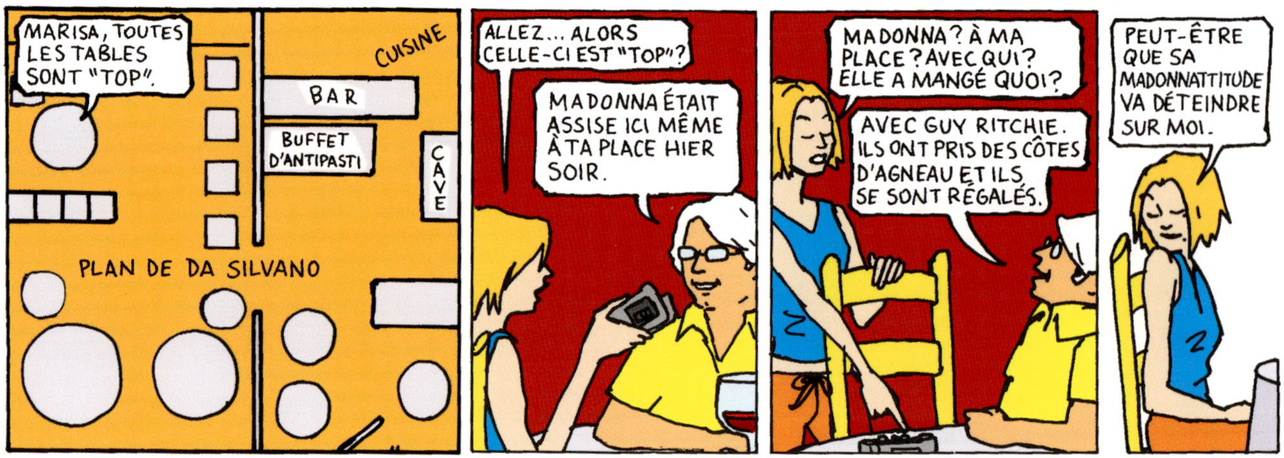

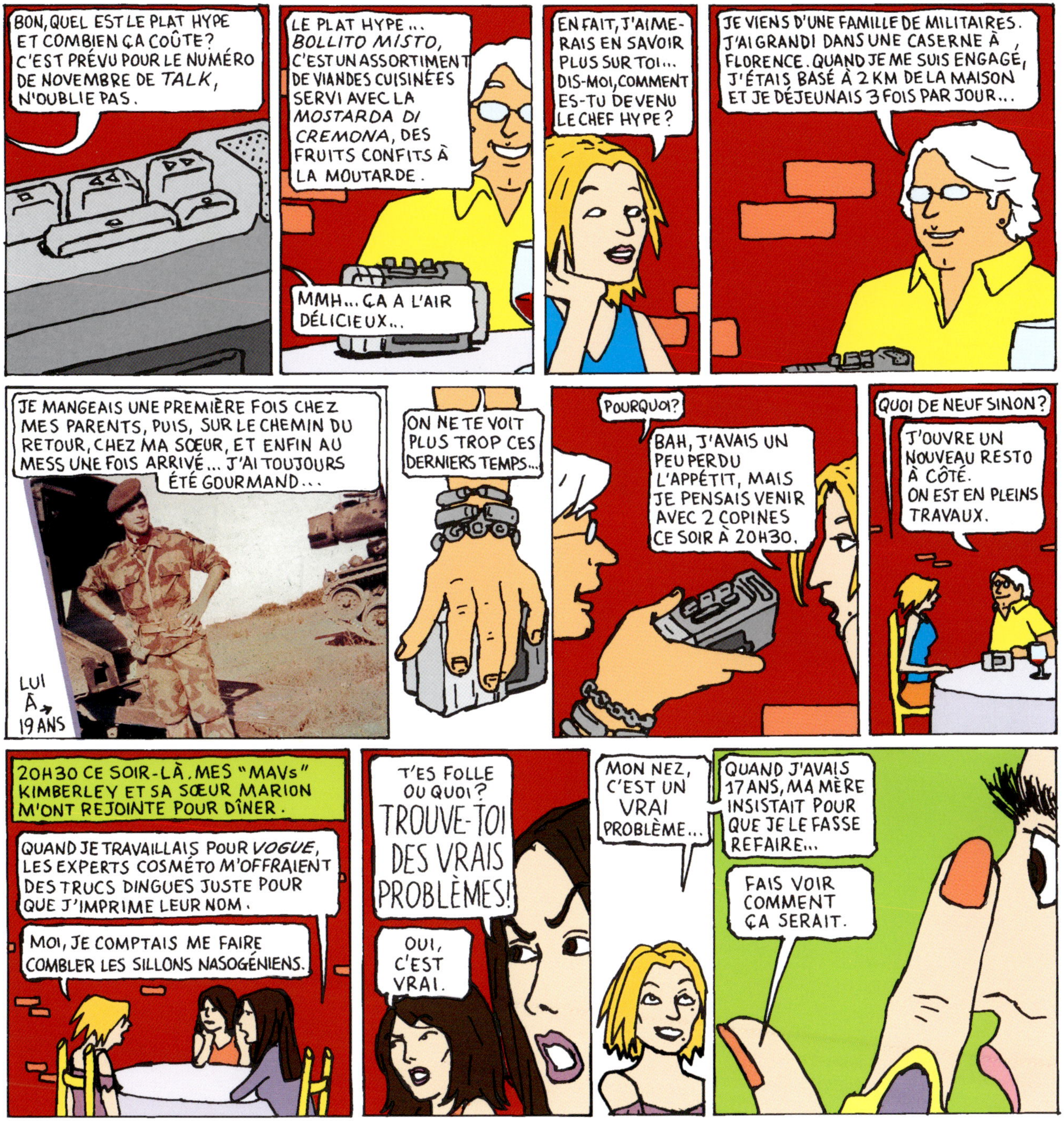
BON, QUEL EST LE PLAT HYPE ET COMBIEN ÇA COÛTE? C'EST PRÉVU POUR LE NUMÉRO DE NOVEMBRE DE TALK, N'OUBLIE PAS.
LE PLAT HYPE... BOLLITO MISTO, C'EST UN ASSORTIMENT DE VIANDES CUISINÉES SERVI AVEC LA MOSTARDA DI CREMONA, DES FRUITS CONFITS À LA MOUTARDE.
MMH... ÇA A L'AIR DÉLICIEUX...
EN FAIT, J'AIMERAIS EN SAVOIR PLUS SUR TOI... DIS-MOI, COMMENT ES-TU DEVENU LE CHEF HYPE?
JE VIENS D'UNE FAMILLE DE MILITAIRES. J'AI GRANDI DANS UNE CASERNE À FLORENCE. QUAND JE ME SUIS ENGAGÉ, J'ÉTAIS BASÉ À 2 KM DE LA MAISON ET JE DÉJEUNAIS 3 FOIS PAR JOUR...
JE MANGEAIS UNE PREMIÈRE FOIS CHEZ MES PARENTS, PUIS, SUR LE CHEMIN DU RETOUR, CHEZ MA SŒUR, ET ENFIN AU MESS UNE FOIS ARRIVÉ... J'AI TOUJOURS ÉTÉ GOURMAND...
LUI À 19 ANS
ON NE TE VOIT PLUS TROP CES DERNIERS TEMPS...
POURQUOI?
BAH, J'AVAIS UN PEU PERDU L'APPÉTIT, MAIS JE PENSAIS VENIR AVEC 2 COPINES CE SOIR À 20H30.
QUOI DE NEUF SINON?
J'OUVRE UN NOUVEAU RESTO À CÔTÉ. ON EST EN PLEINS TRAVAUX.
20H30 CE SOIR-LÀ. MES "MAVs" KIMBERLEY ET SA SŒUR MARION M'ONT REJOINTE POUR DÎNER.
QUAND JE TRAVAILLAIS POUR VOGUE, LES EXPERTS COSMÉTO M'OFFRAIENT DES TRUCS DINGUES JUSTE POUR QUE J'IMPRIME LEUR NOM.
MOI, JE COMPTAIS ME FAIRE COMBLER LES SILLONS NASOGÉNIENS.
T'ES FOLLE OU QUOI? TROUVE-TOI DES VRAIS PROBLÈMES!
OUI, C'EST VRAI.
MON NEZ, C'EST UN VRAI PROBLÈME...
QUAND J'AVAIS 17 ANS, MA MÈRE INSISTAIT POUR QUE JE LE FASSE REFAIRE...
FAIS VOIR COMMENT ÇA SERAIT.

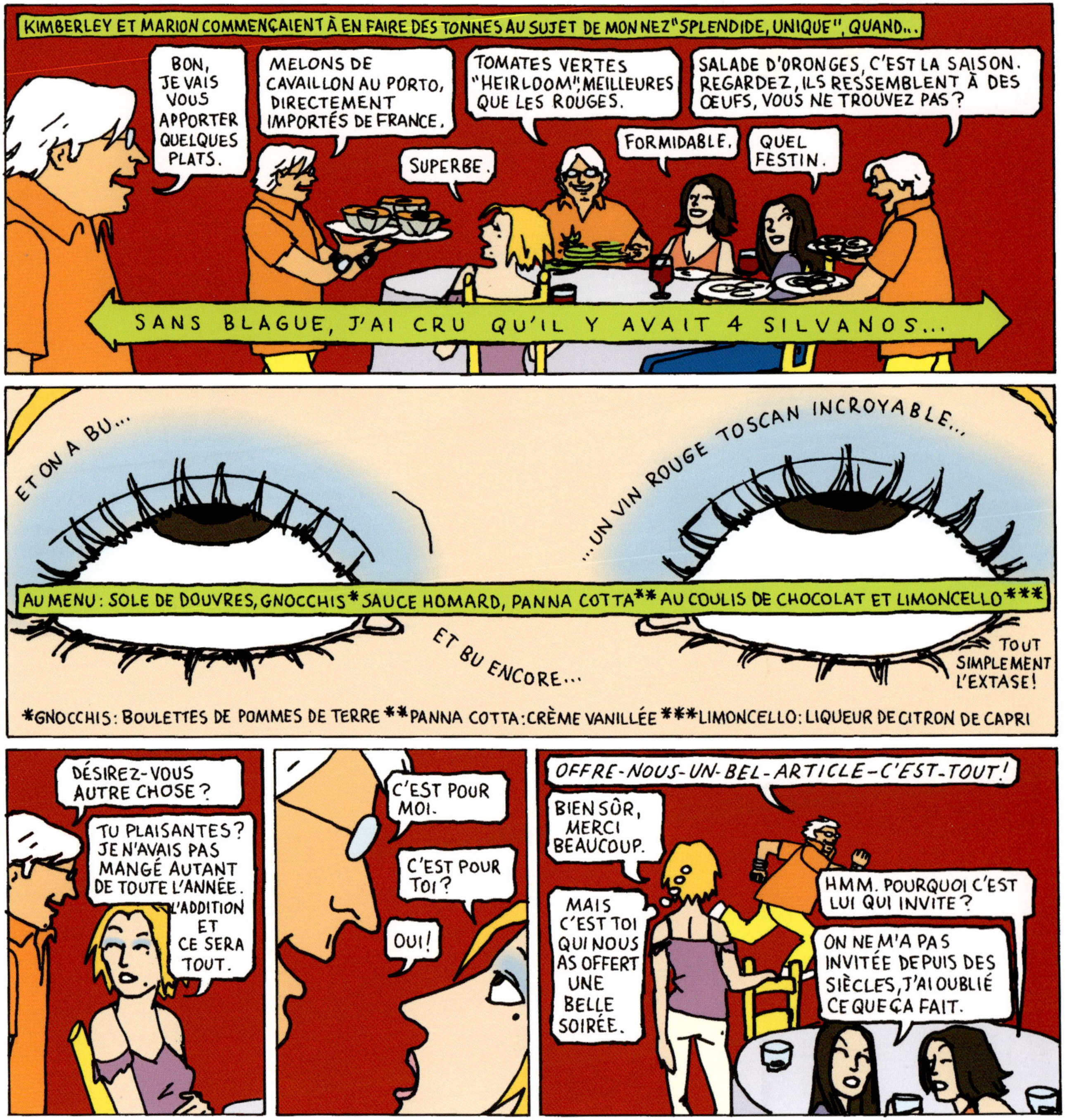

KIMBERLEY ET MARION COMMENÇAIENT À EN FAIRE DES TONNES AU SUJET DE MON NEZ "SPLENDIDE, UNIQUE", QUAND...
BON, JE VAIS VOUS APPORTER QUELQUES PLATS.
MELONS DE CAVAILLON AU PORTO, DIRECTEMENT IMPORTÉS DE FRANCE.
SUPERBE.
TOMATES VERTES "HEIRLOOM", MEILLEURES QUE LES ROUGES.
FORMIDABLE.
QUEL FESTIN.
SALADE D'ORONGES, C'EST LA SAISON. REGARDEZ, ILS RESSEMBLENT À DES ŒUFS, VOUS NE TROUVEZ PAS ?
SANS BLAGUE, J'AI CRU QU'IL Y AVAIT 4 SILVANOS...
ET ON A BU...
...UN VIN ROUGE TOSCAN INCROYABLE...
AU MENU : SOLE DE DOUVRES, GNOCCHIS* SAUCE HOMARD, PANNA COTTA** AU COULIS DE CHOCOLAT ET LIMONCELLO***
ET BU ENCORE...
TOUT SIMPLEMENT L'EXTASE !
*GNOCCHIS : BOULETTES DE POMMES DE TERRE **PANNA COTTA : CRÈME VANILLÉE ***LIMONCELLO : LIQUEUR DE CITRON DE CAPRI
DÉSIREZ-VOUS AUTRE CHOSE ?
TU PLAISANTES ? JE N'AVAIS PAS MANGÉ AUTANT DE TOUTE L'ANNÉE. L'ADDITION ET CE SERA TOUT.
C'EST POUR MOI.
C'EST POUR TOI ?
OUI !
OFFRE-NOUS-UN-BEL-ARTICLE-C'EST-TOUT !
BIEN SÛR, MERCI BEAUCOUP.
MAIS C'EST TOI QUI NOUS AS OFFERT UNE BELLE SOIRÉE.
HMM. POURQUOI C'EST LUI QUI INVITE ?
ON NE M'A PAS INVITÉE DEPUIS DES SIÈCLES, J'AI OUBLIÉ CE QUE ÇA FAIT.

C'EST LUNDI, ET COMME TOUS LES LUNDIS, JE NE DÉCOLLE PAS DE LA PLANCHE À DESSIN. JE DOIS EN PONDRE UNE DOUZAINE POUR LA RÉUNION DU MARDI AU *NEW YORKER*...
POUR CHAQUE DESSIN VENDU IL Y EN A DES CENTAINES
REFUSÉS
QUELLE VIE
FABULEUSE
JE SUIS UNE IDÉE EN PASSE D'EXISTER...
...OU PAS.
MOI EN JOGGING SUPERSEXY

ET TOUS LES MARDIS MATIN, AVANT DE PARTIR, J'ENTENDS PARMI LE VACARME DE LA CIRCULATION...
SI TU *COMPTES* ME DOUBLER AVEC TA CHRYSLER POURRIE, TU RÊVES, *TÊTE DE NŒUD* !
...MA MÈRE.

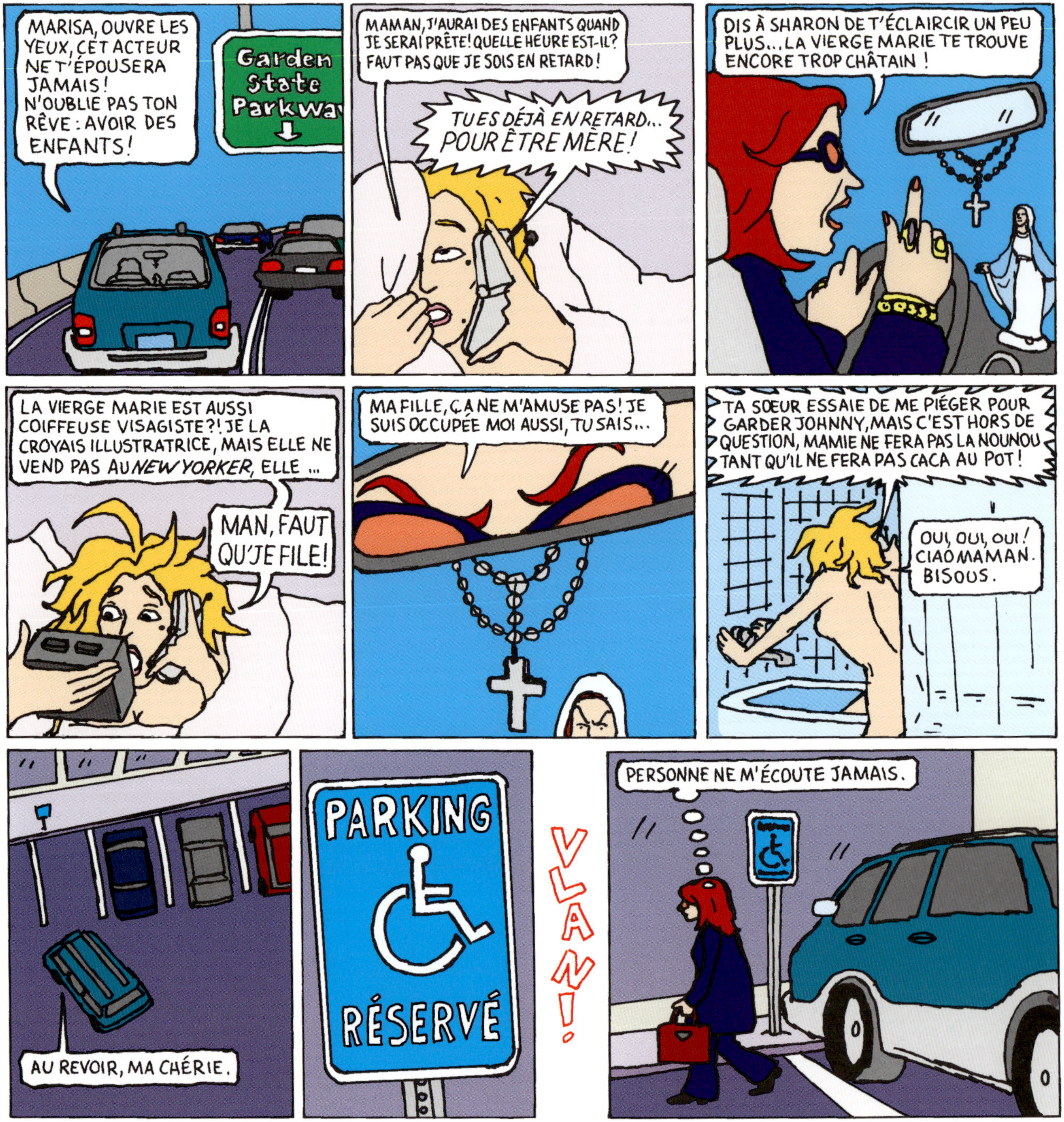
MARISA, OUVRE LES YEUX, CET ACTEUR NE T'ÉPOUSERA JAMAIS ! N'OUBLIE PAS TON RÊVE : AVOIR DES ENFANTS !
Garden State Parkway
MAMAN, J'AURAI DES ENFANTS QUAND JE SERAI PRÊTE ! QUELLE HEURE EST-IL ? FAUT PAS QUE JE SOIS EN RETARD !
TU ES DÉJÀ EN RETARD... POUR ÊTRE MÈRE !
DIS À SHARON DE T'ÉCLAIRCIR UN PEU PLUS... LA VIERGE MARIE TE TROUVE ENCORE TROP CHÂTAIN !
LA VIERGE MARIE EST AUSSI COIFFEUSE VISAGISTE ?! JE LA CROYAIS ILLUSTRATRICE, MAIS ELLE NE VEND PAS AU *NEW YORKER*, ELLE ...
MAN, FAUT QU'JE FILE !
MA FILLE, ÇA NE M'AMUSE PAS ! JE SUIS OCCUPÉE MOI AUSSI, TU SAIS...
TA SOEUR ESSAIE DE ME PIÉGER POUR GARDER JOHNNY, MAIS C'EST HORS DE QUESTION, MAMIE NE FERA PAS LA NOUNOU TANT QU'IL NE FERA PAS CACA AU POT !
OUI, OUI, OUI ! CIAO MAMAN. BISOUS.
AU REVOIR, MA CHÉRIE.
PARKING RÉSERVÉ
VLAN !
PERSONNE NE M'ÉCOUTE JAMAIS.

LES BUREAUX DU NEW YORKER SE TROUVENT AU 4 TIMES SQUARE. J'ARRIVE À 11 H 38.
SIÈGE DE VOGUE, GQ, VANITY FAIR, GLAMOUR, LA TOUR CONDÉ NAST EST LE COEUR DE L'UNIVERS DES MÉDIAS.
LE HALL EST PEUPLÉ DE FASHIONISTAS. DES JOURNALEUSES POUR LA PLUPART.
JE ME SENS DÉCALÉE ET ÇA ME PLAÎT.
DANS L'ASCENSEUR, JE TOMBE NEZ À NEZ AVEC JENNIFER...
SALUT.
SALUT.
ILLUSTRATRICE RIVALE
ELLE ET MOI, ON EST RIVALE DANS LE MÉTIER DEPUIS DES LUSTRES...
ELLE A SES ENTRÉES AU NEW YORKER OU QUOI ?
20
JE FAIS LA QUEUE POUR UN ENTRETIEN INDIVIDUEL AVEC BOB MANKOFF, LE RESPONSABLE GRAPHIQUE, LES PREMIERS ARRIVÉS SONT LES PREMIERS SERVIS.
DÉSOLÉE, DÉSOLÉE, JE SUIS EN RETARD.
AH TE VOILÀ ! ON PEUT ALLER CHEZ O'LUNNEY'S ALORS.
ON Y A MANGÉ LA SEMAINE DERNIÈRE.
J'IRAIS BIEN À LA PERGOLA. ON PART DEVANT À PIED.
SAM, ALIAS "S. GROSS" UN DE MES MAVS
JE T'ATTENDS ICI, MA PUCE.
CHAQUE SEMAINE, IL Y EN A TOUJOURS UN QUI ESSAIE DE ME PASSER DEVANT.
LAISSE TOMBER, MORTIMER.
J'AURAIS JAMAIS OSÉ, MARISA.
TAP! TAP!
C'EST ENFIN MON TOUR D'ESSUYER LES REFUS...
ALORS, BOB, MES RICAINES, T'EN DIS QUOI ?
BOB MANKOFF M'A INTRODUITE CHEZ LES GRANDS ET JE LUI EN SUIS ÉTERNELLEMENT RECONNAISSANTE.
BOB RETIENT 3 DESSINS SUR LE LOT DE 12. ÇA FAIT DES SEMAINES QUE JE N'AI RIEN PUBLIÉ. MA MOYENNE DÉGRINGOLE.
TES FILLES SONT TROP MINCES, TROP BELLES, IRRÉELLES. ON NE PEUT PAS S'IDENTIFIER À ELLES.
REFUSÉS
VA FAIRE UN TOUR AU REZ-DE-CHAUSSÉE, DANS LA RUE, OU DANS LE MOINDRE RESTO DE MANHATTAN... ENFIN, BOB, OUVRE LES YEUX, ON EST AU NEW YORKER ET JE DESSINE DE VRAIES NEW-YORKAISES.
AUTOCENSURE.
JE N'AI JAMAIS OSÉ DIRE ÇA.

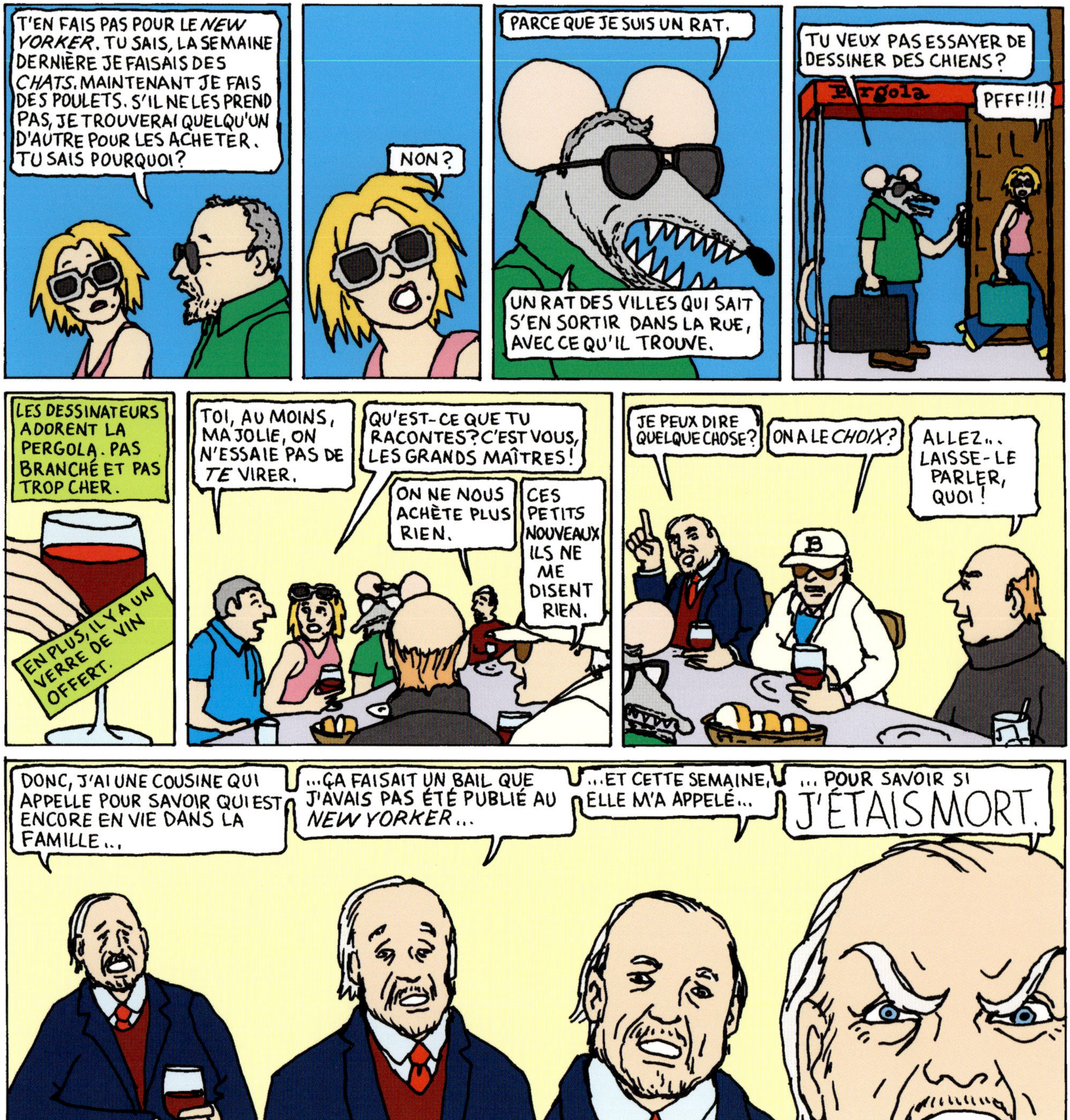
T'EN FAIS PAS POUR LE *NEW YORKER*. TU SAIS, LA SEMAINE DERNIÈRE JE FAISAIS DES *CHATS*. MAINTENANT JE FAIS DES POULETS. S'IL NE LES PREND PAS, JE TROUVERAI QUELQU'UN D'AUTRE POUR LES ACHETER. TU SAIS POURQUOI?
NON?
PARCE QUE JE SUIS UN RAT.
UN RAT DES VILLES QUI SAIT S'EN SORTIR DANS LA RUE, AVEC CE QU'IL TROUVE.
TU VEUX PAS ESSAYER DE DESSINER DES CHIENS?
Pergola
PFFF!!!
LES DESSINATEURS ADORENT LA PERGOLA. PAS BRANCHÉ ET PAS TROP CHER.
EN PLUS, IL Y A UN VERRE DE VIN OFFERT.
TOI, AU MOINS, MA JOLIE, ON N'ESSAIE PAS DE *TE* VIRER.
QU'EST-CE QUE TU RACONTES? C'EST VOUS, LES GRANDS MAÎTRES!
ON NE NOUS ACHÈTE PLUS RIEN.
CES PETITS NOUVEAUX ILS NE ME DISENT RIEN.
JE PEUX DIRE QUELQUE CHOSE?
ON A LE *CHOIX*?
ALLEZ... LAISSE-LE PARLER, QUOI!
DONC, J'AI UNE COUSINE QUI APPELLE POUR SAVOIR QUI EST ENCORE EN VIE DANS LA FAMILLE...
...ÇA FAISAIT UN BAIL QUE J'AVAIS PAS ÉTÉ PUBLIÉ AU *NEW YORKER*...
...ET CETTE SEMAINE, ELLE M'A APPELÉ...
... POUR SAVOIR SI J'ÉTAIS MORT.

ENCORE UN LUNDI SOIR, QUELQUES SEMAINES PLUS TARD.
11 SEPTEMBRE, 3H06.
JE SUIS CHARRETTE POUR LE *NEW YORKER*, ET J'AI HÉRITÉ DU YORKSHIRE DE MES PARENTS QUI SONT EN VOYAGE.

8H47. J'ÉMERGE D'UN SOMMEIL DE PLOMB.
BEN IL EN FAIT DU BOUCAN CET AVION...
ON DIRAIT QU'IL A CARRÉMENT SURVOLÉ MON APPART'.
12 MIN. PLUS TARD...
C'EST KIMBERLEY — NEW YORK EST ATTAQUÉE ! VIENS VITE DANS LE CONNECTICUT !
JE PEUX PAS, JE GARDE BIJOU ET JE DOIS ALLER AU NEW YORKER.
IL N'Y A PAS DE NEW YORKER !
KIMBERLEY A RAISON. LE NEW YORKER EST BEL ET BIEN FERMÉ. IMMÉDIATEMENT APRÈS LA PREMIÈRE COLLISION, JE VOIS DES GENS COUVERTS DE CENDRES REMONTER LES RUES DEPUIS LA POINTE DE MANHATTAN.
TOUSSE ! TOUSSE !
TOUSSE !
JE FILE À LA MAISON, INQUIÈTE POUR LES PETITS POUMONS DE BIJOU.
13H32. DREW DE TALK MAGAZINE M'APPELLE SUR MON FIXE. LES PORTABLES NE CAPTENT PLUS, L'ANTENNE RELAIS ÉTAIT AU SOMMET DE LA SECONDE TOUR.
MARISA, ON ANNULE LE NUMÉRO EN COURS ET ON ENVOIE TOUT LE MONDE À GROUND ZERO... TU PEUX COUVRIR ÇA DE TON CÔTÉ ?!?!
...AU FAIT, POUR TON ARTICLE SUR LE "PRIX DE LA HYPE", C'EST MORT. TROP SUPERFICIEL POUR L'HEURE.
TOUT EST SUPERFICIEL POUR L'HEURE.
OK, BIJOU, JE REVIENS BIENTÔT.
SNIF ! SNIF !
SNIF ! SNIF !
J'ATTRAPE MON DICTAPHONE, MON APPAREIL PHOTO, DES PELLICULES, DES CASSETTES VIERGES, DES STYLOS ET MON CARNET ET JE PRENDS LE CHEMIN DE GROUND ZERO...

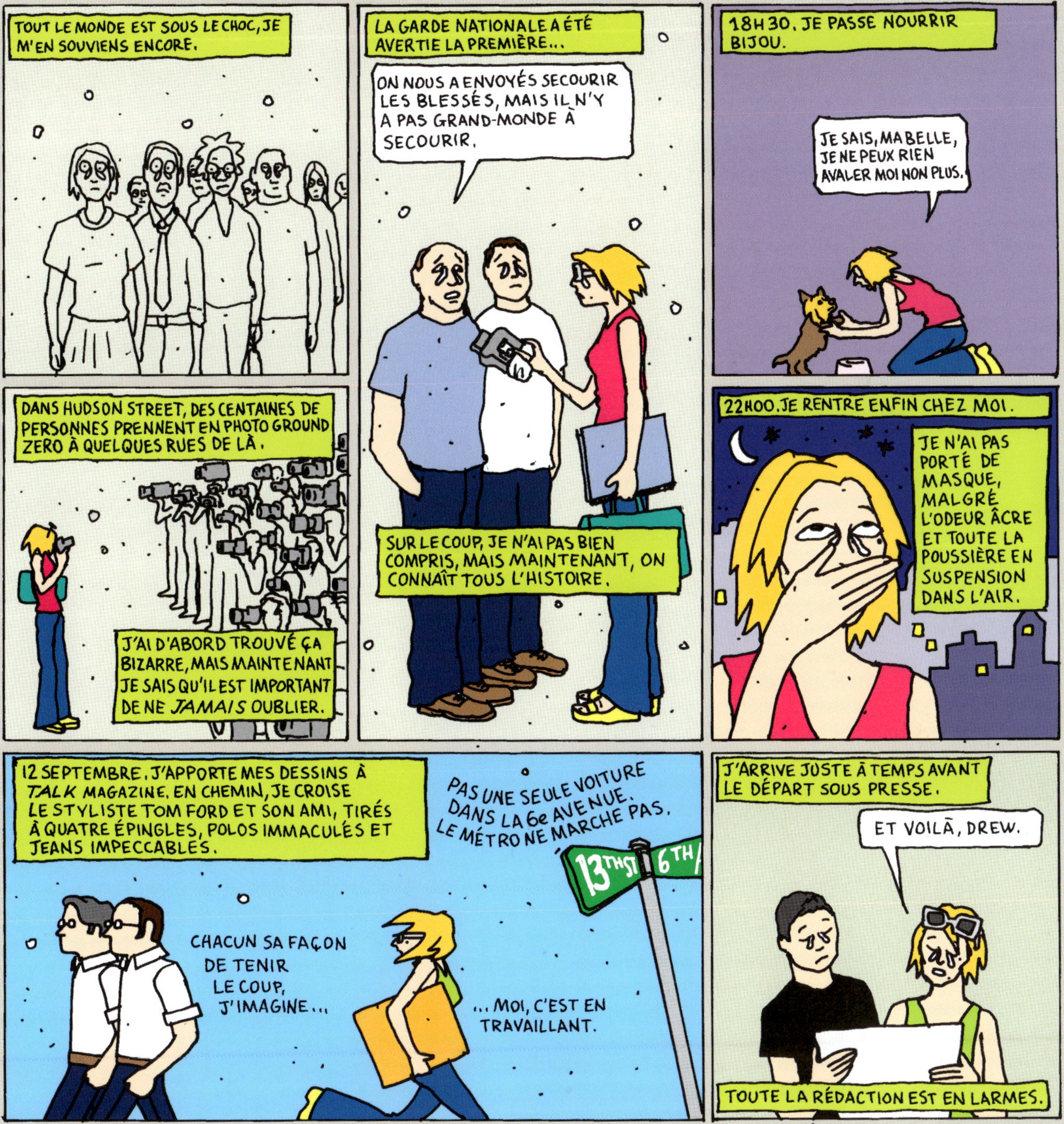
TOUT LE MONDE EST SOUS LE CHOC, JE M'EN SOUVIENS ENCORE.
LA GARDE NATIONALE A ÉTÉ AVERTIE LA PREMIÈRE...
ON NOUS A ENVOYÉS SECOURIR LES BLESSÉS, MAIS IL N'Y A PAS GRAND-MONDE À SECOURIR.
SUR LE COUP, JE N'AI PAS BIEN COMPRIS, MAIS MAINTENANT, ON CONNAÎT TOUS L'HISTOIRE.
18H30. JE PASSE NOURRIR BIJOU.
JE SAIS, MA BELLE, JE NE PEUX RIEN AVALER MOI NON PLUS.
DANS HUDSON STREET, DES CENTAINES DE PERSONNES PRENNENT EN PHOTO GROUND ZERO À QUELQUES RUES DE LÀ.
J'AI D'ABORD TROUVÉ ÇA BIZARRE, MAIS MAINTENANT JE SAIS QU'IL EST IMPORTANT DE NE JAMAIS OUBLIER.
22H00. JE RENTRE ENFIN CHEZ MOI.
JE N'AI PAS PORTÉ DE MASQUE, MALGRÉ L'ODEUR ÂCRE ET TOUTE LA POUSSIÈRE EN SUSPENSION DANS L'AIR.
12 SEPTEMBRE. J'APPORTE MES DESSINS À TALK MAGAZINE. EN CHEMIN, JE CROISE LE STYLISTE TOM FORD ET SON AMI, TIRÉS À QUATRE ÉPINGLES, POLOS IMMACULÉS ET JEANS IMPECCABLES.
PAS UNE SEULE VOITURE DANS LA 6e AVENUE. LE MÉTRO NE MARCHE PAS.
13TH ST
6TH
CHACUN SA FAÇON DE TENIR LE COUP, J'IMAGINE...
... MOI, C'EST EN TRAVAILLANT.
J'ARRIVE JUSTE À TEMPS AVANT LE DÉPART SOUS PRESSE.
ET VOILÀ, DREW.
TOUTE LA RÉDACTION EST EN LARMES.

VOICI LA PLANCHE PARUE DANS *TALK* MAGAZINE.
(L'UN DES TRAVAUX DONT
JE SUIS LE PLUS FIÈRE À CE JOUR.)

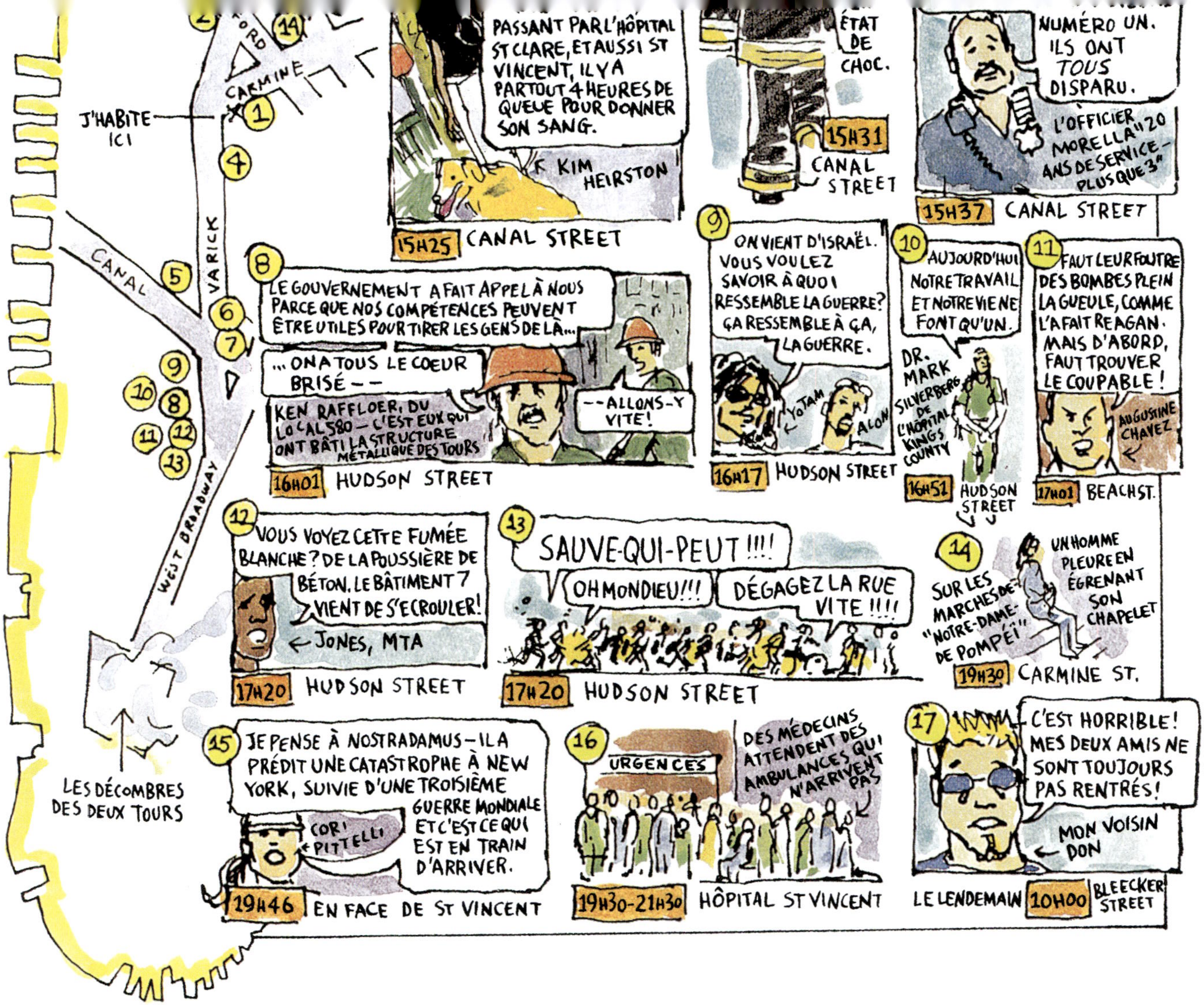
J'HABITE ICI
CARMINE
CANAL
VARICK
WEST BROADWAY
LES DÉCOMBRES DES DEUX TOURS
PASSANT PAR L'HÔPITAL ST CLARE, ET AUSSI ST VINCENT, IL Y A PARTOUT 4 HEURES DE QUEUE POUR DONNER SON SANG.
KIM HEIRSTON
15H25 CANAL STREET
ÉTAT DE CHOC.
15H31 CANAL STREET
NUMÉRO UN. ILS ONT TOUS DISPARU.
L'OFFICIER MORELLA "20 ANS DE SERVICE – PLUS QUE 3"
15H37 CANAL STREET
8
LE GOUVERNEMENT A FAIT APPEL À NOUS PARCE QUE NOS COMPÉTENCES PEUVENT ÊTRE UTILES POUR TIRER LES GENS DE LÀ...
... ON A TOUS LE COEUR BRISÉ – –
– – ALLONS-Y VITE !
KEN RAFFLOER, DU LOCAL 580 – C'EST EUX QUI ONT BÂTI LA STRUCTURE MÉTALLIQUE DES TOURS
16H01 HUDSON STREET
9
ON VIENT D'ISRAËL. VOUS VOULEZ SAVOIR À QUOI RESSEMBLE LA GUERRE ? ÇA RESSEMBLE À ÇA, LA GUERRE.
YOTAM
ALON
16H17 HUDSON STREET
10
AUJOURD'HUI NOTRE TRAVAIL ET NOTRE VIE NE FONT QU'UN.
DR. MARK SILVERBERG DE L'HÔPITAL KINGS COUNTY
16H51 HUDSON STREET
11
FAUT LEUR FOUTRE DES BOMBES PLEIN LA GUEULE, COMME L'A FAIT REAGAN. MAIS D'ABORD, FAUT TROUVER LE COUPABLE !
AUGUSTINE CHAVEZ
17H01 BEACH ST.
12
VOUS VOYEZ CETTE FUMÉE BLANCHE ? DE LA POUSSIÈRE DE BÉTON. LE BÂTIMENT 7 VIENT DE S'ÉCROULER !
JONES, MTA
17H20 HUDSON STREET
13
SAUVE-QUI-PEUT !!!!
OH MON DIEU !!!
DÉGAGEZ LA RUE VITE !!!!
17H20 HUDSON STREET
14
SUR LES MARCHES DE "NOTRE-DAME-DE POMPÉI"
UN HOMME PLEURE EN ÉGRENANT SON CHAPELET
19H30 CARMINE ST.
15
JE PENSE À NOSTRADAMUS – IL A PRÉDIT UNE CATASTROPHE À NEW YORK, SUIVIE D'UNE TROISIÈME GUERRE MONDIALE ET C'EST CE QUI EST EN TRAIN D'ARRIVER.
CORI PITTELLI
19H46 EN FACE DE ST VINCENT
16
URGENCES
DES MÉDECINS ATTENDENT DES AMBULANCES QUI N'ARRIVENT PAS
19H30-21H30 HÔPITAL ST VINCENT
17
C'EST HORRIBLE ! MES DEUX AMIS NE SONT TOUJOURS PAS RENTRÉS !
MON VOISIN DON
LE LENDEMAIN 10H00 BLEECKER STREET

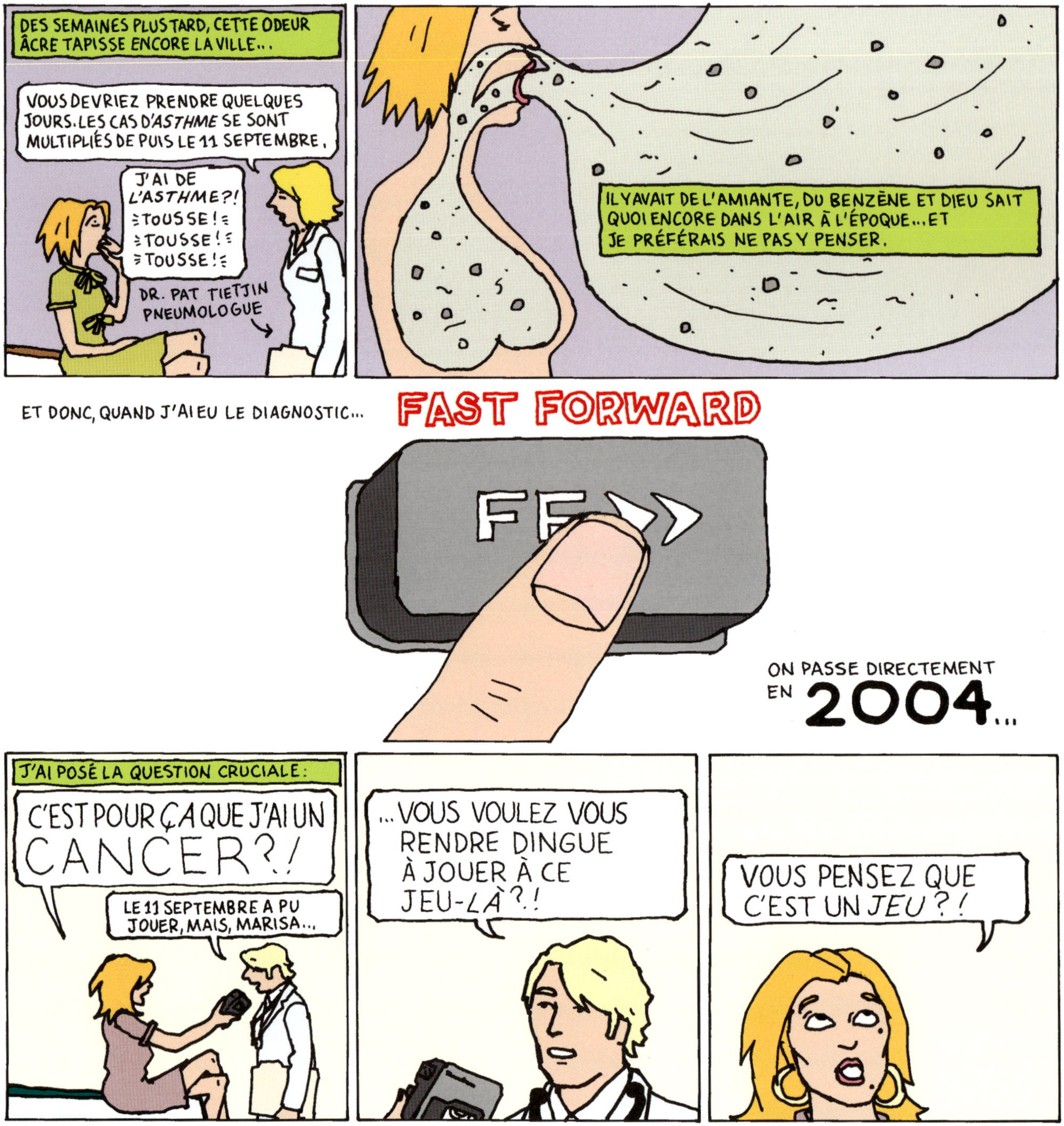
DES SEMAINES PLUS TARD, CETTE ODEUR ÂCRE TAPISSE ENCORE LA VILLE...
VOUS DEVRIEZ PRENDRE QUELQUES JOURS. LES CAS D'*ASTHME* SE SONT MULTIPLIÉS DEPUIS LE 11 SEPTEMBRE.
J'AI DE *L'ASTHME*?! TOUSSE! TOUSSE! TOUSSE!
DR. PAT TIETJIN PNEUMOLOGUE
IL Y AVAIT DE L'AMIANTE, DU BENZÈNE ET DIEU SAIT QUOI ENCORE DANS L'AIR À L'ÉPOQUE... ET JE PRÉFÉRAIS NE PAS Y PENSER.
ET DONC, QUAND J'AI EU LE DIAGNOSTIC...
FAST FORWARD
FF
ON PASSE DIRECTEMENT EN 2004...
J'AI POSÉ LA QUESTION CRUCIALE :
C'EST POUR *ÇA* QUE J'AI UN CANCER?!
LE 11 SEPTEMBRE A PU JOUER, MAIS, MARISA...
...VOUS VOULEZ VOUS RENDRE DINGUE À JOUER À CE JEU-*LÀ*?!
VOUS PENSEZ QUE C'EST UN *JEU*?!

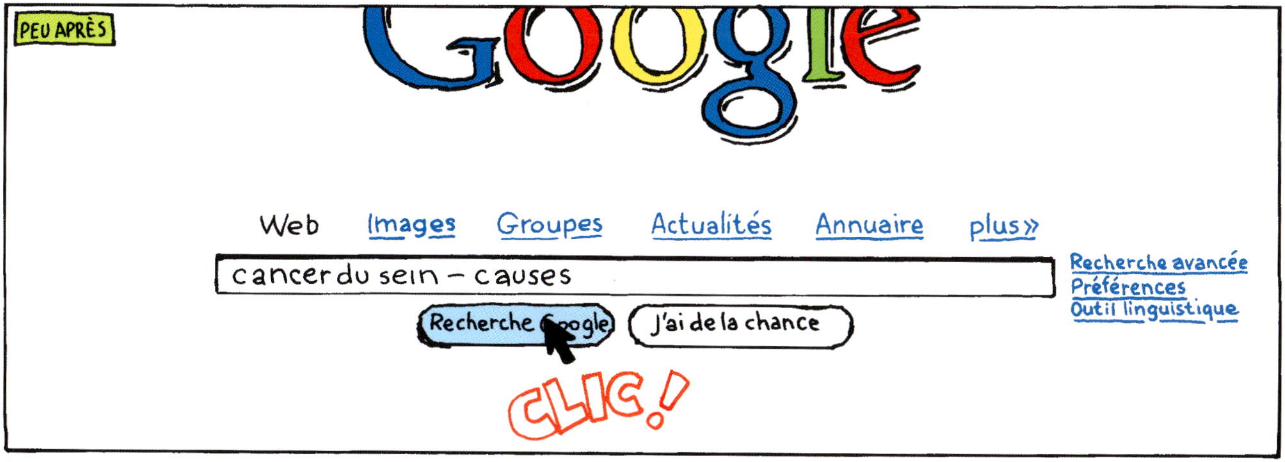
PEU APRÈS
Google
Web
Images
Groupes
Actualités
Annuaire
plus»
cancer du sein – causes
Recherche Google
J'ai de la chance
Recherche avancée
Préférences
Outil linguistique
CLIC!

HORMONES?
ALCOOL?
RÉGIME?
JE ME DEMANDE...

QUEL EST LE POINT DE DÉPART VOILÀ UN AUTRE MYSTÈRE...
CHERCHEUR
"LES ÉTUDES MONTRENT QUE C'EST UN FACTEUR DE RISQUE."
AVANCEZ DE 4 CASES
"JE PRENDS SOUVENT DES PLATS À EMPORTER, QUID DE L'EMBALLAGE?"
RECULEZ DE 3 CASES
CHERCHEUSE
"OUI, CERTAINES DONNÉES CONFIRMENT QUE C'EST UN FACTEUR DE RISQUE"
AVANCEZ DE 4 CASES
J'AI EU MES RÈGLES À 11 ANS.
ET SI J'AI UNE MÉNOPAUSE TARDIVE ?
RECULEZ DE 1 CASE
CHERCHEUR
RECULEZ DE
J'AI EU MON PREMIER ENFANT À 40 ANS.
JE N'AI JAMAIS EU D'ENFANTS.
RECULEZ DE 3 CASES
ON RETROUVE CE PRODUIT DANS LES POÊLES EN TEFLON
LE CA
EN 100 DEV
IL COURT IL COURT LE CANCER...
CHERCHEUSE
"IL EST PROBABLE QUE CE SOIT CANCÉRIGÈNE."
AVANCEZ DE 12 CASES
"BOIRE 1 VERRE OU 3 TOUS LES SOIRS, C'EST UN FACTEUR DE RISQUE?"
RECULEZ DE 5 CASES
"MA MÈRE A EU UN CANCER DU SEIN, C'EST HÉRÉDITAIRE?"
RECULEZ DE 6 CASES
"LES PESTICIDES ONT-ILS QUELQUE CHOSE À VOIR AVEC LE CANCER DU SEIN?"
RECULEZ DE 5 CASES
"LES FEMMES QUI ONT ARRÊTÉ LA PILULE DEPUIS PLUS DE 10 ANS NE SEMBLENT PAS PRÉDISPOSÉES, MAIS SI VOUS AVEZ PRIS LA PILULE FORTEMENT DOSÉE DES ANNÉES 1970, UN RISQUE SUBSISTE."
CHERCHEUR
AVANCEZ DE 9 CASES
"JE FUMAIS ET MAINTENANT J'AI UN CANCER DU SEIN... COÏNCIDENCE?"
RECULEZ DE 7 CASES
FEMME D'AFFAIRES
AVANCEZ DE

"ET LES HORMONES DANS LA PILULE... C'EST À CAUSE DE ÇA ?"
RECULEZ DE 11 CASES
CHERCHEUSE
"CERTAINES FEMMES PRÉDISPOSÉES NE CONTRACTENT PAS DE CANCER DU SEIN."
RECULEZ DE 4 CASES
LES HORMONES DANS LE TRAITEMENT DE LA MÉNOPAUSE AUGMENTENT-ELLES LE RISQUE ?
RECULEZ DE 7 CASES
"POURQUOI MOI?... C'EST À CAUSE DES HORMONES? JE MANGE BEAUCOUP DE POULET."
RECULEZ DE 8 CASES
CHERCHEUR
"NOS RÉSULTATS MONTRENT QUE LA CONTRACEPTION ORALE N'A *PAS* DE LIEN SIGNIFICATIF AVEC LE RISQUE DE CANCER DU SEIN."
AVANCEZ DE 9 CASES
GRAND PDG
"LES RÉSULTATS LAISSENT PENSER QUE ÇA N'EST *PAS* CANCÉRIGÈNE."
RECULEZ DE 12 CASES
"ON HABITE À CÔTÉ D'UNE CENTRALE NUCLÉAIRE, C'EST POUR ÇA?"
RECULEZ DE 1 CASE
NCER
INETTES
ET LES BALEINES DE SOUTIEN-GORGE ALORS?
MAIS PAR OÙ EST-IL DONC PASSÉ?
"Y A-T-IL UN LIEN AVEC LES ANTIBIOTIQUES? J'EN PRENAIS TOUT LE TEMPS, GAMINE."
RECULEZ DE 11 CASES
"ET L'HISTOIRE DES DÉODORANTS ? LE PARABEN AGIRAIT COMME L'ŒSTROGÈNE QUI FAVORISE LES TUMEURS MAMMAIRES."
RECULEZ DE 2 CASES
"EST-CE QUE LE SURPOIDS, SURTOUT S'IL EST ABDOMINAL, AUGMENTE LE RISQUE DE CANCER DU SEIN ?"
RECULEZ DE 13 CASES
"IL FAUT APPROFONDIR LES RECHERCHES... ON A RETROUVÉ DES TRACES DE PARABEN DANS LES PRÉLÈVEMENTS TUMORAUX."
CHERCHEUSE
RECULEZ DE 4 CASES

EN DÉCOUVRANT TOUS LES PRÉTENDUS FACTEURS QUI AUGMENTENT LE RISQUE DU CANCER DU SEIN...
LA PILULE, LES HORMONES DANS LE BOEUF, LES PRODUITS LAITIERS ET LA VOLAILLE, LES RADIATIONS, LE SURPOIDS, LA LISTE POURRAIT S'ÉTENDRE À L'INFINI...
CE QUI ME FRAPPE, C'EST QUE 99 % DES CAUSES SONT D'ORIGINE HUMAINE...
MAIS POURQUOI SE *FAIRE* TANT DE MAL?!
MARISA, SOUVIENS-TOI DE NOUS...
...TU SAIS BIEN, LE FOYER DE CANCERS DU SEIN ET DE LEUCÉMIES À 25 KM DE CHEZ TES PARENTS...
ON PENSE QUE C'EST À CAUSE DES LIGNES HAUTE TENSION À CÔTÉ DE L'ÉCOLE. ON ÉTAIT TOUTES EN CLASSE ENSEMBLE...
...MAIS NOTRE VILLE DE RUPINS A PRÉFÉRÉ ÉTOUFFER L'AFFAIRE, POUR QUE L'IMMOBILIER NE S'EFFONDRE PAS.
ATTENDS... ET NOUS ALORS!

NOUS SOMMES LES FEMMES DE LONG ISLAND. IL Y A EU BEAUCOUP DE CANCERS DU SEIN À HUNTINGTON.
NOUS, ON EST DE BOSTON. IL Y A UN FOYER DE CANCERS DU SEIN, ICI AUSSI.
JE VIENS D'UN AUTRE COIN SURNOMMÉ "LOVE CANAL".
NOTRE AIR ET NOTRE EAU ONT ÉTÉ POLLUÉS PAR UNE MONTAGNE DE DÉCHETS TOXIQUES. QUAND JE SUIS MORT DE LEUCÉMIE, J'AVAIS PRESQUE 10 ANS.
ON DIT QUE C'ÉTAIT UNE COÏNCIDENCE, MAIS JE NE VEUX PAS LE CROIRE.
J'AVAIS 10 ANS.
J'EN AVAIS 15.
IL Y A EU UN FOYER DE LEUCÉMIES DANS LE NEVADA, LÀ OÙ J'HABITE. LA BASE AÉRONAVALE VOISINE DÉVERSAIT DU KÉROSÈNE DANS NOTRE EAU POTABLE...
EN FAIT, C'ÉTAIT DU BENZÈNE, ÇA SENTAIT MÊME DANS L'AIR.
ET POUR GROUND ZERO ALORS...
J'HABITAIS PRÈS D'UNE BASE MILITAIRE EN ARIZONA. LÀ AUSSI, ON A IDENTIFIÉ UN FOYER DE LEUCÉMIES.
EN CALIFORNIE, LÀ D'OÙ JE VIENS, IL Y A BEAUCOUP DE CANCERS DU CERVEAU.
IL PARAÎT QUE C'EST À CAUSE DES *PESTICIDES*.
DE LA POUSSIÈRE RADIOACTIVE S'ÉCHAPPAIT DE LA CENTRALE NUCLÉAIRE PRÈS DE LÀ OÙ JE VIVAIS EN PENNSYLVANIE. ÇA A CAUSÉ DE NOMBREUX CANCERS.
ON EST 15, DU JERSEY SUD. ON A RETROUVÉ DES DÉCHETS TOXIQUES DANS NOTRE EAU. L'USINE CHIMIQUE A PROPOSÉ UN ARRANGEMENT À L'AMIABLE...
... MAIS NOS FAMILLES L'ONT REFUSÉ ET ONT LANCÉ UN RECOURS EN JUSTICE.
IL Y AVAIT AUSSI UN FOYER DE CANCERS DANS MON QUARTIER DANS LE NEW JERSEY... MAIS IL N'A *PAS* ÉTÉ RECONNU...
...NE SOMMES-NOUS PAS DES *PREUVES* SUFFISANTES???

UNE MINUTE DE SILENCE.

ALLUMER UNE BOUGIE,
C'EST ÉCLAIRER UNE ÂME.

REVENONS EN JANVIER 2002. SHARON ET MOI DÎNONS AU DA SILVANO...
MARISA, JE M'INQUIÈTE POUR TOI. TU ES TROP MAIGRE, TU AS LES JOUES TOUTES CREUSES...
TOUT VA RENTRER DANS L'ORDRE...
CONVERSATION N°237 SUR MES SILLONS NASOGÉNIENS
COMBIEN DE TEMPS VAS-TU RESTER AVEC CET ACTEUR? IL TE TRAITE COMME—
—HÉ SILVANO!
CONVERSATION N°9143 SUR MA RELATION POURRIE
JE SUIS VRAIMENT DÉSOLÉE, TALK A DÛ ANNULER LE REPORTAGE OÙ TU APPARAISSAIS À CAUSE DU 11 SEPTEMBRE, TU T'ÉTAIS SI BIEN OCCUPÉ DE MES COPINES ET MOI, ON S'ÉTAIT RÉGALÉES...
...JE PEUX FAIRE QUELQUE CHOSE POUR TOI?
SON NOUVEAU RESTAURANT OUVRE DANS QUELQUES MOIS, TU DEVRAIS LUI FAIRE LES CARTONS D'INAUGURATION.
JE SERAIS RAVIE DE M'EN OCCUPER. CADEAU D'AMI, BIEN SÛR.
PASSE DEMAIN VERS 15H30.
JE SERAI LÀ.
T'ES SÛRE QUE TU VEUX PAS LES LUI FACTURER? TALK, C'EST FINI, NON?
OUAIS. MAIS JE VEUX RESTER DANS UNE BONNE DYNAMIQUE. ET PUIS...
QUAND ON FAIT QUELQUE CHOSE DE BIEN...
UN JOUR ON EST RÉCOMPENSÉ...
CETTE LOI UNIVERSELLE MARCHE DANS LES 2 SENS...

REVENONS À CETTE RELATION POURRIE. J'ADMETS QUE LA ST VALENTIN EST UNE OPÉRATION COMMERCIALE DÉBILE, MAIS...
C'EST MON CADEAU, DES CHOCOLATS.
JE LUI AI ACHETÉ UNE BOÎTE DE 500G CHEZ VARGANO LE MEILLEUR CHOCOLATIER DE WEST VILLAGE
MON CADEAU, C'EST CE REPAS.
C'EST-À-DIRE UNE PIZZA, ON ÉTAIT DANS UNE PIZZERIA ET IL A PRIS LA PLUS GROSSE PART...
MAIS PASSE ENCORE, ON PARTAGEAIT TOUS NOS REPAS...
DRING! DRING!
LE PORTABLE QUE JE LUI AI OFFERT.
MAMAN! TU AS REÇU MES FLEURS?
BON SANG, ÇA SERAIT PAS LE SIGNAL D'ALARME ÇA???!!!
DES FLEURS?!
POUR SA MÈRE, IL Y MET LE PRIX!
BLUE SKIES SMILIN' AT ME...
CHANTE AVEC MOI, MAMAN!
VOILÀ BIEN UN TRUC D'ACTEUR... POUSSER LA CHANSONNETTE... EN PUBLIC!
IL A CRU QU'IL AVAIT LE PREMIER RÔLE...
TAXI!
IRONIE DU SORT, LA RUPTURE A EU LIEU DANS LE QUARTIER DES BIJOUTIERS.
...MAIS IL N'A ÉTÉ QU'UN FIGURANT ÉCLAIR DANS LE FILM DE MA VIE.
CHAUFFEUR, CARMINE STREET, ET QUE ÇA SAUTE!

CE SOIR-LÀ, JE SUIS RENTRÉE ET...
VLAN!
...J'AI CLAQUÉ LA PORTE EN PRIANT DIEU MARIE JÉSUS JOSEPH YAHVÉ BOUDDHA ALLAH ATHENA QU'ELLE NE S'OUVRE PLUS JAMAIS!
15 FÉVRIER, J'AI RENDEZ-VOUS AVEC SILVANO...
J'AI 4 PROPOSITIONS, EN ESPÉRANT QU'IL EN AIME 1...
DA SILVANO
JE PRENDS.
MAIS LAQUELLE?
TOUTES.
MAIS IL Y EN A 4.
JE SAIS, JE LES VEUX TOUTES LES 4.
POUR INFO: J'AI MIS UN POINT D'HONNEUR À GARDER CE MÊME FARD...
1 SEMAINE PLUS TARD, JE LUI APPORTE LA VERSION FINALISÉE.
ON A CHANGÉ LE NOM DU RESTO. TU PEUX LE CHANGER?
SANS PROBLÈME.
1 SEMAINE PLUS TARD, JE LUI APPORTE LA VERSION FINALISÉE.
ON A CHANGÉ L'ÉCLAIRAGE DANS LE RESTO. TU PEUX LE CHANGER?
BIEN SÛR, JE VAIS LES CHANGER.
...TOUS LES 4.
1 SEMAINE PLUS TARD, JE LUI APPORTE LA VERSION FINALISÉE.
PARFAIT- PARFAIT- PARFAIT- MERCI INFINIMENT.
MAIS DE RIEN. INVITE-MOI À L'INAUGURATION.

À BIENTÔT SILVANO. CE FUT UN PLAISIR DE TRAVAILLER AVEC TOI.
MERCI, MERCI.
LES CARTONS FINIS ME LAISSENT UN GOÛT DOUX-AMER.
AVEC QUI TU VAS SORTIR ALORS, MISS ORANGE FLUO?
BOB, J'AI UN FAIBLE POUR SILVANO... ET IL PORTE DU ORANGE FLUO.
CONSEIL MODE N° 1: NE PAS SUIVRE TOUS LES CONSEILS MODE.
BON, OK.
MAIS JE DÉTESTE LES COUPLES HOMOS QUI SE LA JOUENT JUMEAUX.
T'AS PAS INTÉRÊT À SORTIR AVEC SILVANO! SI ÇA NE MARCHE PAS, ET VU TON PASSIF, ÇA NE MARCHERA PAS... ON NE POURRA PLUS AVOIR DE TABLE LÀ-BAS!
ON ADORE DA SILVANO ET T'AS PAS INTÉRÊT À NOUS EN PRIVER!
LISA, EXPERTE ÈS COSMÉTIQUES
JE VOUS AI DIT QUE SHARON ET LISA ÉTAIENT MES MAVs?
MAIS JE NE SUIS PAS ENCORE SORTIE D'AFFAIRE... ET ÇA ME PLAÎT.
MARISA, SILVANO... TU PEUX CHANGER LA DATE D'INAUGURATION?
MARISA, SILVANO... TU PEUX CHANGER LES HORAIRES?
MARISA, SILVANO... TU PEUX ME TROUVER UN IMPRIMEUR?
LE PREMIER JOUR DE SOLEIL DE MARS, JE TROUVE SILVANO EN TRAIN DE LÉZARDER SUR SA TERRASSE...
AHH... CHE BELLA GIORNATA!
IL FIGNOLE SON HÂLE
SILVANO LES CARTONS SONT PRÊTS.
VINO ROSSO PER MARISA!

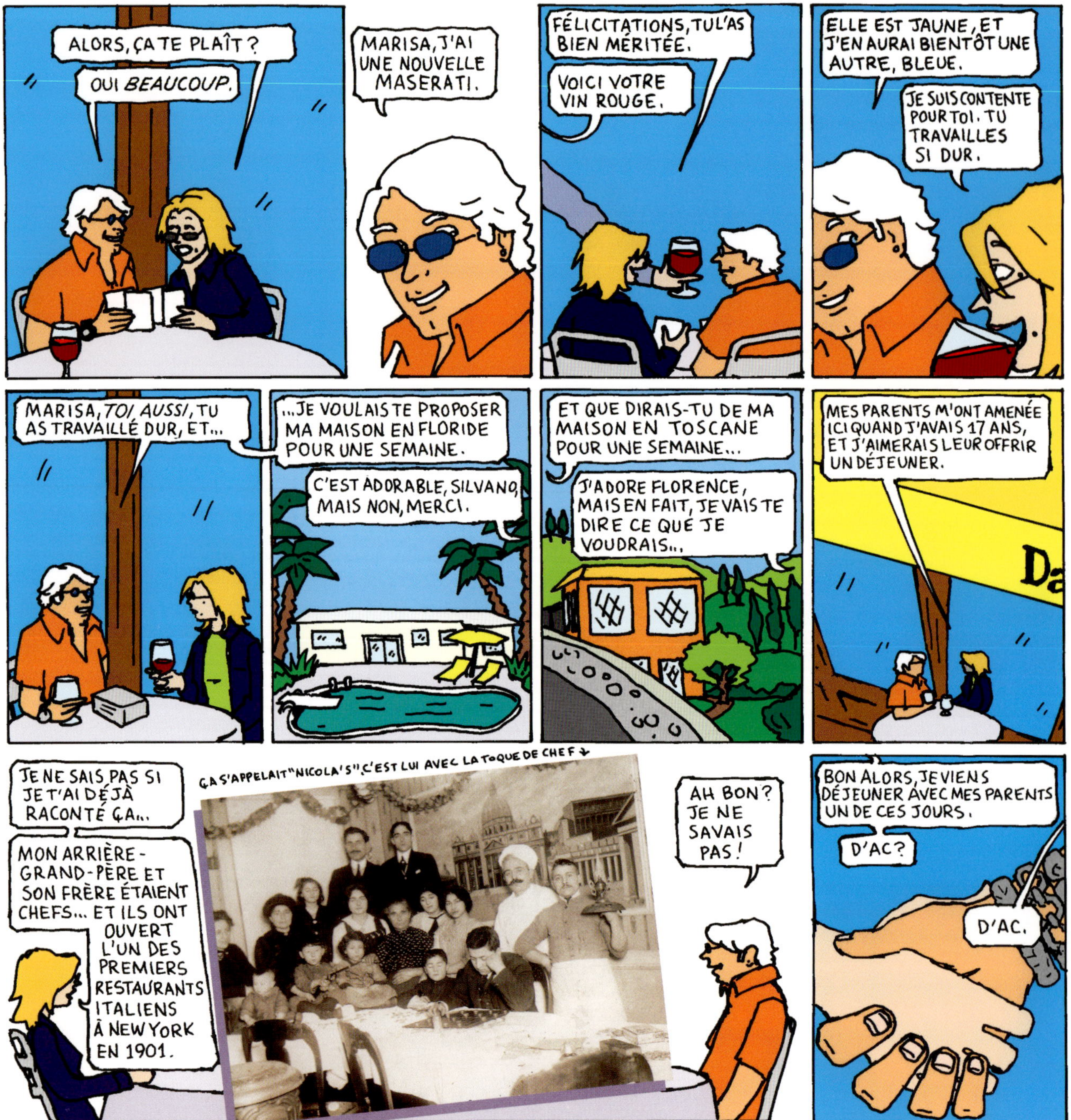

ALORS, ÇA TE PLAÎT ?
OUI *BEAUCOUP*.
MARISA, J'AI UNE NOUVELLE MASERATI.
FÉLICITATIONS, TU L'AS BIEN MÉRITÉE.
VOICI VOTRE VIN ROUGE.
ELLE EST JAUNE, ET J'EN AURAI BIENTÔT UNE AUTRE, BLEUE.
JE SUIS CONTENTE POUR TOI. TU TRAVAILLES SI DUR.
MARISA, *TOI AUSSI*, TU AS TRAVAILLÉ DUR, ET...
...JE VOULAIS TE PROPOSER MA MAISON EN FLORIDE POUR UNE SEMAINE.
C'EST ADORABLE, SILVANO, MAIS NON, MERCI.
ET QUE DIRAIS-TU DE MA MAISON EN TOSCANE POUR UNE SEMAINE...
J'ADORE FLORENCE, MAIS EN FAIT, JE VAIS TE DIRE CE QUE JE VOUDRAIS...
MES PARENTS M'ONT AMENÉE ICI QUAND J'AVAIS 17 ANS, ET J'AIMERAIS LEUR OFFRIR UN DÉJEUNER.
JE NE SAIS PAS SI JE T'AI DÉJÀ RACONTÉ ÇA...
MON ARRIÈRE-GRAND-PÈRE ET SON FRÈRE ÉTAIENT CHEFS... ET ILS ONT OUVERT L'UN DES PREMIERS RESTAURANTS ITALIENS À NEW YORK EN 1901.
ÇA S'APPELAIT "NICOLA'S". C'EST LUI AVEC LA TOQUE DE CHEF ↓
AH BON ? JE NE SAVAIS PAS !
BON ALORS, JE VIENS DÉJEUNER AVEC MES PARENTS UN DE CES JOURS.
D'AC ?
D'AC.

SYMPA DE FAIRE LES CARTONS POUR SILVANO, MAIS IL ME FAUT DU LUCRATIF MAINTENANT...
ET COMME LE DISAIT SAM, LES DESSINATEURS DOIVENT BATTRE LE PAVÉ POUR DÉGOTER DU BOULOT.
GLAMOUR
GLAMOUR GIRLS PARAÎTRA À PARTIR DE MAI.
J'AI DÉCROCHÉ UN DESSIN MENSUEL DANS LA RUBRIQUE TOP OU FLOP, YOUHOU!
CETTE MÊME SEMAINE, SAM ET MOI ALLONS À UNE SOIRÉE DU NEW YORKER.
BRAVO, MA PUCE.
JE TRAVAILLE AUSSI SUR UN PILOTE D'ÉMISSION TV. SI ÇA NE MARCHE PAS, JE VAIS PERDRE MON STATUT D'AUTEUR ET MA SÉCU.
ALLEZ SAM... ON PASSE EN MODE FÊTE.
SNAP!
ON SE RESSERT UN VERRE?
AVEC PLAISIR.
DIS, MARISA...
TU VEUX DANSER?
OH, VAS-Y.
MITCH EST AUSSI DANS LE MÉTIER, J'Y VAIS SANS ARRIÈRE-PENSÉE, MAIS...
DIS, MARISA...
C'EST SANS COMPTER JENNIFER, MA RIVALE...

T'ES QU'UNE SALE **** DE ****!!!*
*DÉSOLÉE, JE NE VEUX PAS DES ATROCITÉS PRONONCÉES PAR CETTE FILLE DANS MON LIVRE.
JE TE DÉTESTE PARCE QUE T'AS TOUJOURS UN PETIT AMI!
OH, QU'EST-CE QUE J'AI FAIT?
...ET PARCE QUE TU PEUX METTRE DES PANTALONS EN CUIR!
MAIS T'AS QUEL ÂGE?!?
ALLEZ, ON S'EN VA.
ET MOI, J'AI QUEL ÂGE?
ARRÊTEZ TOUTES LES DEUX, DU CALME...
ENFIN, C'EST QUOI TON PROBLÈME?
JE PRÉCISE QU'ON NE M'AVAIT JAMAIS PARLÉ COMME ÇA. JAMAIS.
À L'ÉPOQUE, SUR UNE ÉCHELLE DES CATASTROPHES ALLANT DE 1 À 10, C'ÉTAIT LE NIVEAU 11. ÊTRE AUSSI PEU PROFESSIONNELLE À UNE SOIRÉE DU NEW YORKER, ALORS QU'ON SE TUAIT POUR ENTRER DANS CE JOURNAL, C'ÉTAIT NUL. ET PUIS CE CÔTÉ BONNE FEMME HYSTÉRIQUE ET COMBAT DANS LA BOUE, VRAIMENT, JE DÉTESTAIS ÇA.
VOUS LES GARS, VOUS AVEZ BEAU ÊTRE 50, JE NE VOUS VOIS JAMAIS VOUS CRÊPER LE CHIGNON.
DIFFEE, JE VAIS TE CREVER LES YEUX.
LA FERME, ÉRIC.
CHANGEMENT DE DÉCOR, SILVANO A ENFIN ACCROCHÉ SA NOUVELLE ENSEIGNE ET MES COPINES ET MOI, ON A RÉSERVÉ POUR 20 H...
LIEU TRENDY D'OFFICE. IL Y A DONC LA QUEUE...
JE RÉUSSIS À ENTRER ET SILVANO ME FAIT VISITER LES LIEUX...
MARISA, VOICI MA FILLE LEYLA, ET MON AVOCAT, STEVE GARDNER, JE TENAIS À TE LES PRÉSENTER.
BONSOIR.
BONSOIR.
BONSOIR.

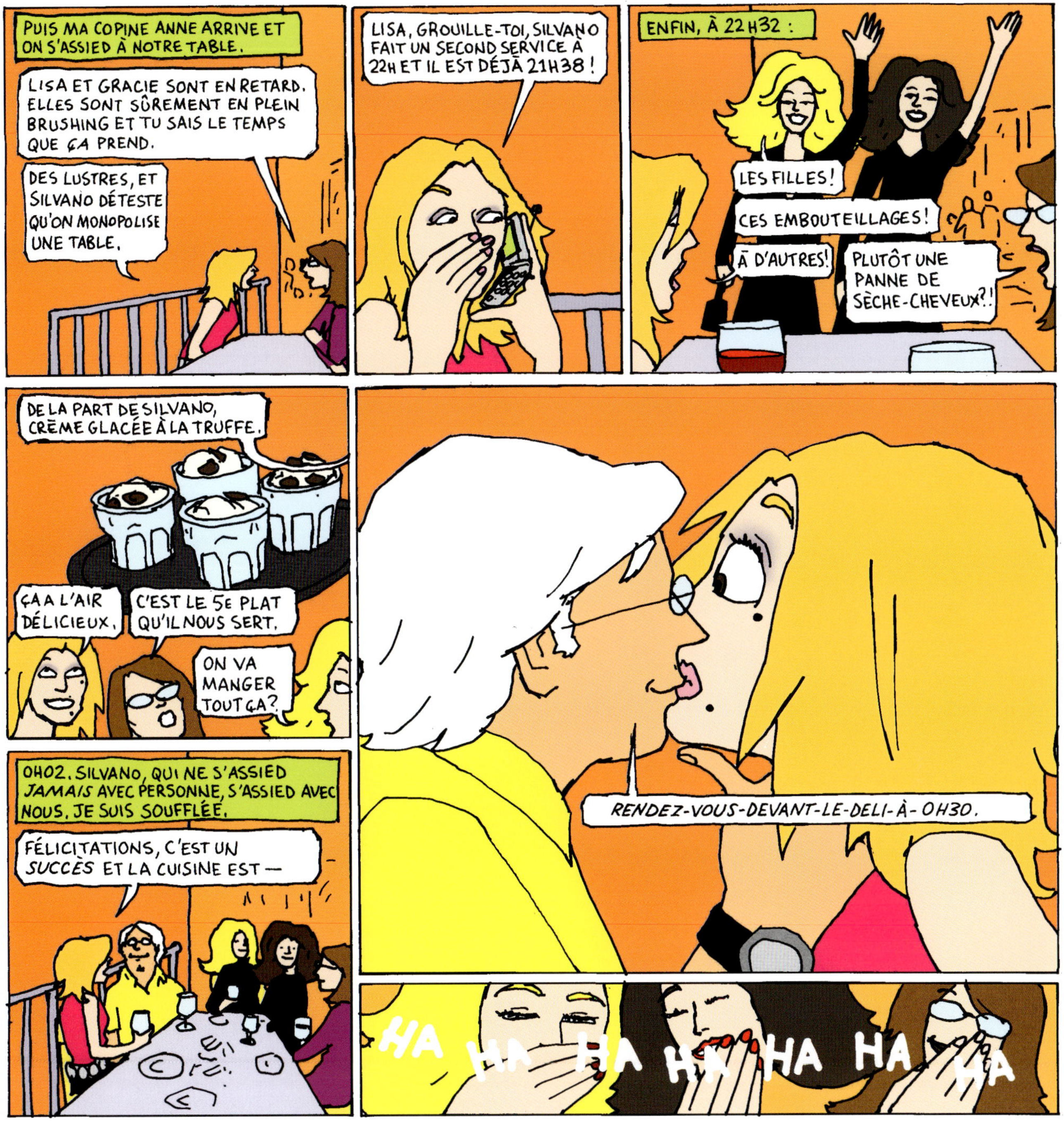
PUIS MA COPINE ANNE ARRIVE ET ON S'ASSIED À NOTRE TABLE.
LISA ET GRACIE SONT EN RETARD. ELLES SONT SÛREMENT EN PLEIN BRUSHING ET TU SAIS LE TEMPS QUE ÇA PREND.
DES LUSTRES, ET SILVANO DÉTESTE QU'ON MONOPOLISE UNE TABLE.
LISA, GROUILLE-TOI, SILVANO FAIT UN SECOND SERVICE À 22H ET IL EST DÉJÀ 21H38 !
ENFIN, À 22H32 :
LES FILLES !
CES EMBOUTEILLAGES !
À D'AUTRES !
PLUTÔT UNE PANNE DE SÈCHE-CHEVEUX ?!
DE LA PART DE SILVANO, CRÈME GLACÉE À LA TRUFFE.
ÇA A L'AIR DÉLICIEUX.
C'EST LE 5E PLAT QU'IL NOUS SERT.
ON VA MANGER TOUT ÇA ?
0H02. SILVANO, QUI NE S'ASSIED *JAMAIS* AVEC PERSONNE, S'ASSIED AVEC NOUS. JE SUIS SOUFFLÉE.
FÉLICITATIONS, C'EST UN *SUCCÈS* ET LA CUISINE EST —
RENDEZ-VOUS-DEVANT-LE-DELI-À-0H30.
HA HA HA HA HA HA HA

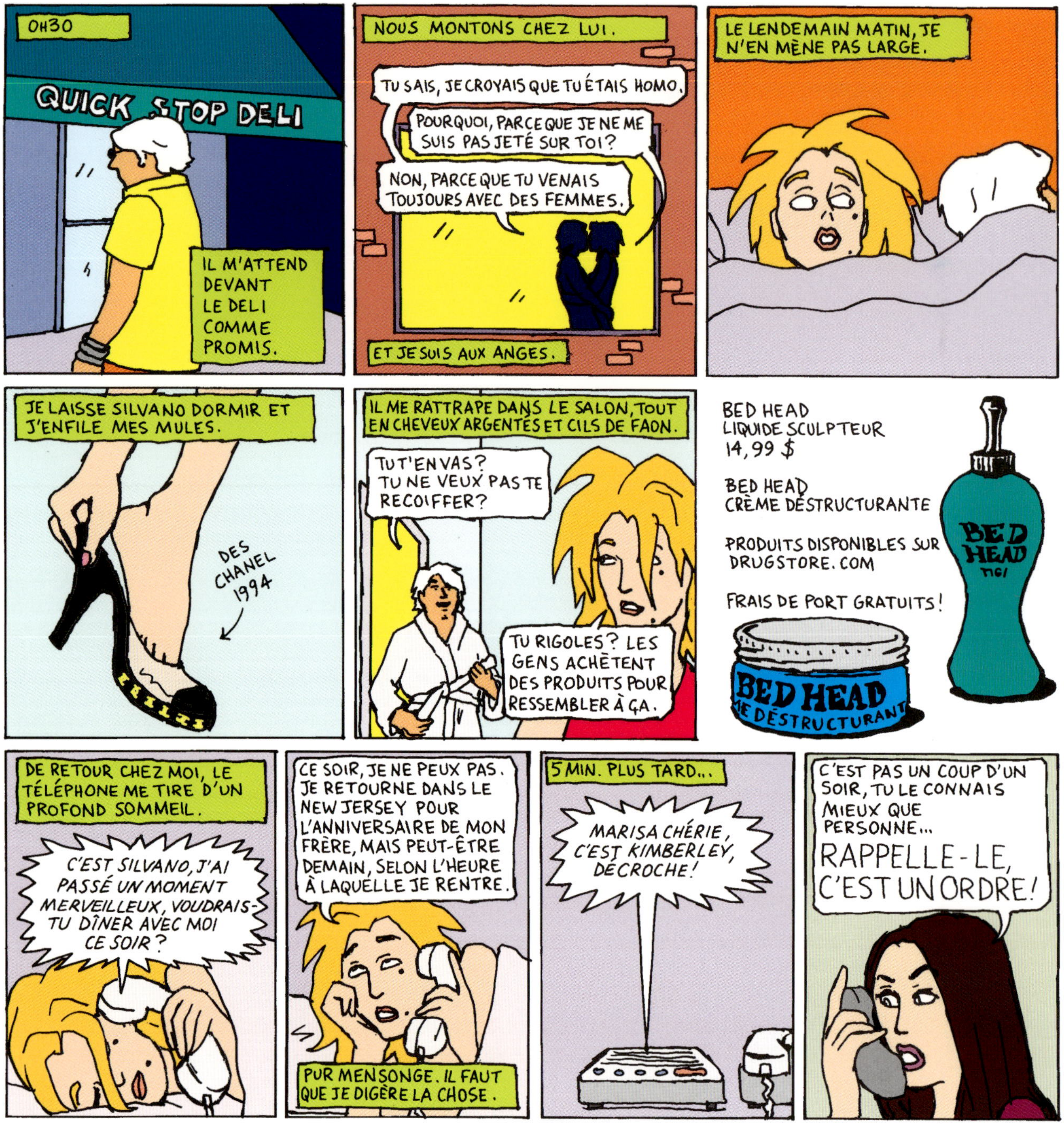

0H30
QUICK STOP DELI
IL M'ATTEND DEVANT LE DELI COMME PROMIS.
NOUS MONTONS CHEZ LUI.
TU SAIS, JE CROYAIS QUE TU ÉTAIS HOMO.
POURQUOI, PARCE QUE JE NE ME SUIS PAS JETÉ SUR TOI ?
NON, PARCE QUE TU VENAIS TOUJOURS AVEC DES FEMMES.
ET JE SUIS AUX ANGES.
LE LENDEMAIN MATIN, JE N'EN MÈNE PAS LARGE.
JE LAISSE SILVANO DORMIR ET J'ENFILE MES MULES.
DES CHANEL 1994
IL ME RATTRAPE DANS LE SALON, TOUT EN CHEVEUX ARGENTÉS ET CILS DE FAON.
TUT'EN VAS ? TU NE VEUX PAS TE RECOIFFER ?
TU RIGOLES ? LES GENS ACHÈTENT DES PRODUITS POUR RESSEMBLER À ÇA.
BED HEAD
LIQUIDE SCULPTEUR
14,99 $
BED HEAD
CRÈME DÉSTRUCTURANTE
PRODUITS DISPONIBLES SUR DRUGSTORE.COM
FRAIS DE PORT GRATUITS !
BED HEAD TIGI
BED HEAD
DE RETOUR CHEZ MOI, LE TÉLÉPHONE ME TIRE D'UN PROFOND SOMMEIL.
C'EST SILVANO, J'AI PASSÉ UN MOMENT MERVEILLEUX, VOUDRAIS-TU DÎNER AVEC MOI CE SOIR ?
CE SOIR, JE NE PEUX PAS. JE RETOURNE DANS LE NEW JERSEY POUR L'ANNIVERSAIRE DE MON FRÈRE, MAIS PEUT-ÊTRE DEMAIN, SELON L'HEURE À LAQUELLE JE RENTRE.
PUR MENSONGE. IL FAUT QUE JE DIGÈRE LA CHOSE.
5 MIN. PLUS TARD...
MARISA CHÉRIE, C'EST KIMBERLEY, DÉCROCHE !
C'EST PAS UN COUP D'UN SOIR, TU LE CONNAIS MIEUX QUE PERSONNE...
RAPPELLE-LE, C'EST UN ORDRE !

UNE SECONDE PLUS TARD :
ON PEUT ALLER AU DA SILVANO, OU ALORS ON VA AILLEURS...
IL PREND LE SOLEIL SUR SA TERRASSE. LOTION SOLAIRE : HUILE D'OLIVE VIERGE EXTRA. INDICE DE PROTECTION : 0
J'AIMERAIS TE DÉCOUVRIR DANS UN AUTRE CADRE QUE TON RESTO.
NOTRE PREMIER RENDEZ-VOUS A LIEU AU BLUE RIBBON BAKERY, LE LENDEMAIN SOIR.
SILVANO, TU ES TRÈS CHIC, JE NE T'AVAIS JAMAIS VU EN COSTUME.
ET MOI JE SUIS EN JEANS, SUPER DÉCONTRACTÉE. EST-CE PLUS SÉRIEUX QUE JE NE L'IMAGINE ?
NOUS SOMMES LES SEULS CLIENTS DANS LA SALLE, ET C'EST LÀ QU'IL ME DEMANDE :
VOUDRAIS-TU ÊTRE MA PETITE AMIE ?
TA PETITE AMIE ? C'EST TELLEMENT MIGNON.
JE SUIS CONQUISE.
JE SERAIS RAVIE D'ÊTRE TA PETITE AMIE.
D'AC' ?
D'AC'.
BON, QU'EST-CE QU'ON MANGE ALORS ?

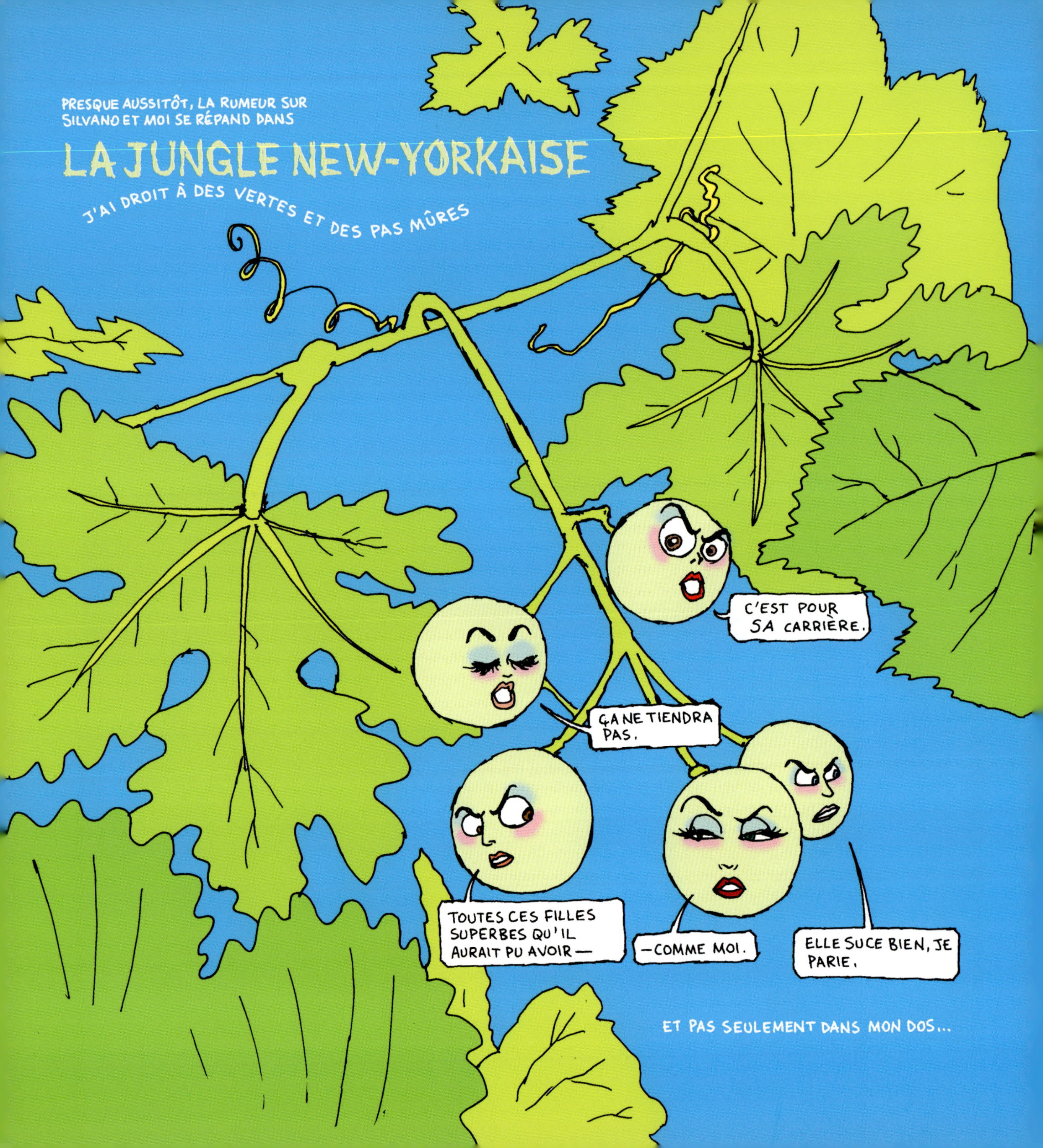
PRESQUE AUSSITÔT, LA RUMEUR SUR SILVANO ET MOI SE RÉPAND DANS
LA JUNGLE NEW-YORKAISE
J'AI DROIT À DES VERTES ET DES PAS MÛRES
C'EST POUR SA CARRIÈRE.
ÇA NE TIENDRA PAS.
TOUTES CES FILLES SUPERBES QU'IL AURAIT PU AVOIR —
— COMME MOI.
ELLE SUCE BIEN, JE PARIE.
ET PAS SEULEMENT DANS MON DOS...

Da Silvano
SI NEW YORK ÉTAIT UN LYCÉE
ICI CE SERAIT LA CAFET'...*
LES FILLES DANS LE VENT – LES FASHIONISTAS; LA SECTION CINÉMA – LES ACTEURS LES PLUS COTÉS ; LA SECTION MUSIQUE – LES ROCK-STARS; LA SECTION SPORT – LE PANTHÉON DES ATHLÈTES ; LE JOURNAL DU LYCÉE – L'ÉLITE DES MÉDIAS, LES MAGNATS DE LA PRESSE PEOPLE ET LES BLOGUEURS CULTES QUI GUETTENT LE MOINDRE MICRO-ÉVÉNEMENT POUR LE COLPORTER ; LA SECTION AUDIOVISUELLE – LES PATRONS DU CINÉMA, DE LA TÉLÉ ET DE LA MUSIQUE; LE ROI DU BAL ? SILVANO. DANS LE RÔLE DE LA "PETITE AMIE", JE DÉBARQUE. VOUS SAVEZ CE QUE ÇA VEUT DIRE: *LE DÉFI* ÉTAIT IMMENSE. ET VOILÀ CE QUI EST ARRIVÉ QUAND J'AI FRANCHI LES PORTES DU LYCÉE...
* AVEC DES PLATS DIVINS, BIEN SÛR.

22H38. J'ARRIVE TOUT JUSTE POUR LE DERNIER SERVICE...
DANSEUSE SUR TABLE BOURRÉE
JE SUIS ICI AU BAR
J'ÉTAIS EN TRAIN DE T'APPELER.
IL EST ICI, AUSSI
SILVANO EST PARTOUT
CUISINE DE 6M2 POUR 200 COUVERTS PAR SOIR
VERS 23H07, UNE TABLE SE LIBÈRE ENFIN.
ALORS, QU'EST-CE QU'ON MANGE ?
HMM... CLAC! CLAC! CLAC!
JE SAIS... JE VOUDRAIS UN BISTECCA FIORENTINA BIEN TENDRE...
IL CLAQUE SA LANGUE CONTRE SON PALAIS EN IMAGINANT LE PUR DÉLICE.
JE TE SUIS —
OH SILVANO...
SILVANO, TU ME FAIS FAIRE UN TOUR DANS TA MASERATI ?
ELLE EST ASSISE SUR LES GENOUX DE SON PETIT COPAIN.
HUM. J'AI ENTRAPERÇU SA FORÊT VIERGE DÉBROUSSAILLÉE, MAIS VOUS N'EN VERREZ RIEN.
QU'EST-CE QUE J'IMAGINAIS ? AU LYCÉE, LES NYMPHETTES SAUTAIENT DÉJÀ SUR LES MECS AVEC LES PLUS BELLES VOITURES, MAIS...

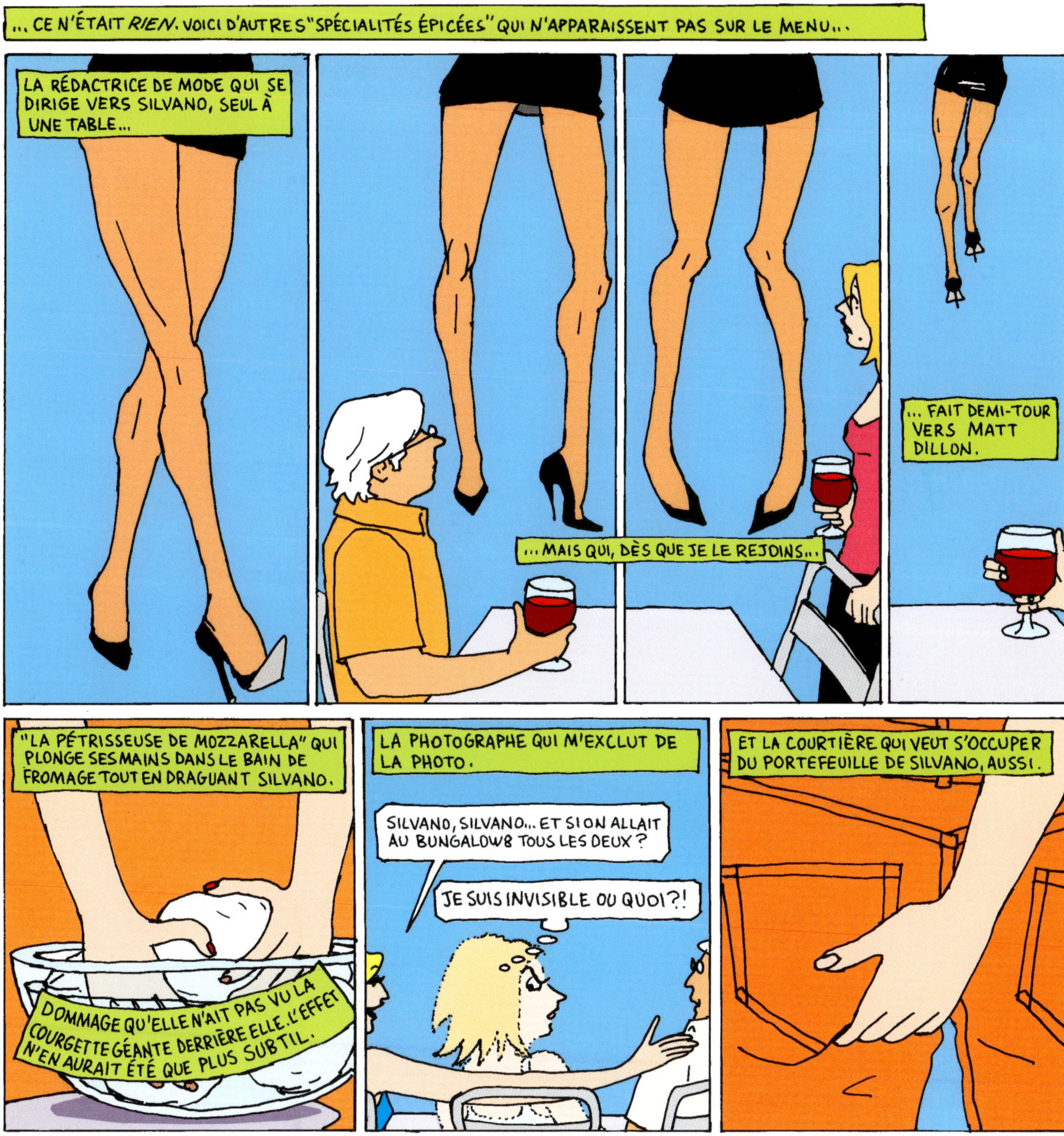
... CE N'ÉTAIT *RIEN*. VOICI D'AUTRES "SPÉCIALITÉS ÉPICÉES" QUI N'APPARAISSENT PAS SUR LE MENU...
LA RÉDACTRICE DE MODE QUI SE DIRIGE VERS SILVANO, SEUL À UNE TABLE...
... MAIS QUI, DÈS QUE JE LE REJOINS...
... FAIT DEMI-TOUR VERS MATT DILLON.
"LA PÉTRISSEUSE DE MOZZARELLA" QUI PLONGE SES MAINS DANS LE BAIN DE FROMAGE TOUT EN DRAGUANT SILVANO.
DOMMAGE QU'ELLE N'AIT PAS VU LA COURGETTE GÉANTE DERRIÈRE ELLE. L'EFFET N'EN AURAIT ÉTÉ QUE PLUS SUBTIL.
LA PHOTOGRAPHE QUI M'EXCLUT DE LA PHOTO.
SILVANO, SILVANO... ET SI ON ALLAIT AU BUNGALOW8 TOUS LES DEUX ?
JE SUIS INVISIBLE OU QUOI?!
ET LA COURTIÈRE QUI VEUT S'OCCUPER DU PORTEFEUILLE DE SILVANO, AUSSI.

INUTILE DE PRÉCISER QUE CES FILLES-LÀ ME TAPENT SUR LES NERFS.
COMMENT PEUVENT-ELLES FAIRE ÇA À UNE AUTRE FEMME ?!
SI TU T'ÉNERVES, SURTOUT AU DA SILVANO, ÇA SE SAURA.
ET SI ÇA SE SAIT, ÇA SERA LA FIN DE SILVANO ET TOI.
MOI, JE SERAIS FOLLE DE RAGE !
NE T'ÉNERVE PAS, SINON ELLES GAGNENT.
SOUS LA COMBINAISON, C'EST PAULA, MAV, QUI ÉCRIT "PAGE SIX".
LISA, ON EST AMIES DEPUIS 20 ANS
ANNIE, SICILIENNE COMME MOI
NAZ, MAV, UNE HABITUÉE DU LIEU.
OHH, NE VOUS INQUIÉTEZ PAS.
C'EST TOUT CE QUE SAIT DIRE MA PSY
MA CHÈRE MÈRE A REÇU LA VISITE DES ESPRITS DANS SA CHAMBRE,
ILS DISENT QUE TON AURA EST TERNE ET QUE TU BAIGNES DANS LE TOXIQUE. ILS M'ONT DONNÉ UNE PRIÈRE DE PROTECTION...
JE L'AVOUE, J'AI APPELÉ SOS MÉDIUM...
MUSIQUE NEW AGE RINGARDE
TAPEZ "1" POUR "MAGIC SALLY"
"MAGIC SALLY" ?
MUSIQUE NEW AGE RINGARDE
TAPEZ "2" POUR "STARELLA"
"STARELLA" ?!
... ET JE SUIS TOMBÉE SUR DOCTEUR NIKKI ANCIENNE MILITAIRE VIVANT DANS LE MONTANA.
CONTRÔLE-TOI !
RESTE DIGNE, TU LES AURAS À L'USURE
MANTRA N° 1
MAIS QUAND J'APPELLE, JE DOIS TOUJOURS ME FARCIR LA MUSIQUE NEW AGE RINGARDE.

SI JE DOUTAIS DE MA PLACE DANS SA VIE, SILVANO, LUI, EN ÉTAIT SÛR ET CERTAIN.
C'EST LE PLUS BEAU CADEAU QU'ON M'AIT JAMAIS FAIT.
POURQUOI CROIS-TU QUE JE TE L'AI FAIT?
MARISA
SILVANO
RISERVATO
C'EST "RÉSERVÉ" EN ITALIEN
FINALEMENT, DEUX MOIS APRÈS NOTRE PREMIER BAISER, J'EMMÉNAGE CHEZ LUI.
LES FILLES, VOUS NE FAITES PAS LE POIDS.
C'EST LE SEUL TYPE HÉTÉRO DE LA PLANÈTE QUI A PLUS DE CHAUSSURES QUE MOI !
CETTE SEMAINE-LÀ, JE VAIS AU RESTAURANT...
GRAS
POSEUR
LOSER
OH SEIGNEUR, PROTÉGEZ-NOUS, SILVANO ET MOI, DE VOTRE LUMIÈRE...
ET J'ATTENDS SILVANO...
BRIGADE DES BLONDASSES OSSEUSES BOTOXIFIÉES
ASSIEDS-TOI AVEC NOUS.
NON MERCI.
IGNORER POUR GAGNER.
MANTRA N°2
VIENS LÀ, J'AI UNE QUESTION À TE POSER !
OK, MAIS JE NE M'ASSIEDS PAS.
TOUJOURS AVOIR LE DERNIER MOT.
MANTRA N°3
JE SUIS TOP MODEL. COMMENT TOI, TU L'AS EU?!
VOUS DÉSIREZ AUTRE CHOSE?
CETTE FILLE REMPORTE LA PALME...
...PRESQUE.
QUELLE FEMME NE CRAQUERAIT PAS DEVANT ÇA ?!?!

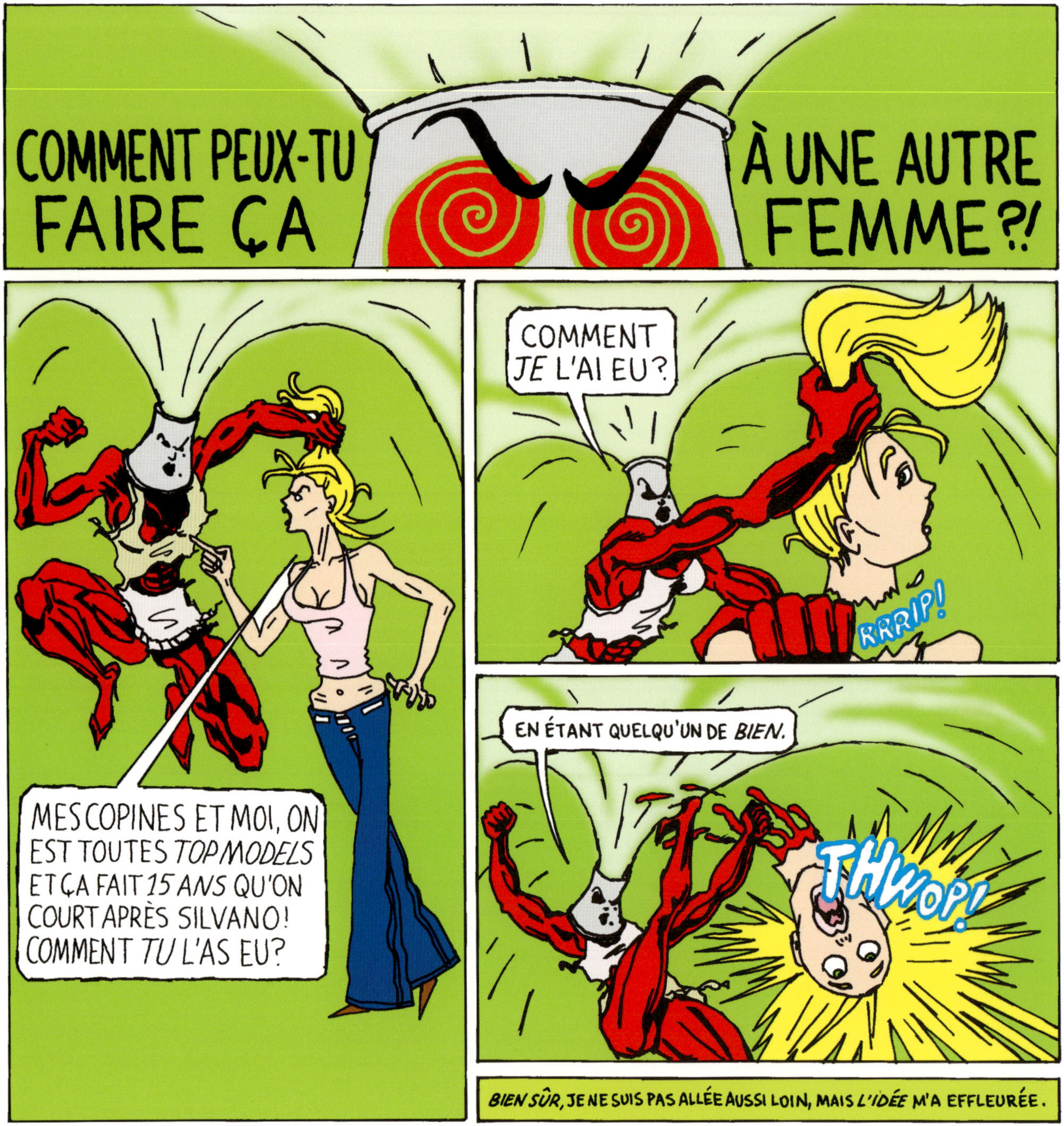
COMMENT PEUX-TU FAIRE ÇA À UNE AUTRE FEMME ?!
MES COPINES ET MOI, ON EST TOUTES TOP MODELS ET ÇA FAIT 15 ANS QU'ON COURT APRÈS SILVANO ! COMMENT TU L'AS EU ?
COMMENT JE L'AI EU ?
RRRIP!
EN ÉTANT QUELQU'UN DE BIEN.
THWOP!
BIEN SÛR, JE NE SUIS PAS ALLÉE AUSSI LOIN, MAIS L'IDÉE M'A EFFLEURÉE.

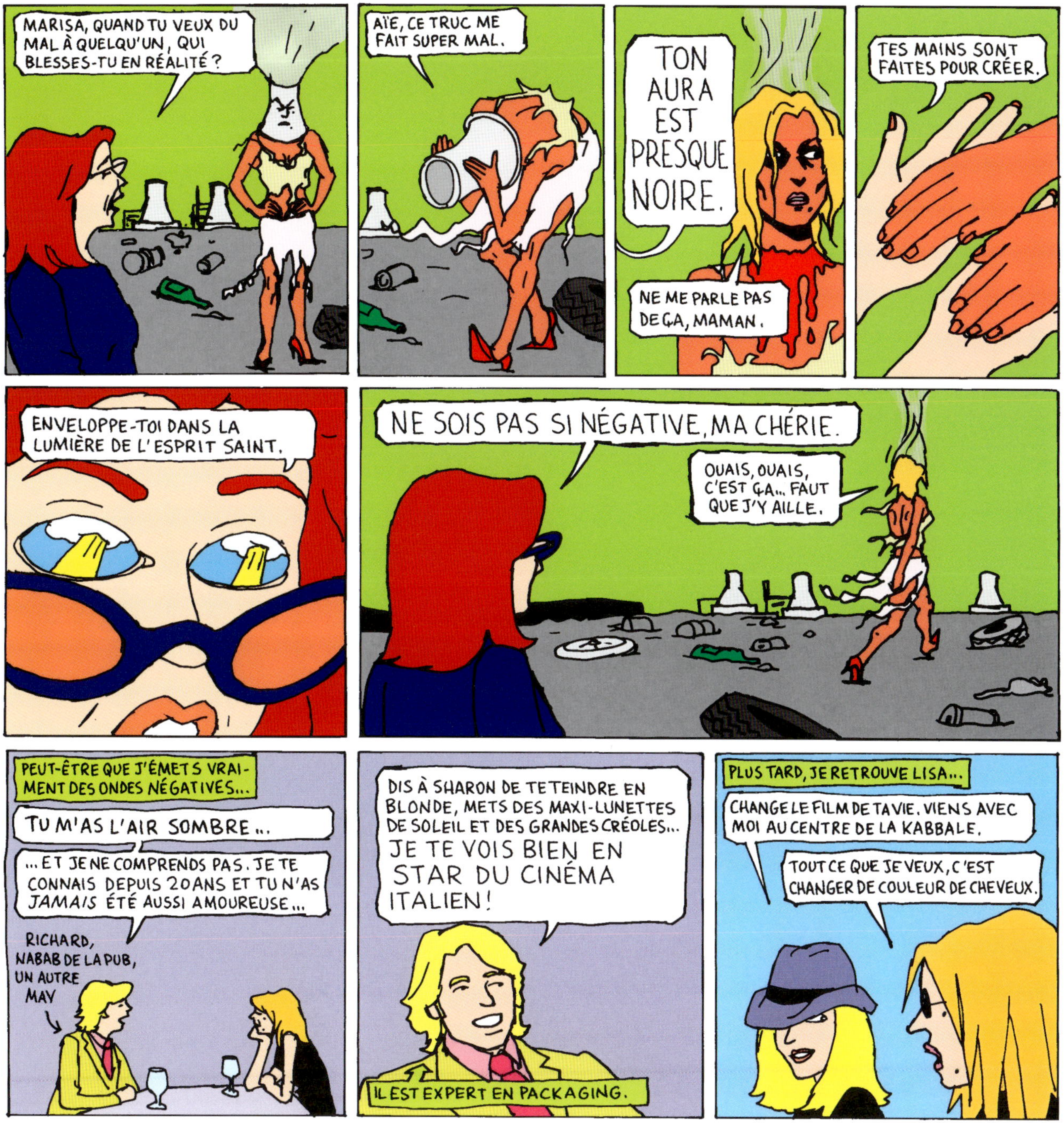
MARISA, QUAND TU VEUX DU MAL À QUELQU'UN, QUI BLESSES-TU EN RÉALITÉ ?
AÏE, CE TRUC ME FAIT SUPER MAL.
TON AURA EST PRESQUE NOIRE.
NE ME PARLE PAS DE ÇA, MAMAN.
TES MAINS SONT FAITES POUR CRÉER.
ENVELOPPE-TOI DANS LA LUMIÈRE DE L'ESPRIT SAINT.
NE SOIS PAS SI NÉGATIVE, MA CHÉRIE.
OUAIS, OUAIS, C'EST ÇA... FAUT QUE J'Y AILLE.
PEUT-ÊTRE QUE J'ÉMETS VRAIMENT DES ONDES NÉGATIVES...
TU M'AS L'AIR SOMBRE...
... ET JE NE COMPRENDS PAS. JE TE CONNAIS DEPUIS 20 ANS ET TU N'AS *JAMAIS* ÉTÉ AUSSI AMOUREUSE...
RICHARD, NABAB DE LA PUB, UN AUTRE MAY
DIS À SHARON DE TE TEINDRE EN BLONDE, METS DES MAXI-LUNETTES DE SOLEIL ET DES GRANDES CRÉOLES... JE TE VOIS BIEN EN STAR DU CINÉMA ITALIEN !
IL EST EXPERT EN PACKAGING.
PLUS TARD, JE RETROUVE LISA...
CHANGE LE FILM DE TA VIE. VIENS AVEC MOI AU CENTRE DE LA KABBALE.
TOUT CE QUE JE VEUX, C'EST CHANGER DE COULEUR DE CHEVEUX.

MAIS LE FILM DE MA VIE SEMBLAIT SUIVRE SON PROPRE COURS ET J'AVAIS BEAUCOUP DE CHANCE...
IMAGINEZ UN AIR DE NINO ROTA, QUI A COMPOSÉ LES BO DES MEILLEURS FELLINI...
LA LUMIÈRE S'ÉTEINT, LA CAMÉRA TOURNE, EN AVANT POUR LES IMAGES...
LA DOLCE VITA SELON SILVANO
VOL 645 NEWARK-MILAN
OOOOH...
AHHHH...
NON, NOUS NE SOMMES PAS EN CLASSE VIP.
C'EST JUSTE QUE
PARTOUT OÙ IL VA, IL IMPROVISE UN REPAS DE GOURMET.
UN ZESTE DE TRUFFE BLANCHE SUR TES PÂTES?
TU AS RÉUSSI À MONTER À BORD AVEC UNE LAME !
JE FAIS LE COPILOTE DE MILAN À FLORENCE?
FLORENCE? FILONS DIRECT À ST. TROPEZ!
IL EST TOUJOURS PARTANT (AU BOUT DE 24 H D'AFFILÉE, 9 EN AVION ET 15 EN VOITURE) POUR L'AVENTURE.
TU SAIS PROFITER DE LA VIE, SILVANO.
MERCI. C'EST CE QUE JE FAIS TOUS LES JOURS!
LE VERRE EST TOUJOURS PLEIN.
TU SAIS QUOI... AVANT, TU ÉTAIS TROP MINCE.
MERCI.
UN *PUR* ITALIEN.
ET J'AI PEUR QUE —
— ARRÊTE DE RÉFLÉCHIR ! TU RÉFLÉCHIS TROP! AHH... CHE BELLA GIORNATA !

STAR DU CINÉMA ITALIEN
PAPARAZZI
POP!
POP!
POP!
POPPING OFF
POURQUOI TU M'AIMES?
PARCE QUE TU ES TOI.
ALLORA... QU'EST-CE QU'ON MANGE?
JE LE REDIS, C'EST UN PUR ITALIEN.
OUI, ÊTRE LA PARTENAIRE DE SILVANO DANS CE FILM-LÀ, J'ADORAIS ÇA...

18 DÉCEMBRE 2003. IL PLEUT DES CORDES CE SOIR-LÀ ET NOUS SOMMES INVITÉS À UNE SOIRÉE D'ANNIVERSAIRE...
JE NE PEUX PAS VENIR. ON EST COMPLET.
ALORS JE SOUHAITERAI BON ANNIVERSAIRE À LUCY DE NOTRE PART À TOUS LES 2.
JE VAIS DONC À CETTE SOIRÉE D'ANNIVERSAIRE TOUTE SEULE...
JE SUIS SEUL AUSSI. JE T'ACCOMPAGNE.
DAVID KIRSCH, COACH DES STARS ET GOUROU DE LA DIÉTÉTIQUE
JE CRÈVE DE FAIM MA BELLE. ON VA DÎNER?
J'APPELLE MON RESTAURANT PRÉFÉRÉ. IL Y AURA PEUT-ÊTRE UNE TABLE.
HMM... AVEC QUI JE POURRAIS LE CASER, LUI?
C'EST BIZARRE. SILVANO RÉPOND TOUJOURS AU TÉLÉPHONE.
UNE FOIS ARRIVÉS AU RESTAURANT...
OÙ EST SILVANO?
C'EST SILVANO.
MON AMOUR, JE SUIS À LA MAISON AVEC TA BAGUE DE FIANÇAILLES!
JE SUIS PRÊTE À ME FIANCER SUR-LE-CHAMP!
ZOOOUM!

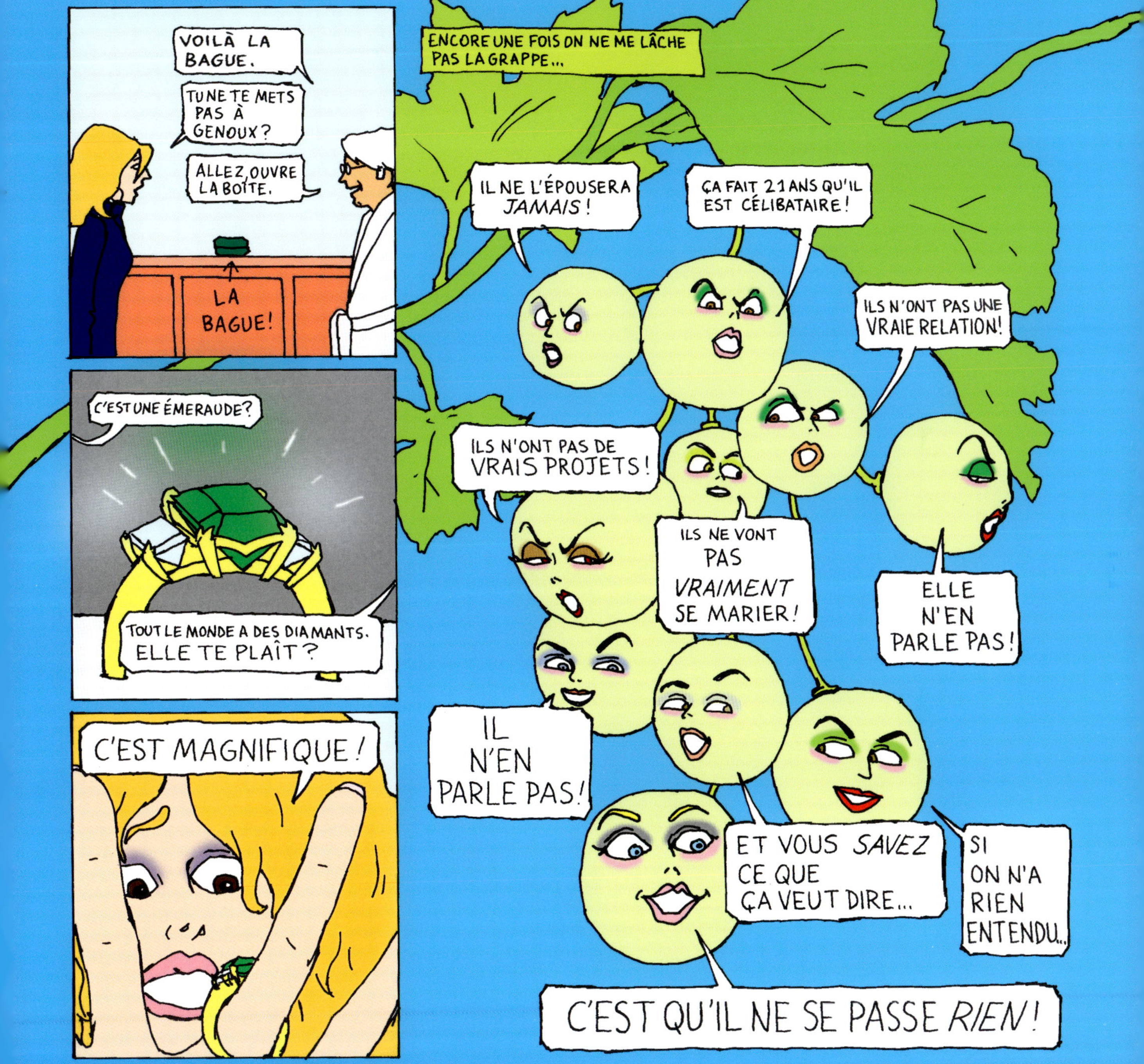
VOILÀ LA BAGUE.
TU NE TE METS PAS À GENOUX ?
ALLEZ, OUVRE LA BOÎTE.
LA BAGUE !
C'EST UNE ÉMERAUDE ?
TOUT LE MONDE A DES DIAMANTS. ELLE TE PLAÎT ?
C'EST MAGNIFIQUE !
ENCORE UNE FOIS ON NE ME LÂCHE PAS LA GRAPPE...
IL NE L'ÉPOUSERA *JAMAIS* !
ÇA FAIT 21 ANS QU'IL EST CÉLIBATAIRE !
ILS N'ONT PAS UNE VRAIE RELATION !
ILS N'ONT PAS DE VRAIS PROJETS !
ILS NE VONT PAS *VRAIMENT* SE MARIER !
ELLE N'EN PARLE PAS !
IL N'EN PARLE PAS !
ET VOUS *SAVEZ* CE QUE ÇA VEUT DIRE...
SI ON N'A RIEN ENTENDU...
C'EST QU'IL NE SE PASSE *RIEN* !

MAIS ENTRE NOUS, IL SE *PASSE* BEL ET BIEN QUELQUE CHOSE...
TU SAIS, JE VOUDRAIS QU'ON SE MARIE EN CATIMINI TOUS LES DEUX.
JE SUIS D'ACCORD, ICI, ON FAIT LA FÊTE TOUS LES SOIRS. JE VEUX QUELQUE CHOSE D'INTIME.
ON LE FAIT ENTRE NOUS ET ON NE DIT RIEN.
CHUT!
C'EST NOTRE SECRET.
MAIS TOUS NOS AMIS SE METTENT ALORS À *PSYCHOTER* SUR LE MARIAGE...
NE COMPTE PAS SUR TA MÈRE POUR ORGANISER TON MARIAGE?!
T'AS PAS INTÉRÊT À LE FAIRE EN CATIMINI, ET SI C'EST LE CAS, JE VEUX ÊTRE LÀ!
on enterrera ta vie de jeune fille chez moi.
LINDA ADORE SON BLACK BERRY
JE T'AI PROMIS IL Y A 11 ANS D'ENTERRER TA VIE DE JEUNE FILLE.
ADRI
TU M'AS DÉGOTÉ MON MEC. JE M'OCCUPE DE LA SOIRÉE FILLES.
ANNIE
OÙ A LIEU LA RÉCEPTION? JE FERAI LA CHAMBRE.
ROBERT
JE PRÉVOIS UNE FÊTE AVEC LES FILLES?
ANNE
ON FERA UNE GRANDE SOIRÉE!
RICHARD, NABAB DE LA PUB
DONNE-NOUS UNE LISTE, IL NOUS FAUT LES ADRESSES.
NE TE MARIE PAS QUE POUR *TOI*!
KIMBERLEY & SES PETITES FÉES
HI-YAAH!
ON FERA LES INVITÉS!
TOM
NAZ
DANA ET MOI, ON SERVIRA LE CHAMPAGNE ET LE CAVIAR SUR NOTRE TOIT POUR VOUS!
RICHARD "PAGE SIX" ET LA CHARMANTE SESSA

ALORS QUE NOUS VENONS D'ARRÊTER LA DATE...
11 JUIN ?
11 JUIN !
CHUT
C'EST NOTRE SECRET.
ALORS QUE JE COMMENCE À PUBLIER PLUS SOUVENT AU *NEW YORKER*.
ALORS QUE JE VIENS DE CHOISIR LES ESCARPINS ET LE SAC...
ILS IRONT AVEC UNE ROBE BLANCHE QUE JE N'AI PAS ENCORE TROUVÉE.
LES DEUX DE GIUSEPPE ZANOTTI
ALORS QUE JE SURFE SUR LE HAUT DE LA VAGUE...
ALLÔ, LA MAIRIE ? ÇA SERAIT POUR UN MARIAGE...

C'EST LÀ, À CE MOMENT PRÉCIS, À CETTE DATE QUE JAMAIS JE N'OUBLIERAI...
MAY 15 2004
À L'HEURE TRÈS EXACTE DE...
10:12 AM
... QUE CELLE QUE J'ÉTAIS, A.C., A DISPARU POUR NE PLUS JAMAIS REVENIR...
TOC, TOC.
APT C
QUI EST-CE?
LE CANCER.
LE CANCER QUI?
BANG!
LE CANCER DE TON MARIAGE! LE CANCER DE TA CARRIÈRE! LE CANCER DE TA VIE!

EST-CE QUELQUE CHOSE QUE J'AI DIT?
EST-CE QUELQUE CHOSE QUE J'AI MANGÉ, BU, FUMÉ, INHALÉ, PORTÉ, ASSIMILÉ?
POURQUOI? POURQUOI? POURQUOI FAUT-IL QUE ÇA M'ARRIVE MAINTENANT, ALORS QUE DANS 3 SEMAINES, JE SUIS CENSÉE ME RENDRE À LA MAIRIE ET ME MARIER POUR LA PREMIÈRE FOIS À 43 ANS...
À 43 ANS... ALLÔ LÀ-HAUT...
C'EST *UN PEU* LE GRAND JOUR POUR MOI...
AU LIEU DE RÊVER À MA TENUE DE MARIÉE...
... JE ME VOIS DÉJÀ EN TENUE DE MALADE.

ET MAINTENANT, REVENONS AU PIRE INSTANT QUE J'AI VÉCU EN 43 ANS, À CETTE CONVERSATION...
SILVANO, LA BONNE NOUVELLE, C'EST QU'ON L'A DÉPISTÉ ASSEZ TÔT...
C'EST BON, JE SUIS LÀ. ÇA VA ALLER.
MAIS J'AI AUTRE CHOSE À TE DIRE...
C'EST LA PARTIE DÉLICATE...
IL Y A AUTRE CHOSE?
POURVU QUE ÇA NE NOUS DÉTRUISE PAS.
TEMPS RÉEL ÉCOULÉ: 4,5 SECONDES QUI M'ONT SEMBLÉ 4,5 VIES ENTIÈRES.
D'ABORD JE DOIS TE DIRE QUE...
JE T'AIME PLUS QUE TOUT AU MONDE.
OOH, SI CE PROJET D'ÉMISSION TÉLÉ AVAIT FONCTIONNÉ, JE N'EN SERAIS PAS LÀ...
DANS LA MALADIE ET LA STUPIDITÉ...
...JE N'AI PLUS D'ASSURANCE.
PAS COUVERTE...
MA VIE S'ARRÊTE OFFICIELLEMENT ICI.
POURQUOI TU NE M'AS RIEN DIT QUAND JE TE L'AI DEMANDÉ?

QUAND TU M'AS DEMANDÉ, L'ANNÉE DERNIÈRE, J'ÉTAIS ENCORE ASSURÉE...
JE VAIS ME FAIRE SAUTER LA CERVELLE...
... MAIS CE N'EST PLUS LE CAS DEPUIS QUELQUES MOIS, J'AI APPELÉ LA MUTUELLE DES AUTEURS PUISQUE JE COTISAIS LÀ-BAS
... MAIS FAUDRAIT D'ABORD QUE J'EN AIE UNE.
... ET PUIS J'AI EU DES TRUCS À FAIRE ET ÇA M'EST SORTI DE LA TÊTE.
... JE POURRAIS ME TAILLER LES VEINES SINON...
JE SAIS QUE J'AI TOUT FOIRÉ.
... OU ALORS ME JETER DU...
NE T'INQUIÈTE PAS, JE M'OCCUPE DE TOUT.
J'AI TROP DE CHANCE.
TU AS LA CHANCE D'ÊTRE EN VIE... CHE BELLA GIORNATA.

SILVANO EST REPARTI TRAVAILLER...
ET J'AI TÂCHÉ D'EN FAIRE AUTANT...
JE PENSAIS EN ÊTRE CAPABLE...
pel Mam et Papa
SILVANO EST QUELQU'UN D'EXTRAORDINAIRE.
ON N'EN A JAMAIS DOUTÉ UNE SECONDE... ET ON EST LÀ POUR T'AIDER, NOUS AUSSI... SI TU VEUX PARLER À TA MÈRE, ELLE EST LÀ OÙ TU SAIS...
J'AI PRIS L'AUTRE COMBINÉ, CHÉRIE. TON PÈRE M'A FAIT UN LAVEMENT POUR ME PURGER
HUM... MERCI POUR LES DÉTAILS, MAMAN.
ET J'AI APPELÉ MES VIEILLES COPINES POUR LEUR APPRENDRE LE SCOOP DE LA JOURNÉE.
KIMBERLEY... SNIF ...JE VAIS DEVOIR...
ANNE... SNIF SNIF ...FAIRE...
POISSON DE MER
ALEX... SNIF ...TUMORECTOMIE. SNIF SNIF SNIF
J'AI BESOIN D'AIR.

JE SORS ET PRENDS LE CHEMIN DE MON ANCIENNE PIAULE DE CÉLIBATAIRE. ON L'A GARDÉE POUR STOCKER DES TRUCS ET POUR ACCUEILLIR LA FAMILLE VENUE D'ITALIE. EN PLUS, L'IMMOBILIER À NEW YORK, C'EST L'ENFER...
J'AI LA SOUDAINE IMPRESSION DE REMONTER LE TEMPS.
PILES DE PROJETS
TOUJOURS LE MÊME RISQUE D'INCENDIE.
MON PLACARD EST ENCORE PLEIN À CRAQUER DE 36 FILLETTE.
ÉPOQUE RÉVOLUE DE LONGUE DATE
C'EST LÀ QUE JE COMMENCE À ...
CLAC!
TOI!!!!
TOUT ÇA, C'EST À CAUSE DE TOI!!!!
SI ELLE AVAIT ÉTÉ EN VIE, MA GRAND-MÈRE AURAIT EU LE CŒUR BRISÉ; CETTE COIFFEUSE ÉTAIT SON MEUBLE PRÉFÉRÉ.
CLASH!

ÉPUISÉE, JE M'EFFONDRE SUR MON ANCIEN LIT.
LA VIERGE MARIE À MA GAUCHE...
ELLE SEMBLE TRISTE ET PAISIBLE
... MINE IRONIQUE CAR ELLE ÉCRASE MÉCHAMMENT DU PIED UN SERPENT.
REBELLE.
UNE AUTRE MARIE À MA DROITE...
JE N'AI PAS RELU CE LIVRE DEPUIS L'ÂGE DE 9 ANS...
Mary Poppins
... ET JE ME RENDS COMPTE QU'AVANT D'ÊTRE *ÉDULCORÉE* PAR DISNEY...
MARY ÉTAIT PLUTÔT GARCE !
PFFF !
PLUTÔT GARCE ?!
FINIS LES CAPRICES, DEBOUT LÀ-DEDANS...
ET QUE ÇA SAUTE !
ZZZZZZZT
TU N'ARRIVERAS JAMAIS À RIEN EN RESTANT AU LIT TOUTE LA JOURNÉE.

POURQUOI ÇA M'ARRIVE À MOI ?
DRING! DRING!
ALLÔ?
MARISA, C'EST LISA. ON A DEUX TRUCS À FAIRE. D'ABORD, JE T'EMMÈNE CHEZ SEPHORA.
MAIS JE NE VEUX PAS DE ROUGE À LÈVRES.
ENSUITE ON VA AU CENTRE DE LA KABBALE; IL Y A UNE PRIÈRE DE GUÉRISON CE SOIR.
MAIS JE NE VEUX PAS Y ALLER NON PLUS.
VIENS, TU TROUVERAS LA LUMIÈRE!
N.
O.
N.

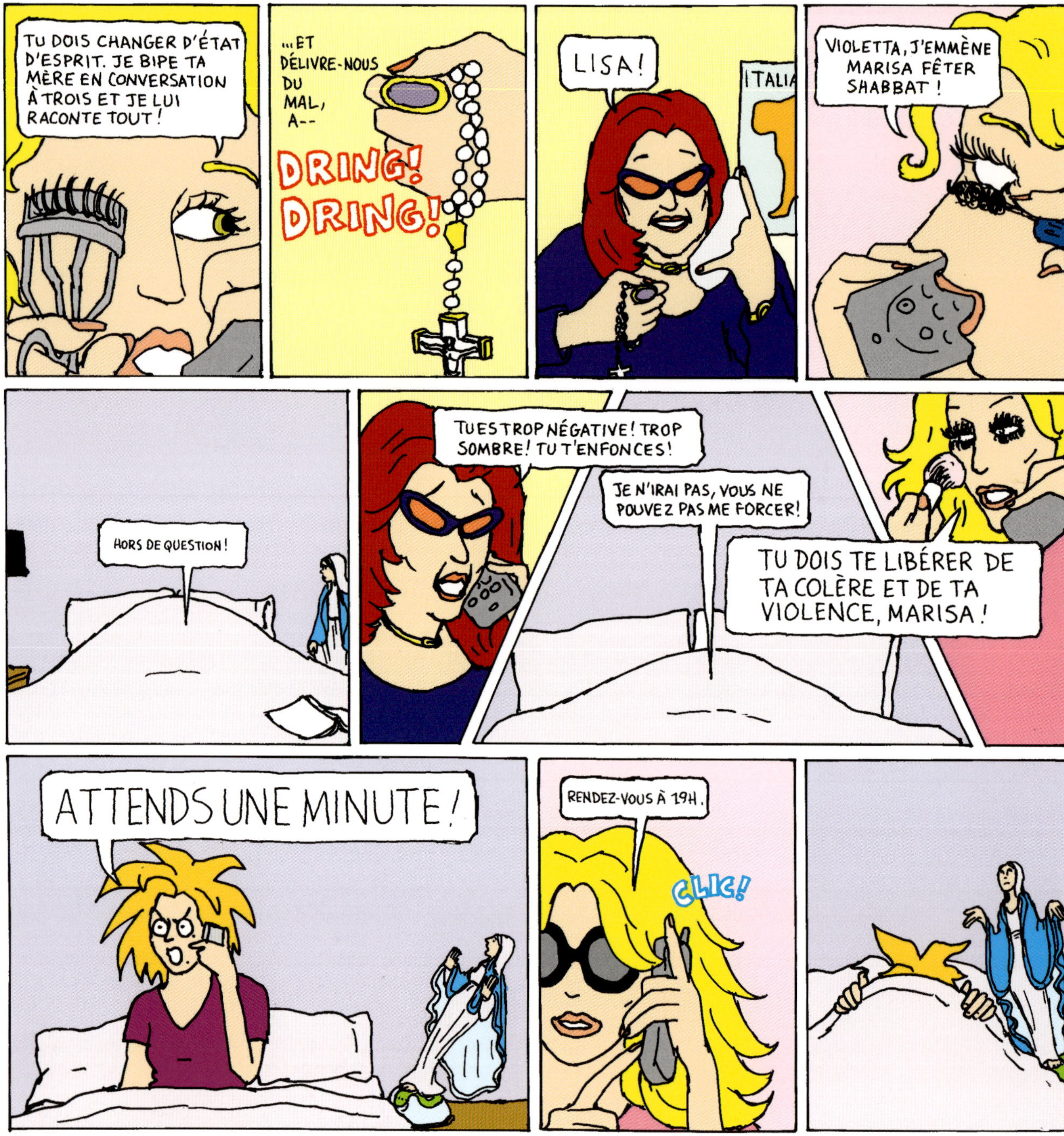
TU DOIS CHANGER D'ÉTAT D'ESPRIT. JE BIPE TA MÈRE EN CONVERSATION À TROIS ET JE LUI RACONTE TOUT !
...ET DÉLIVRE-NOUS DU MAL, A--
DRING! DRING!
LISA!
ITALIA
VIOLETTA, J'EMMÈNE MARISA FÊTER SHABBAT !
HORS DE QUESTION !
TU ES TROP NÉGATIVE ! TROP SOMBRE ! TU T'ENFONCES !
JE N'IRAI PAS, VOUS NE POUVEZ PAS ME FORCER !
TU DOIS TE LIBÉRER DE TA COLÈRE ET DE TA VIOLENCE, MARISA !
ATTENDS UNE MINUTE !
RENDEZ-VOUS À 19H.
CLIC!

TEMPS DE VAUTRAGE OFFICIEL 5 HEURES, 37 MINUTES
DRING! DRING!
IL FAUT QUE TU PARLES AVEC LINDA THALER, ELLE A SURVÉCU À SON CANCER DU SEIN, PRENDS EXEMPLE SUR ELLE.
RICHARD, EN MODE PDG MÊME LE WEEK-END
L'UNE DE MES BONNES AMIES A ÉPOUSÉ UN ONCOLOGUE DE SLOAN-KETTERING CANCER CENTER; IL FAUT QUE TU LE VOIES !
ANNIE, CADRE-SUP' DANS LA MODE, HYPER-DIRIGISTE
JE T'AI TROUVÉ LA MEILLEURE CANCÉROLOGUE DU MONDE… IL FAUT QUE TU AILLES LA VOIR !
LES CLIENTES DE SHARON SONT LES FEMMES LES PLUS PUISSANTES DE NY
IL FAUT T'INFORMER; JE VAIS FAIRE DES RECHERCHES SUR LE NET ET TE LES ENVOYER.
LINDA, MA COUSINE DENTISTE
IL FAUT PRENDRE UN 2E AVIS, ET J'EN PRENDRAIS AUSSI UN 3E, UN 4E, UN 5E, UN 6E, UN 7E, UN 8E…
IL FAUT QUE TU ACHÈTES DES AMPOULES DE MAÏTAKÉ À LA BOUTIQUE BIO, C'EST UN CHAMPIGNON QUI AIDE À COMBATTRE LES TUMEURS !
ALEX, ROUSSE CETTE SEMAINE-LÀ
C'EST KIMBERLEY; ANTHONY, MON ONCLE, EST MÉDECIN À L'HÔPITAL ST-VINCENT, IL FAUT QUE TU LUI PARLES !

QUAND VAS-TU ENFIN TE BATTRE CONTRE LE CANCER ?!
TEMPS ÉCOULÉ DEPUIS LE DIAGNOSTIC OFFICIEL : 6 HEURES, 48 MINUTES
DRING! DRING!
ET...
ON EST SAMEDI EN PLUS

QUAND SILVANO M'APPELLE, JE SORS ENFIN DU LIT ET RENTRE À LA MAISON.
IL EST DÉJÀ TARD. JE M'EN VAIS.
ET OÙ VAS-TU ?
À LA KABBALE.
LA KABBALE ?!
DÉTENDS-TOI. TU TE MARIES AVEC UNE CATHOLIQUE.
19H02. DEVANT LE CENTRE DE LA KABBALE...
SHABBAT SHALOM.
SHABBAT SHALOM.
AU FAIT, TA GRANDE COPINE DESSINATRICE RISQUE D'ÊTRE LÀ.
QUOI ?!?!
C'EST LA DERNIÈRE PERSONNE QUE J'AIE ENVIE DE VOIR. TU SAIS BIEN QUE —
CHUT ! LE BUT, C'EST D'ÊTRE POSITIVE ET SAINE !
...TU ES ICI POUR TROUVER LES OUTILS QUI T'AIDERONT À CHANGER...
...ET TE DÉBARRASSER DE TES HABITUDES DESTRUCTRICES.
DANS LE CENTRE DE LA KABBALE :
PENDANT SHABBAT, LES HOMMES SONT VÊTUS DE BLANC ET PORTENT LA KIPPA, Y COMPRIS GUY RITCHIE.
POURQUOI LES FEMMES ONT TOUTES LES MÊMES CHEVEUX ?
CE SONT DES PERRUQUES ; LES FEMMES MARIÉES EN PORTENT UNE.
LES PERRUQUES SONT TOUTES L'ŒUVRE DU MÊME CRÉATEUR. FAUDRAIT-IL QUE J'Y SONGE MOI AUSSI ?
LISA, JE NE ME SENS PAS À MA PLACE...
COMMENT DIRE...

LE CULTE (JE NE SAIS PAS TROP COMMENT L'APPELER AUTREMENT) EST SUR LE POINT DE COMMENCER ET NOUS PRENONS PLACE.
NOUS SURVOLONS LES LETTRES EN HÉBREU TANDIS QUE LES FIDÈLES PSALMODIENT...
ידיד נפש אב הרחמן,
... ET "RASSEMBLENT" L'ÉNERGIE... LIRE DE DROITE À GAUCHE
משוך עבדך אל רצונך,
retz'onecha el avdecha meshoch
ירוץ עבדך כמו איל
a'yal k'mo av'd'cha yarutz
... POUR ENTRER EN "COMMUNICATION" AVEC LA LUMIÈRE.
LES LUMIÈRES S'ÉTEIGNENT ET L'ASSEMBLÉE ENTONNE DES CHANTS DE GUÉRISON...
... ET C'EST LÀ QUE C'EST ARRIVÉ.
... J'AI L'IMPRESSION QU'UNE ANTENNE S'ÉLÈVE AU-DESSUS DU CENTRE...
The Kabbalah Centre
... ET DIFFUSE DEPUIS NEW YORK UNE LUMIÈRE...
... QUI SE RÉPAND SUR LE PAYS ENTIER...
... LE MONDE ENTIER...
JE VOIS DES VISAGES...
... DES LIEUX...
DES GENS QUE JE NE CONNAIS PAS...
... D'AUTRES QUE JE CONNAIS...
QUE J'AIME...

...ET JE ME SENS ALORS RELIÉE À L'HUMANITÉ... ET ENVAHIE PAR UN SENTIMENT DÉBORDANT DE SÉRÉNITÉ.
IL PARAÎT QUE LA TERRE SE TROUVE EN PÉRIPHÉRIE DE LA GALAXIE.
LES LUMIÈRES SE RALLUMENT ET JE RACONTE TOUT À LISA...
IL FAUT EN PARLER AU RABBIN MEIR, C'EST MON MENTOR. VIENS DÎNER AVEC NOUS. C'EST DU 5 ÉTOILES DE DAVID.
JE RESTE UN PEU, MAIS JE DÎNE AVEC SILVANO.
PENDANT QU'ILS DÎNENT, J'EXPLIQUE CE QUE J'AI "VU" À MEIR ET IL NE BRONCHE PAS.
TU ES UNE ANTENNE DE LUMIÈRE.
COMME NOUS TOUS.
22H37. J'AI 7 MINUTES DE RETARD ET JE SUIS COMPLÈTEMENT CREVÉE...
MON DIEU, PROTÉGEZ-NOUS, SILVANO ET MOI, DE VOTRE LUMIÈRE.
MARISA, DÉPÊCHE-TOI. J'AI FAIM, MOI. AH, TE VOILÀ! J'ÉTAIS EN TRAIN DE T'APPELER!
QUAND, À 23H19, NOUS NOUS ATTABLONS ENFIN, JE REGARDE SILVANO EN FACE DE MOI ET JE MESURE COMBIEN JE SUIS HEUREUSE AVEC LUI...
AH... PARFAIT, JE LES AI PRÉPARÉES POUR TOI.
COMBIEN JE SUIS HEUREUSE D'ÊTRE EN VIE...
SPAGHETTI AL POMODORO POUR TOUS LES DEUX
LES TOMATES SONT UNE EXCELLENTE SOURCE DE LYCOPÈNE, QUI RÉDUIT LES RISQUES DE CANCER.
JE N'AI JAMAIS MANGÉ DE MEILLEURES PÂTES QUE CELLES-CI ET J'EN SAVOURE LA MOINDRE BOUCHÉE COMME SI C'ÉTAIT LA DERNIÈRE.

À LA FIN DU DÎNER, CLAUDIO, LE MAV DE SILVANO, SE JOINT À NOUS. IL EST VENU D'ITALIE POUR RÉGLER QUELQUES AFFAIRES AUX ÉTATS-UNIS.
CIAO, SILVANO!
CIAO, MARISA!
SILVANO M'A RACONTÉ, JE SUIS DÉSOLÉ.
ÇA VA, CLAUDIO, J'AI DÉCIDÉ DE VOIR ÇA COMME UNE CHANCE.
UNE CHANCE ?!!
BO.*
*"BO" SIGNIFIE "JE NE SAIS PAS".
JE VEUX DIRE QU'AU LIEU DE VOIR CETTE TUMEUR COMME UN TROU NOIR...
...JE LA VOIS COMME UNE PERLE BLANCHE, L'OCCASION DE FAIRE LE GRAND MÉNAGE ET DE ME DÉBARRASSER DE MES PENCHANTS TOXIQUES.
ET IL NE S'EST RIEN PASSÉ DE PLUS LE 15 MAI 2004,
DATE QUI RESTERA GRAVÉE DANS LA PIERRE
DATE FATIDIQUE DU
"DIAGNOSTIC"...
JE SUIS ÉPUISÉE.
MOI AUSSI.
UNE CHANCE?

LE LENDEMAIN, NOUS FAISONS UN TOUR DANS LA VOITURE DE SPORT ITALIENNE DE SILVANO...
CHE BELLA GIORNATA!
C'EST UNE *TRÈS* BELLE JOURNÉE!
DRING! DRING!
T Mobile
Appel Dina
C'EST MA SŒUR.
ALLÔ, DINA.
Ç'AURAIT DÛ ÊTRE MOI!
DINA, NE LE SOUHAITE À PERSONNE...
SURTOUT PAS À TOI.
JE VAIS BIEN.
MAIS POURQUOI TOI?!
JE NE SAIS PAS...
... PERSONNE NE SAIT...
S'IL TE PLAÎT, NE PLEURE PAS!
CE COUP DE FIL-LÀ M'A BRISÉ LE CŒUR.
NE PLEURE PAS... *SNIF!*
JE T'EN PRIE *SNIF!* ARRÊTE...
ARRÊTE DE PLEURER *SNIF*
JE VAIS GARER LA VOITURE.

* HA HA HA HA ... RESTER EN VIE, RESTER EN VIE...

ENSUITE, JE VAIS NETTOYER MON ANCIEN APPARTEMENT DANS LEQUEL MA MÈRE COMPTE PASSER LA NUIT.
QUEL BORDEL.
JE M'INSTALLE À MON ANCIEN BUREAU POUR APPELER LA COPINE DU FRÈRE DE LA MEILLEURE AMIE DE MA COUSINE...
JE TE BRANCHE AVEC MES TOUBIBS. JE N'AI PAS DÉBOURSÉ UN CENTIME! ELLE FAIT COMBIEN, TA TUMEUR ?
STYLO PRÊT À NOTER
LA* TUMEUR FAIT 1,3 CM; J'AI DE LA CHANCE, ON L'A DÉPISTÉE TÔT.
LA MIENNE FAISAIT 1,1 CM, ON L'AVAIT AUSSI TROUVÉE TÔT...
* JE NE DIS JAMAIS "MA" DEVANT TUMEUR. JE NE VEUX PAS ME L'APPROPRIER.
...J'AI EU UNE DOUBLE MAMMECTOMIE ET J'AI PERDU TOUS MES CHEVEUX !
AAAH, JE SUIS VRAIMENT DÉSOLÉE POUR TOI...
TU TIENS LE COUP?
ET MOI ALORS?!?!?!
MAIS BIEN SÛR... J'AI DES SEINS DE RÊVE MAINTENANT !
MA CHÉRIE!
OH... QU'EST-CE QUI NE VA PAS?
JE VIENS SNIF DE PARLER À LA FILLE QUI N'ÉTAIT PAS SNIF ASSURÉE, ELLE A PERDU TOUS SES CHEVEUX ET SUBI UNE DOUBLE MAMMECTOMIE !
MAIS TU T'Y PRENDS PLUS TÔT.
LA TUMEUR SNIF! QU'ELLE AVAIT SNIF! ÉTAIT PLUS PETITE SNIF!
N'AIE PAS PEUR, TU SAIS CE QUE JE DIS TOUJOURS...

NON, ARRÊTE, MAMAN...
JE DIS TOUJOURS...
PAS AUJOURD'HUI S'IL TE PLAÎT...
LA PEUR EST L'ŒUVRE DU DIABLE.
AU FAIT, TA GRAND-MÈRE M'A PARLÉ DU MIROIR. NI ELLE NI MOI NE SOMMES FÂCHÉES.
ME VOILÀ RASSURÉE.
J'AI RENDEZ-VOUS AVEC LE RABBIN MEIR AU CENTRE DE LA KABBALE.
OUI, VOUS ÊTES QUELQU'UN DE BON, MAIS VOUS POURRIEZ ÊTRE MEILLEURE ENCORE.
COMMENT?
MEIR EST D'ACCORD POUR QUE JE L'ENREGISTRE.
VOUS POURRIEZ SOURIRE.
SOURIRE?
MEIR...
VOUS AVEZ PARLÉ AVEC MA MÈRE OU QUOI?
MA MÈRE EST DANS LE HALL AVEC TOUTE UNE ARTILLERIE CATHOLIQUE.
MAMAN, VIENS!
BIOGRAPHIE D'UNE SAINTE
SAINTE TERESA
DANS LA MAIN DROITE, SON CHAPELET; DANS LA GAUCHE, SON CORDON DE SAINTE-PHILOMÈNE.
DANS QUOI SE DÉVELOPPENT LES CELLULES CANCÉREUSES?
LE CHAOS.
QU'EST-CE QUE LE CHAOS?
LA PEUR.
IL PARLE DE LA "CONSCIENCE DE LA MALADIE".
LA PEUR EST LA MEILLEURE ARME DE SATAN.
VOUS DITES SATAN, MOI JE DIS LE DIABLE.

ENSUITE, NOUS ALLONS CONSULTER LE DOCTEUR MILLS.
DOCTEUR MILLS, J'AI DISCUTÉ AVEC QUELQU'UN QUI AVAIT UNE TUMEUR DE 1,1 CM ET QUI A SUBI UNE DOUBLE MAMMECTOMIE !
JE L'AI RETROUVÉE COMPLÈTEMENT HYSTÉRIQUE.
TOUTES LES 2 EN POSITION FOETALE.
JE SUIS PARTAGÉ SUR LES GROUPES DE SOUTIEN. CHAQUE CANCER EST DIFFÉRENT.
JE FERAI UNE BIOPSIE POUR SAVOIR SI LE CANCER A ENVAHI LES CANAUX ET VOUS ALLEZ PASSER UNE MAMMOGRAPHIE. JE PENSE QUE C'EST UN CANCER DE STADE 1. VOUS AVEZ DE LA *CHANCE* QU'ON L'AIT DÉPISTÉ *À TEMPS*.
DIEU MERCI, JE N'AI PAS DE SEINS !
COMMENT ÇA DIEU ? C'EST *MOI* QUE TU DOIS REMERCIER !
CE SOIR-LÀ, JE RÉVISE MES PRIÈRES AVANT DE RETROUVER MON *FIDANZATO*.
MON DIEU, AIDEZ-MOI À TROUVER LES MOTS.
MARISA, TU AS TOUJOURS DES CHAUSSURES SUPERBES. DE QUI SONT-ELLES ?
DE CESARE PACIOTTI. MERCI.
CONCIERGE UN BRIN FÉTICHISTE
TOUT VA BIEN ?
TOUT VA BIEN. IL FAUT QUE JE FASSE D'AUTRES EXAMENS.
BIEN QU'ON PARLE DE TOUT ET DE RIEN...
QU'EST-CE QU'ON MANGE ?
COMME TU VEUX.

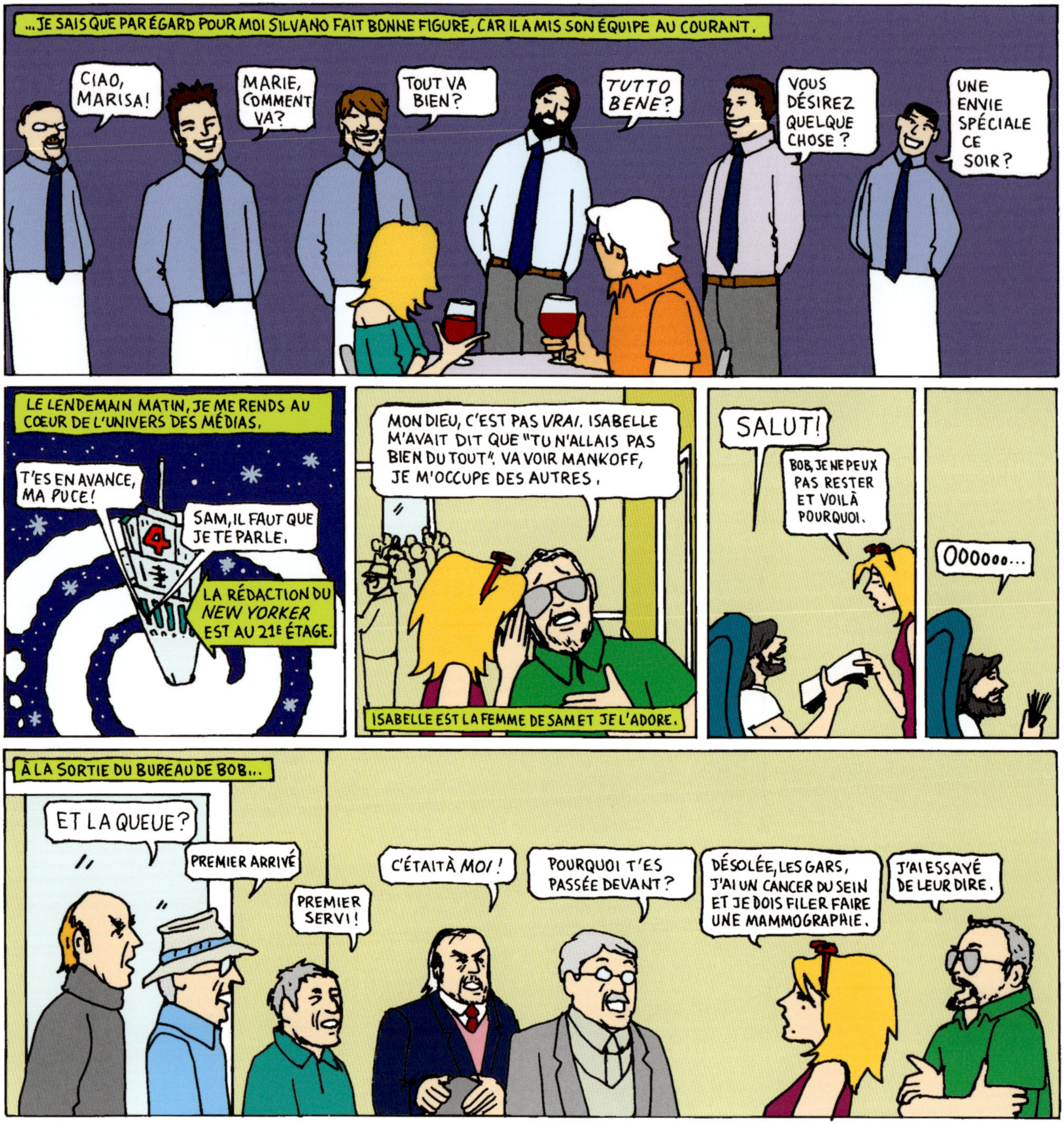
...JE SAIS QUE PAR ÉGARD POUR MOI SILVANO FAIT BONNE FIGURE, CAR IL A MIS SON ÉQUIPE AU COURANT.
CIAO, MARISA!
MARIE, COMMENT VA?
TOUT VA BIEN?
TUTTO BENE?
VOUS DÉSIREZ QUELQUE CHOSE?
UNE ENVIE SPÉCIALE CE SOIR?
LE LENDEMAIN MATIN, JE ME RENDS AU CŒUR DE L'UNIVERS DES MÉDIAS.
T'ES EN AVANCE, MA PUCE!
SAM, IL FAUT QUE JE TE PARLE.
LA RÉDACTION DU NEW YORKER EST AU 21E ÉTAGE.
MON DIEU, C'EST PAS VRAI. ISABELLE M'AVAIT DIT QUE "TU N'ALLAIS PAS BIEN DU TOUT". VA VOIR MANKOFF, JE M'OCCUPE DES AUTRES.
ISABELLE EST LA FEMME DE SAM ET JE L'ADORE.
SALUT!
BOB, JE NE PEUX PAS RESTER ET VOILÀ POURQUOI.
OOOOoo...
À LA SORTIE DU BUREAU DE BOB...
ET LA QUEUE?
PREMIER ARRIVÉ
PREMIER SERVI!
C'ÉTAIT À MOI!
POURQUOI T'ES PASSÉE DEVANT?
DÉSOLÉE, LES GARS, J'AI UN CANCER DU SEIN ET JE DOIS FILER FAIRE UNE MAMMOGRAPHIE.
J'AI ESSAYÉ DE LEUR DIRE.

11H45. NAZ M'ACCOMPAGNE CHEZ LE RADIOLOGUE.
VOUS N'ÊTES PAS ASSURÉE?
JE PAYE PAR CHÈQUE.
POURQUOI N'ÊTES-VOUS PAS ASSURÉE?!
ÉCOUTEZ, JE ME SENS DÉJÀ ASSEZ MAL COMME ÇA, INUTILE D'EN RAJOUTER.
MARISA?
ON SE VOIT APRÈS LA TORTURE.
J'AI DONC EU MA 1RE MAMMOGRAPHIE À 43 ANS...
LE SEIN RATATINÉ...
...ÉCRABOUILLÉ...
...PINCÉ...
...ET COINCÉ...
POURQUOI ON FAIT PAS ÇA AUX *TESTICULES* ?!
CET APRÈS-MIDI-LÀ, JE ME REMETS AU TRAVAIL QUAND...
CABINET DU DR MILLS, VOUS AVEZ RENDEZ-VOUS DEMAIN À 9H POUR LA BIOPSIE.
J'APPELLE AUSSITÔT MA MÈRE QUI A INSISTÉ POUR M'ACCOMPAGNER PARTOUT...
ÇA VEUT DIRE QUE JE DOIS ME LEVER À 5H, PARTIR À 6H POUR PASSER TE PRENDRE À 8H30. NON, 9H, ÇA NE ME VA PAS DU TOUT.
CHAUDRON DE SORCIÈRE
TU VOUDRAIS QUE JE DEMANDE AU DR MILLS D'ORGANISER SON PLANNING DE CHEF DE SERVICE EN FONCTION DE LA MÈRE DE SA PATIENTE?

JE RAPPELLE DONC LE CABINET DU DR MILLS, ET ON ME LE PASSE...
NON! SOYEZ LÀ À 9 H, LE TEMPS NOUS EST COMPTÉ!
COÏNCIDENCE : L'APPEL SUIVANT VIENT D'UNE FEMME DE MÉDECIN...
BONJOUR MARISA, C'EST ANNIE MARINO QUI M'A DONNÉ VOTRE NUMÉRO. MON MARI EST MÉDECIN À SLOAN-KETTERING.
MERCI, MAIS JE NE SUIS PAS ASSURÉE ET LES MÉDECINS DE SAINT-VINCENT SONT LÀ POUR M'AIDER.
JE NE LE SAIS PAS ENCORE, MAIS C'EST LÀ QUE MES AMIS SE METTENT À CONSPIRER...
ELLE A DIT *QUOI* ?! ALORS IL VA FALLOIR S'EN OCCUPER À SA PLACE SI ÇA CONTINUE!
À LA FIN DE LA SOIRÉE, UNE FOIS QUE LES VIP SONT PARTIS ET QUE LES PAPARAZZI ONT REMBALLÉ LEUR MATÉRIEL, J'ATTENDS QUE SILVANO FERME BOUTIQUE...
VIENS, ON VA APPORTER ÇA AUX TECHNICIENS DU MTA AVANT DE RENTRER.
UN PETIT ESPRESSO, LES GARS ?
MERCI, MONSIEUR SILVANO.
MMM, ÇA, C'EST DU BON CAFÉ.
ON EN AURA BESOIN POUR TENIR DEBOUT.
... ET L'ÉQUIPE DE NUIT DESCEND TRAVAILLER SUR LA LIGNE DE MÉTRO DE LA 6E AVENUE.
BONNE NUIT!

LE LENDEMAIN MATIN...
JE SUIS DANS LE TUNNEL!
C'EST LA MAMMA.
IL EST 7 HEURES! JE LUI AVAIS DIT QUE ÇA NE PRENDRAIT QU'UNE DEMI-HEURE!
7H21. JE RETROUVE LA REINE MÈRE DANS LE HALL.
JE T'AI PRIS LE *POST* ET J'EN AI AUSSI UN POUR SILVANO. MONTE LUI DONNER.
NON. TU L'AS DÉJÀ RÉVEILLÉ *UNE FOIS*.
MAMAN, C'EST QUOI CETTE MINERVE?
NE T'INQUIÈTE PAS POUR TA PAUVRE MÈRE.
MALHEUR N° 1 : SCIATIQUE
7H37, GREY DOG. LE CAFÉ LE PLUS DÉCONTRACTÉ DE TOUT MANHATTAN...
TU VEUX BIEN BAISSER D'UN TON? LA FILLE DERRIÈRE NOUS ÉCOUTE *TOUT* CE QU'ON DIT!
PETIT DEJ' N° 1 : PORRIDGE POUR MA MÈRE. CAFÉ POUR MOI.
IL FAUT QU'ON EXPLIQUE AU DR MILLS QUE TU N'ES PAS ASSURÉE —
MAMAN, S'IL TE PLAÎT, MOINS FORT. C'EST LA DEUXIÈME FOIS.
LE MONDE ENTIER N'A PAS BESOIN D'ÊTRE AU COURANT DE MES ACTES MANQUÉS!
JE M'EN FICHE...
VLAN!
3E TASSE
ÇA SUFFIT! RENTRE! TOI ET TA GRANDE GUEULE, RENTREZ DANS LE NEW JERSEY!
TU M'ÉNERVES! TU NE M'AIDES PAS!

C'EST MOI QUI AI LE CANCER ICI!
N'EMPÊCHE QU'ON DOIT QUAND MÊME S'OCCUPER DE TON ASSURANCE!
VIENS, ON VA À L'ÉGLISE.
DIRE À DIEU DE ME FOUTRE LA PAIX?
NOTRE DAME DE
1 CHAPELET ET 3 NEUVAINES PLUS TARD...
JE N'OSE PLUS RIEN DIRE MAINTENANT.
ÇA NOUS CHANGERA.
8H12. PÂTISSERIE ROCCO.
TU VAS PRENDRE QUOI?
PETIT DEJ' N°2: MAMAN: CAPPUCCINO DÉCA ET BRIOCHE. MOI: CAPPUCCINO ET PANETTONE, QU'ELLE MANGE À MA PLACE.
8H32. NOUS NOUS DIRIGEONS ENFIN VERS LE CABINET DU DR MILLS.
JE SUIS DÉSOLÉE JE SUIS DÉSOLÉE JE SUIS DÉSOLÉE JE SUIS DÉSOLÉE —
TU SAIS QU'ILS T'ENTENDENT LÀ-HAUT.

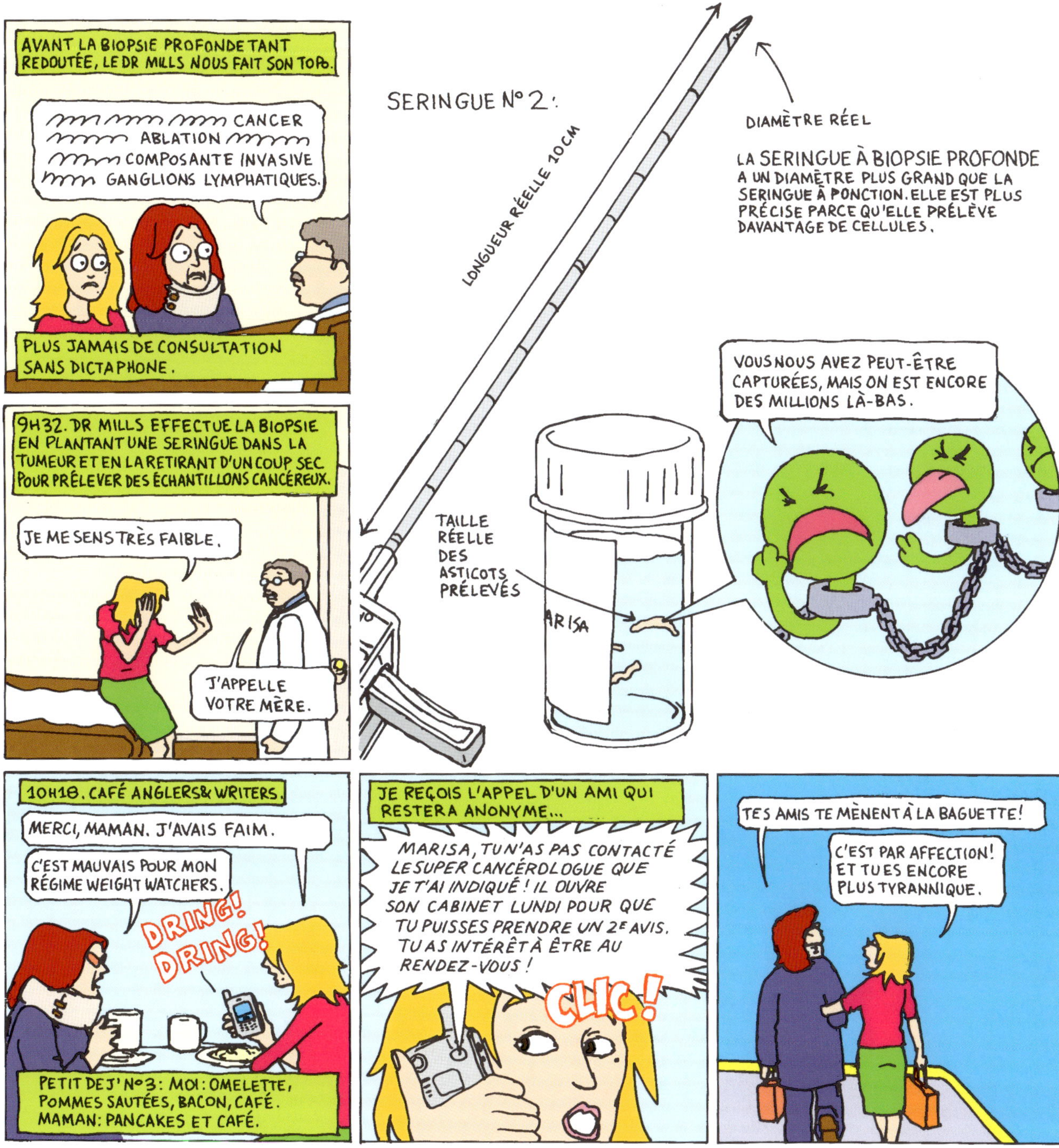
AVANT LA BIOPSIE PROFONDE TANT REDOUTÉE, LE DR MILLS NOUS FAIT SON TOPO.
CANCER ABLATION COMPOSANTE INVASIVE GANGLIONS LYMPHATIQUES.
PLUS JAMAIS DE CONSULTATION SANS DICTAPHONE.
SERINGUE N° 2 :
LONGUEUR RÉELLE 10 CM
DIAMÈTRE RÉEL
LA SERINGUE À BIOPSIE PROFONDE A UN DIAMÈTRE PLUS GRAND QUE LA SERINGUE À PONCTION. ELLE EST PLUS PRÉCISE PARCE QU'ELLE PRÉLÈVE DAVANTAGE DE CELLULES.
9H32. DR MILLS EFFECTUE LA BIOPSIE EN PLANTANT UNE SERINGUE DANS LA TUMEUR ET EN LA RETIRANT D'UN COUP SEC POUR PRÉLEVER DES ÉCHANTILLONS CANCÉREUX.
JE ME SENS TRÈS FAIBLE.
J'APPELLE VOTRE MÈRE.
TAILLE RÉELLE DES ASTICOTS PRÉLEVÉS
ARISA
VOUS NOUS AVEZ PEUT-ÊTRE CAPTURÉES, MAIS ON EST ENCORE DES MILLIONS LÀ-BAS.
10H18. CAFÉ ANGLERS & WRITERS.
MERCI, MAMAN. J'AVAIS FAIM.
C'EST MAUVAIS POUR MON RÉGIME WEIGHT WATCHERS.
DRING! DRING!
PETIT DEJ' N° 3 : MOI : OMELETTE, POMMES SAUTÉES, BACON, CAFÉ. MAMAN : PANCAKES ET CAFÉ.
JE REÇOIS L'APPEL D'UN AMI QUI RESTERA ANONYME...
MARISA, TU N'AS PAS CONTACTÉ LE SUPER CANCÉROLOGUE QUE JE T'AI INDIQUÉ ! IL OUVRE SON CABINET LUNDI POUR QUE TU PUISSES PRENDRE UN 2E AVIS. TU AS INTÉRÊT À ÊTRE AU RENDEZ-VOUS !
CLIC !
TES AMIS TE MÈNENT À LA BAGUETTE !
C'EST PAR AFFECTION ! ET TU ES ENCORE PLUS TYRANNIQUE.

MARISA, C'EST SILVANO. JE VOULAIS PRENDRE DE TES NOUVELLES.
JE SUIS UN PEU CREVÉE MAIS ÇA VA.
ÉCOUTE, J'AI ÉTÉ INVITÉ À CUISINER POUR UNE FÊTE LE WEEK-END DU 1ER MAI. ON NOUS ENVOIE UN HÉLICOPTÈRE POUR ALLER JUSQU'À SOUTHAMPTON.
JE ME DISAIS QUE TU AURAIS ENVIE DE CHANGER D'AIR ?
ÇA SERAIT SUPER MAIS JE RISQUE D'ÊTRE OPÉRÉE À CE MOMENT-LÀ.
D'ACCORD, JE LEUR DIRAI, JE LEUR DIRAI, CIAO JE-T'AIME
CLIC!
DRING! DRING!
palmOne
T-Mobile
Appel Dr Mills
CABINET DU DR MILLS. VOTRE OPÉRATION EST PRÉVUE LE 26 MAI.
LE 26 MAI? NE QUITTEZ PAS, JE VÉRIFIE...
... LE MATIN J'AI UNE ÉPILATION DES SOURCILS PUIS UNE RÉUNION EN VILLE. JE DÉJEUNE AVEC UN ÉDITEUR ; EN FAIT, JE M'APERÇOIS EN REGARDANT MON AGENDA QUE J'AI UN MOIS ARCHI PLEIN. JE SUIS DÉSOLÉE...
... MAIS IL VA FALLOIR REPOUSSER CETTE OPÉRATION À UNE DATE QUI ME CONVIENT MIEUX...
CIAO!

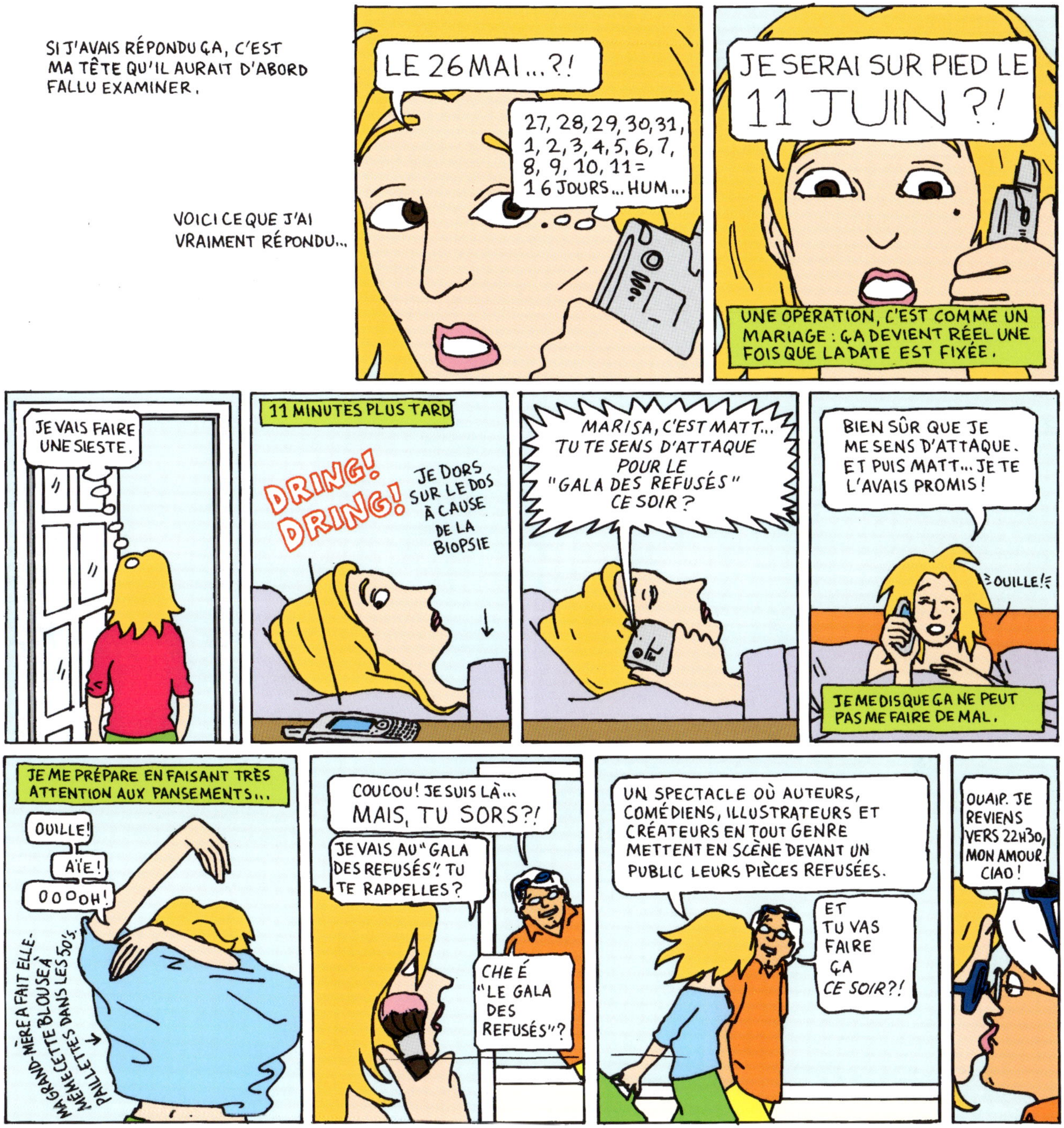
SI J'AVAIS RÉPONDU ÇA, C'EST MA TÊTE QU'IL AURAIT D'ABORD FALLU EXAMINER.
VOICI CE QUE J'AI VRAIMENT RÉPONDU...
LE 26 MAI...?!
27, 28, 29, 30, 31, 1, 2, 3, 4, 5, 6, 7, 8, 9, 10, 11 = 16 JOURS... HUM...
JE SERAI SUR PIED LE 11 JUIN ?!
UNE OPÉRATION, C'EST COMME UN MARIAGE : ÇA DEVIENT RÉEL UNE FOIS QUE LA DATE EST FIXÉE.
JE VAIS FAIRE UNE SIESTE.
11 MINUTES PLUS TARD
DRING! DRING!
JE DORS SUR LE DOS À CAUSE DE LA BIOPSIE
MARISA, C'EST MATT... TU TE SENS D'ATTAQUE POUR LE "GALA DES REFUSÉS" CE SOIR ?
BIEN SÛR QUE JE ME SENS D'ATTAQUE. ET PUIS MATT... JE TE L'AVAIS PROMIS !
OUILLE!
JE ME DIS QUE ÇA NE PEUT PAS ME FAIRE DE MAL.
JE ME PRÉPARE EN FAISANT TRÈS ATTENTION AUX PANSEMENTS...
OUILLE!
AÏE!
OOOOH!
MA GRAND-MÈRE A FAIT ELLE-MÊME CETTE BLOUSE À PAILLETTES DANS LES 50'S.
COUCOU! JE SUIS LÀ... MAIS, TU SORS?!
JE VAIS AU "GALA DES REFUSÉS". TU TE RAPPELLES ?
CHE É "LE GALA DES REFUSÉS" ?
UN SPECTACLE OÙ AUTEURS, COMÉDIENS, ILLUSTRATEURS ET CRÉATEURS EN TOUT GENRE METTENT EN SCÈNE DEVANT UN PUBLIC LEURS PIÈCES REFUSÉES.
ET TU VAS FAIRE ÇA CE SOIR?!
OUAIP. JE REVIENS VERS 22H30, MON AMOUR. CIAO !

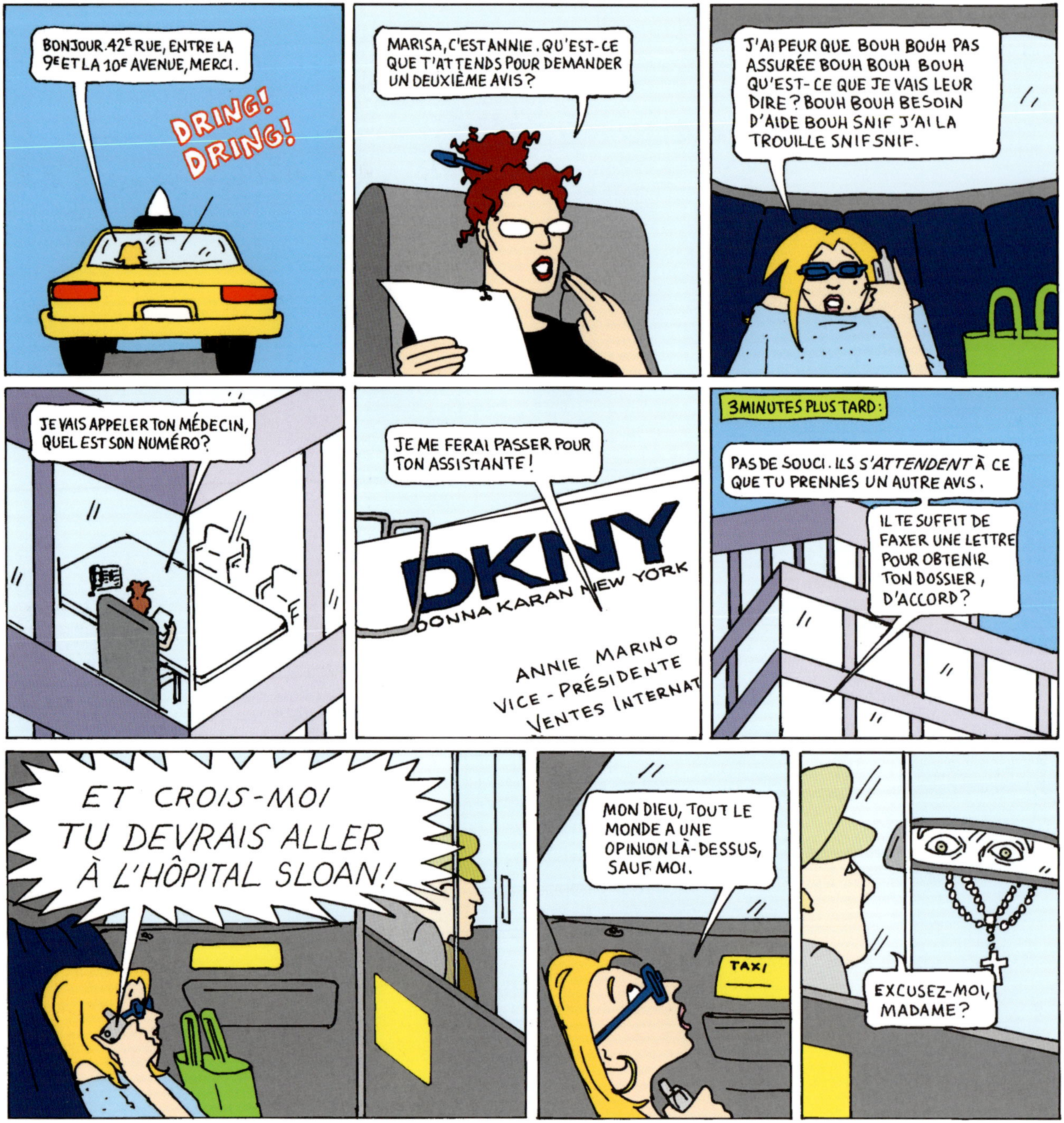
BONJOUR. 42E RUE, ENTRE LA 9E ET LA 10E AVENUE, MERCI.
DRING! DRING!
MARISA, C'EST ANNIE. QU'EST-CE QUE T'ATTENDS POUR DEMANDER UN DEUXIÈME AVIS ?
J'AI PEUR QUE BOUH BOUH PAS ASSURÉE BOUH BOUH BOUH QU'EST-CE QUE JE VAIS LEUR DIRE ? BOUH BOUH BESOIN D'AIDE BOUH SNIF J'AI LA TROUILLE SNIF SNIF.
JE VAIS APPELER TON MÉDECIN, QUEL EST SON NUMÉRO ?
JE ME FERAI PASSER POUR TON ASSISTANTE !
DKNY
DONNA KARAN NEW YORK
ANNIE MARINO
VICE-PRÉSIDENTE
VENTES INTERNAT
3 MINUTES PLUS TARD :
PAS DE SOUCI. ILS S'ATTENDENT À CE QUE TU PRENNES UN AUTRE AVIS.
IL TE SUFFIT DE FAXER UNE LETTRE POUR OBTENIR TON DOSSIER, D'ACCORD ?
ET CROIS-MOI TU DEVRAIS ALLER À L'HÔPITAL SLOAN !
MON DIEU, TOUT LE MONDE A UNE OPINION LÀ-DESSUS, SAUF MOI.
TAXI
EXCUSEZ-MOI, MADAME ?

EN VOILÀ UNE DE PLUS, MERDE.
OUI?
MA FEMME NON PLUS N'ÉTAIT PAS COUVERTE QUAND ELLE A EU SON CANCER.
AH BON... QUE S'EST-IL PASSÉ?
QUAND ON A *FINI* PAR TROUVER UNE MUTUELLE, ILS ONT FAIT JOUER UNE "CLAUSE DE RÉSERVE" ET ILS ONT MIS 6 MOIS À LA COUVRIR.
6 MOIS?!
ELLE VA BIEN?
ELLE A DÛ RETARDER SON TRAITEMENT ET ÇA NE VA PAS TRÈS FORT.
C'EST VOTRE FEMME? ELLE EST TRÈS BELLE... COMMENT S'APPELLE-T-ELLE?
ESTELLA.
JE VOUS SALUE MARIE PLEINE DE GRÂCE, LE SEIGNEUR EST AVEC VOUS, VOUS ÊTES BÉNIE ENTRE TOUTES LES FEMMES...
TENEZ, C'EST TOUT CE QUE J'AI SUR MOI.
JE NE SAIS PAS QUOI DIRE...
JE NE SAVAIS PAS QUOI DIRE NON PLUS À L'ÉPOQUE, MAIS MAINTENANT JE SAIS...

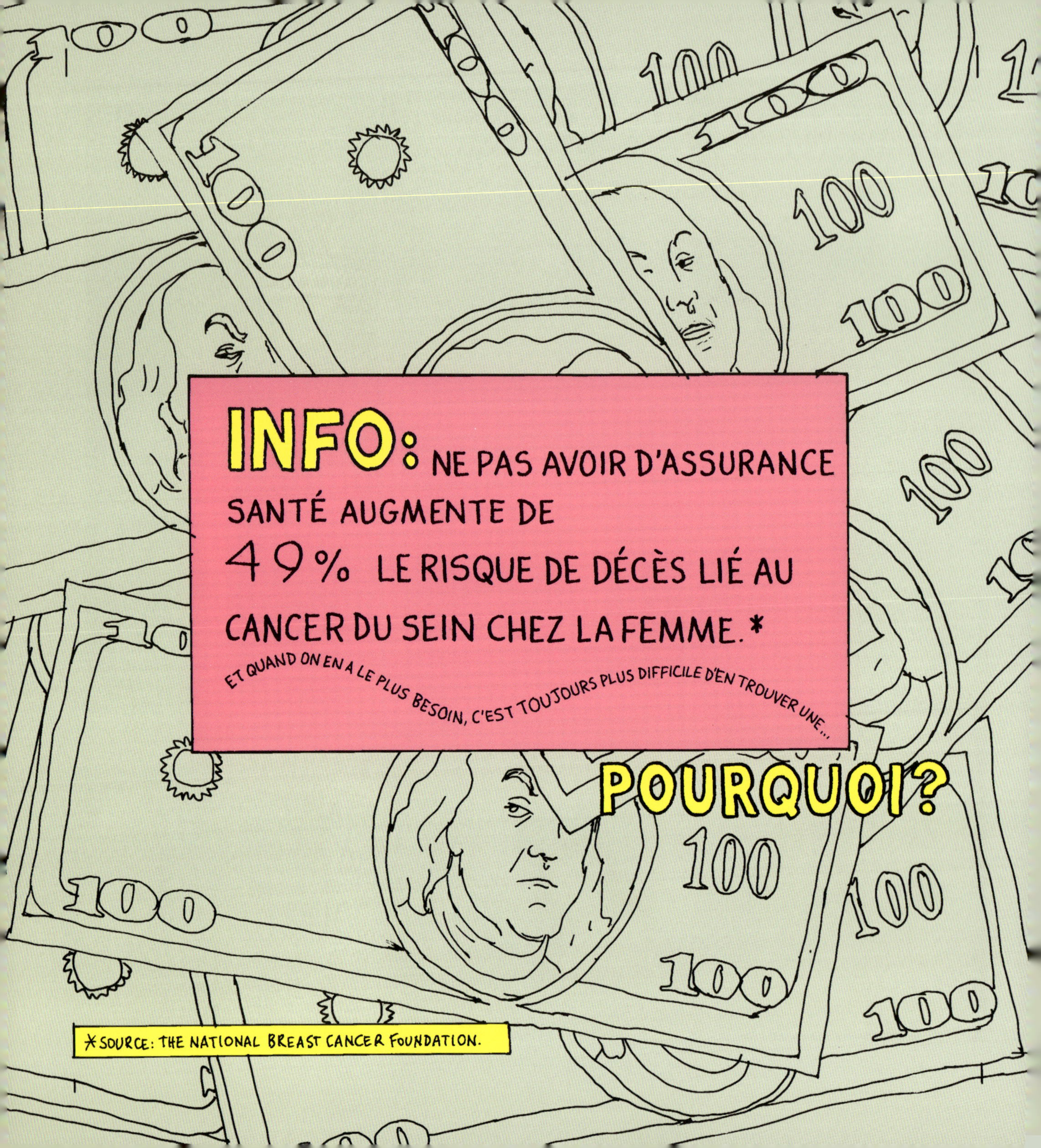
INFO: NE PAS AVOIR D'ASSURANCE SANTÉ AUGMENTE DE 49% LE RISQUE DE DÉCÈS LIÉ AU CANCER DU SEIN CHEZ LA FEMME.*
ET QUAND ON EN A LE PLUS BESOIN, C'EST TOUJOURS PLUS DIFFICILE D'EN TROUVER UNE...
POURQUOI?
*SOURCE: THE NATIONAL BREAST CANCER FOUNDATION.

VOUS VOUS SOUVENEZ DE MA PILE DE REFUS? EH BIEN L'ILLUSTRATEUR DU *NEW YORKER* MATT DIFFEE A EU UNE IDÉE TRÈS INGÉNIEUSE POUR QUE NOUS AUTRES, DESSINATEURS, EN TIRIONS QUELQUE CHOSE...
LE GALA DES REFUSÉS
COMPLET
BONJOUR, JE FAIS PARTIE DES REFUSÉS.
C'EST GRATUIT POUR LES INTERVENANTS.
TICKETS $10.00
MATT A COFONDÉ "LE GALA DES REFUSÉS"...
ALLONS SUR SCÈNE FAIRE UN ESSAI. J'AI CHOISI 10 DE TES DESSINS.
BELLE SÉLECTION, DIS-MOI.
C'EST L'OCCASION DE PROUVER QUE TES DESSINS SONT DRÔLES, SI TU FAIS RIRE LE PUBLIC. D'ABORD JE TE PRÉSENTERAI ET ENSUITE TU PASSERAS TES DESSINS SUR LE RÉTRO...
...ILS SERONT PROJETÉS SUR L'ECRAN, LÀ, ET ON RACONTERA DES ANECDOTES SUR NOTRE VIE DE DESSINATEUR... CHACUN NOTRE TOUR.
TU VEUX DIRE NOTRE VIE DE REFUS ET DE REJET. TU SAIS, SAM M'A DIT QUE LE TAUX MOYEN DE REFUS POUR UN DESSINATEUR S'ÉLÈVE À 97%. CE QUI VEUT DIRE QUE 3% DE NOS DESSINS SONT PUBLIÉS.
EN ATTENDANT LE DÉBUT DES FESTIVITÉS, JE RETROUVE MES AMIS AU BAR...*
AMUSE-TOI BIEN, MA PUCE.
SAM, J'ADORE QUE TU M'APPELLES MA PUCE À 43 ANS.
* J'AI ENVOYÉ UN MAIL COLLECTIF, ET J'AI EU UN BON RETOUR.
J'AI AUSSI INVITÉ LA PETITE AMIE DU FRÈRE DE LA MEILLEURE AMIE DE MA COUSINE, CELLE QUI A EU UNE TUMEUR DE 1,1 CM, SUBI UNE DOUBLE MAMMECTOMIE ET PERDU TOUS SES CHEVEUX...
MARISA?
HILARY, JE ME DISAIS QUE C'ÉTAIT TOI...
...AVEC DES SEINS PAREILS!
CHUT!
ELLE ME DONNE PLEIN DE TUYAUX POSITIFS.
JE NAGE BEAUCOUP ET J'AI TOUJOURS GARDÉ LA TÊTE HORS DE L'EAU.
JE NAGE 5 FOIS PAR SEMAINE, JE CONTINUE À LE FAIRE ALORS?
ALLEZ BAVARDER PLUS LOIN, TOUTES LES DEUX!

VIENS, ON VA DISCUTER DANS LA SALLE VERTE.
J'AI CONTINUÉ À ÉCRIRE SANS JAMAIS PRENDRE DE RETARD.
ATTENDS, JE TE PRÉSENTE MON FIANCÉ.
BONJOUR, JE SUIS BRETT. C'EST MOI QUI CONNAIS TA COUSINE.
BONSOIR BRETT, ENCHANTÉE.
BRETT, TU NOUS DONNES QUELQUES MINUTES.
MOI AUSSI, JE SUIS FIANCÉE, TU SAIS.
TU ES FIANCÉE? IL VA T'ARRIVER LA MÊME CHOSE QU'À MOI ALORS...
QUOI?!
IL NE VA JAMAIS T'ÉPOUSER!
BONSOIR, JE SUIS MATT DIFFEE, DESSINATEUR POUR LE *NEW YORKER* ET J'AI LE PLAISIR DE VOUS PRÉSENTER UNE COLLÈGUE ET AMIE... MARISA ACOCELLA!
CANCER DOUBLE MAMMECTOMIE CHUTE DE CHEVEUX...
BIOPSIE...
... 200 000$ PAS DE SÉCU...
CHIRURGIE...
IL NE VA JAMAIS T'ÉPOUSER...

MARISA?
IL NE VA JAMAIS T'ÉPOUSER...
IL NE VA JAMAIS T'ÉPOUSER...
IL NE VA...
VOILÀ QUI ME FAIT DÉCROCHER...
JAMAIS...
T'ÉPOUSER...
VLAN!
HA HA HA HA HA HA
...UNE MINUTE.
HA HHA HA
CE DESSIN A ÉTÉ REFUSÉ, C'EST FOU, NON?
HA HAHA

LE BON CÔTÉ, QUAND ON DIT AUX AUTRES QU'ON EST MALADE, C'EST QU'ON LE DIT À UN AMI...
QUI LE DIT ENSUITE À SES AMIS...
ET AINSI...
...DE SUITE...
...ET ON SE RETROUVE AVEC TOUTE UNE NÉBULEUSE DE SOUTIEN.
A.C., J'ÉTAIS COMPLÈTEMENT PARANO ET JE NE VOYAIS PLUS L'AMOUR AUTOUR DE MOI.
JE SAIS QU'ON N'EST PAS TRÈS PROCHES, MAIS SI TU AS BESOIN DE MOI...
COMMENT VAS-TU?
MA MÈRE AUSSI L'A EU. QU'EST-CE QUE JE PEUX FAIRE POUR TOI?
J'AI ENTENDU PARLER D'UN BAUME.
JE PEUX TE TIRER LES CARTES.
CES GENS-LÀ, JE LES CONNAISSAIS À PEINE...
MAIS IL Y A UN MAUVAIS CÔTÉ...

JUSTE APRÈS LE GALA DES REFUSÉS, JE FILE AU RESTO...
C'ÉTAIT TRÈS SYMPA, MERCI.
PARFAIT. JE SUIS À TOI DANS 2 MINUTES.
ET JE PRENDS PLACE À NOTRE TABLE, AUX CÔTÉS DE TOM ET NAZ.
T'AS RATÉ QUELQUE CHOSE. UNE FILLE A DONNÉ SA CARTE À SILVANO, QUI L'A DONNÉE À UN CHIEN !
C'EST PAS VRAI.
SI, SI, AU CHIEN LÀ-BAS !
ALORS, COMMENT VA TON CANCER ?
PARDON, ON SE CONNAÎT ?
PFF ! J'Y CROIS PAS !
NE RELÈVE PAS.
OH, JE M'ATTENDS À TOUT.
UNE ASSIETTE DE PÂTES AU PIMENT JALAPEÑO POUR DEUX PLUS TARD...
SILVANOOO...
VOILÀ MA CARTE...
JE NE SUIS PAS MALADE...
... APPELLE-MOI SI TU VEUX UNE RELATION SAINE.
MES AMIS APPELLENT CE TATOUAGE LE "FAUX STRING"
TIENS, MON GROS...
MANGIA !

CETTE FILLE A *VRAIMENT* DÉPASSÉ LES BORNES...
J'ESSAIE DE NE PAS M'Y ARRÊTER...
OH ALLEZ, N'Y PENSE PLUS !
FLASH! FLASH! FLASH! FLASH!
PAPARAZZI MITRAILLANT LES STARS
QUAND J'AI RACONTÉ ÇA À MES COPINES...
MOI, JE LUI AURAIS TARTINÉ LA FACE DE BOLOGNAISE.
ET SI ON LUI FAISAIT SA *FÊTE* !
PUBLIE SON NOM !
LES GARCES DE SON ESPÈCE ONT LEUR PLACE RÉSERVÉE EN ENFER !
ANNIE
LISA
PAULA, CÉLIBATAIRE DE FRAÎCHE DATE, HUM...
ET APRÈS UNE DOSE DE MUSIQUE NEW AGE BIEN RINGARDE SUR SOS MÉDIUM, QUELQUE PART DANS LE MONTANA...
IL VA T'ÉPOUSER MÊME SI TU AS UN CANCER *ET* IL VA TOUT ARRANGER POUR TON ASSURANCE MALADIE...
MAIS JE VAIS TE DIRE FRANCO, MOI, J'AURAIS SORTI MON CALIBRE 12 ET JE LUI AURAIS DIT DE FOUTRE LE CAMP.
LE DR NIKKI A BAPTISÉ SON WINCHESTER 1300 "PREDATOR"
ET SON MARI, LE RÉVÉREND JIM, APPELLE LE SIEN PAR SON NOM: "DEFENDER"
LE DR NIKKI EST DOCTEUR EN THÉOLOGIE ET EN SPIRITUALITÉ.

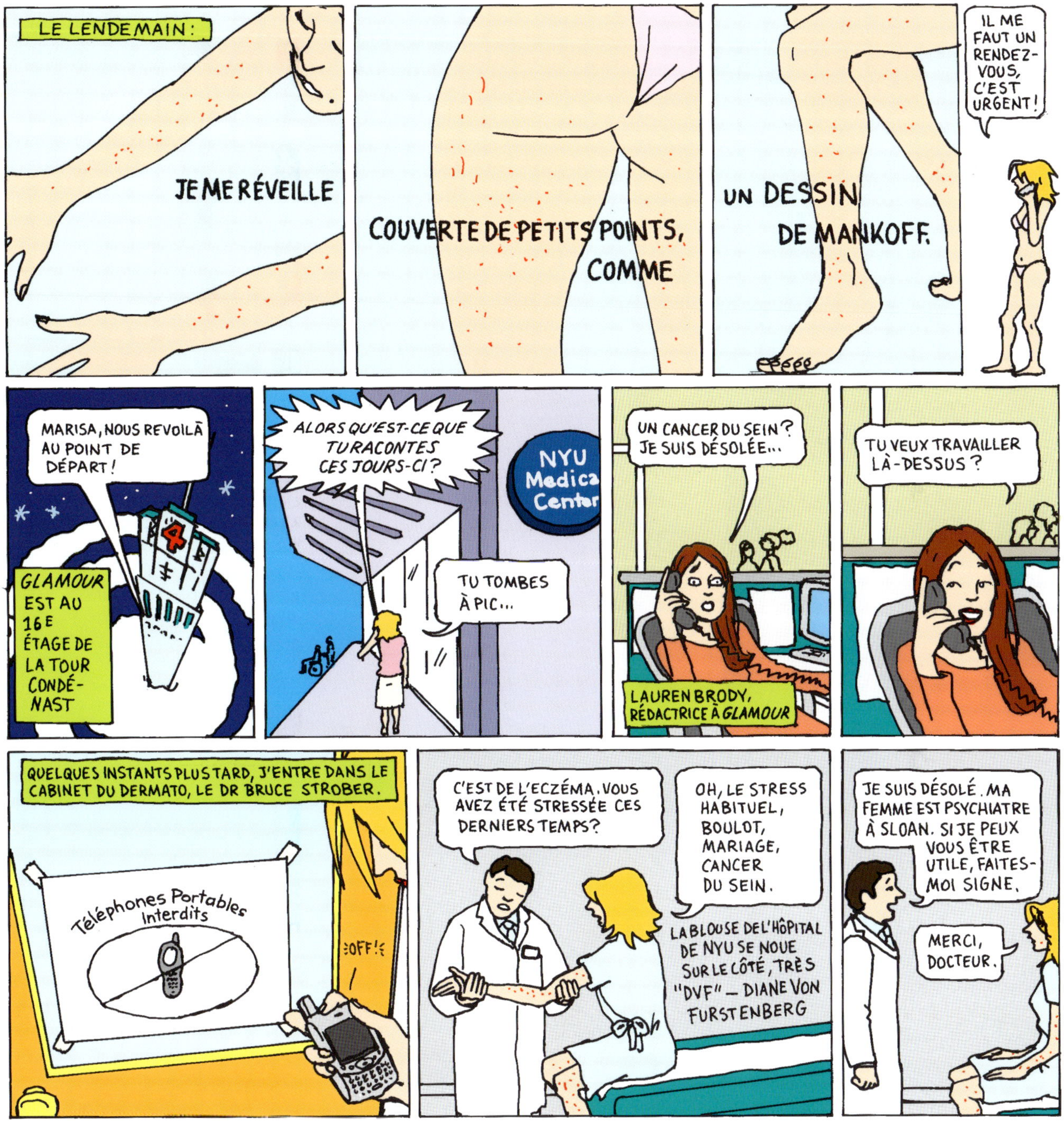
LE LENDEMAIN :
JE ME RÉVEILLE
COUVERTE DE PETITS POINTS, COMME
UN DESSIN DE MANKOFF.
IL ME FAUT UN RENDEZ-VOUS, C'EST URGENT !
MARISA, NOUS REVOILÀ AU POINT DE DÉPART !
GLAMOUR EST AU 16E ÉTAGE DE LA TOUR CONDÉ-NAST
ALORS QU'EST-CE QUE TU RACONTES CES JOURS-CI ?
NYU Medical Center
TU TOMBES À PIC...
UN CANCER DU SEIN ? JE SUIS DÉSOLÉE...
LAUREN BRODY, RÉDACTRICE À GLAMOUR
TU VEUX TRAVAILLER LÀ-DESSUS ?
QUELQUES INSTANTS PLUS TARD, J'ENTRE DANS LE CABINET DU DERMATO, LE DR BRUCE STROBER.
Téléphones Portables Interdits
OFF !
C'EST DE L'ECZÉMA. VOUS AVEZ ÉTÉ STRESSÉE CES DERNIERS TEMPS ?
OH, LE STRESS HABITUEL, BOULOT, MARIAGE, CANCER DU SEIN.
LA BLOUSE DE L'HÔPITAL DE NYU SE NOUE SUR LE CÔTÉ, TRÈS "DVF" – DIANE VON FURSTENBERG
JE SUIS DÉSOLÉ. MA FEMME EST PSYCHIATRE À SLOAN. SI JE PEUX VOUS ÊTRE UTILE, FAITES-MOI SIGNE.
MERCI, DOCTEUR.

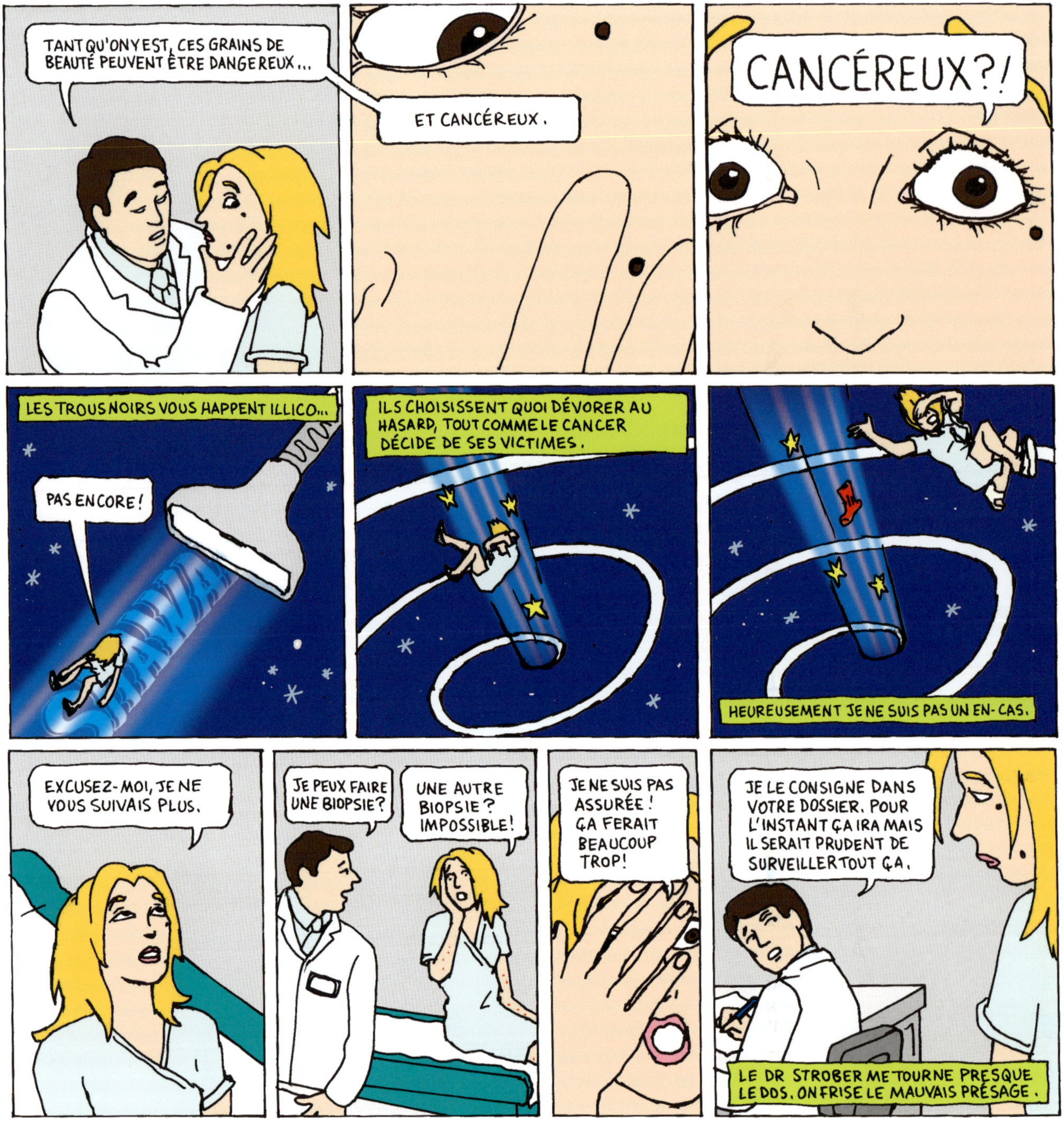
TANT QU'ON Y EST, CES GRAINS DE BEAUTÉ PEUVENT ÊTRE DANGEREUX...
ET CANCÉREUX.
CANCÉREUX ?!
LES TROUS NOIRS VOUS HAPPENT ILLICO...
PAS ENCORE !
ILS CHOISISSENT QUOI DÉVORER AU HASARD, TOUT COMME LE CANCER DÉCIDE DE SES VICTIMES.
HEUREUSEMENT JE NE SUIS PAS UN EN-CAS.
EXCUSEZ-MOI, JE NE VOUS SUIVAIS PLUS.
JE PEUX FAIRE UNE BIOPSIE ?
UNE AUTRE BIOPSIE ? IMPOSSIBLE !
JE NE SUIS PAS ASSURÉE ! ÇA FERAIT BEAUCOUP TROP !
JE LE CONSIGNE DANS VOTRE DOSSIER. POUR L'INSTANT ÇA IRA MAIS IL SERAIT PRUDENT DE SURVEILLER TOUT ÇA.
LE DR STROBER ME TOURNE PRESQUE LE DOS. ON FRISE LE MAUVAIS PRÉSAGE.

es Portables
terdits
Appel
Lauren
DRING! DRING!
OUI, LAUREN.
JE VIENS DE PARLER AVEC CINDI QUI TROUVE L'IDÉE GÉNIALE...
CINDI LEIVE, RÉDACTRICE EN CHEF.
7R Dermatol
...TU CONNAIS LE TOPO, "LES PROBLÈMES PERSO FONT TOUJOURS LES MEILLEURS SUJETS" !
LE DR GOLDSTEIN M'A DEMANDÉ DE FAIRE UNE RADIO DES POUMONS. JE RETOURNE DONC LÀ OÙ J'AI PASSÉ LA MAMMOGRAPHIE...
SI VOUS N'ÊTES PAS ASSURÉE, IL FAUT AVANCER LES FRAIS.
TRÈS BIEN, COMBIEN VOUS DOIS-JE?
APRÈS LA RADIO...
DR GOLDSTEIN, POURQUOI UNE RADIO DES POUMONS ?
IL FAUT S'ASSURER QUE VOS POUMONS SOIENT —
QUE MES POUMONS SOIENT QUOI ?!
LA POSSIBILITÉ D'UN CANCER DE LA PEAU ET D'UN CANCER DU POUMON PAR-DESSUS LE MARCHÉ, C'ÉTAIT TROP POUR MOI DANS UNE SEULE ET MÊME JOURNÉE...
MADAME, ÇA VA ?

JE CONTINUE PAR UNE SÉANCE AVEC LE RABBIN MEIR...
The Kabbalah Centre
VOUS ÊTES ICI POUR UNE RAISON...
VOUS AVEZ LES PLUS BEAUX CHEVEUX ET APRÈS?
VOUS AVEZ LE PLUS BEAU SAC À MAIN, ET APRÈS?
JE SAIS...
LES PLUS BELLES CHAUSSURES!
JE BLAGUAIS.
C'EST QUOI LA RAISON?
L'ALPHABET HÉBRAÏQUE A UNE VALEUR NUMÉRIQUE...
CHAQUE LETTRE ÉQUIVAUT À UN NOMBRE, ET ON PEUT LES ADDITIONNER DANS CHAQUE MOT...
REGARDEZ, MARISA...
... C'EST LA MISSION DE L'HOMME...
אהבה
(AMOUR = 13)
אחד
(UN = 13)
... AIMER SON PROCHAIN ET FAIRE UN AVEC LUI...
EN COMMENÇANT PAR S'AIMER SOI-MÊME.

COMMENT M'AIMER ALORS QUE MON PROPRE CORPS ME TRAHIT?
COMMENT M'AIMER ALORS QUE JE SUIS UNE FIEFFÉE IRRES-PONSABLE QUI A LAISSÉ SON ASSURANCE SANTÉ EXPIRER?
COMMENT M'AIMER ALORS QUE J'AI FICHU À MON *FIDANZATO* UNE PEUR TELLE QU'IL N'OSE MÊME PAS ME LE DIRE?
COMMENT M'AIMER ALORS QUE, PAR MA FAUTE, MES PARENTS, MES FRÈRES ET MA SŒUR ONT VERSÉ TOUTES LES LARMES DE LEUR CORPS?
COMMENT M'AIMER ALORS QUE MES AMIS SE FONT UN SANG D'ENCRE POUR MOI?
COMMENT M'AIMER ALORS QUE JE FAIS LA PIRE CRISE D'ECZÉMA DE MA VIE?
COMMENT M'AIMER ALORS QUE JE VAIS PERDRE LE PEU DE BEAUTÉ QU'IL ME RESTE?
COMMENT M'AIMER ALORS QUE JUSQU'ICI, J'AI ÉTÉ UNE FASHIONISTA NARCISSIQUE ET SUPERFICIELLE?
COMMENT M'AIMER ALORS QUE JUSQU'ICI JE NE M'INTÉRESSAIS QU'À DES INEPTIES?
COMMENT M'AIMER ALORS QUE JE NE ME SUIS PAS TOUJOURS COMPORTÉE EN ADULTE?
COMMENT M'AIMER ALORS QUE J'AI DÉCHAÎNÉ TANT DE CHAOS AUTOUR DE MOI?
COMMENT M'AIMER?!

C'EST BOB. JE SUIS RENTRÉ D'IBIZA. J'IMAGINE QUE TOUT VA BIEN, COMME ON DIT, PAS DE NOUVELLES...
JE NE VOULAIS PAS TE GÂCHER LE VOYAGE...
HUDSON RIVER PARK, 26 MINUTES PLUS TARD:
TIENS, DE QUOI TE REMONTER LE MORAL: TU AS LU LE COMPTE RENDU DÉTAILLÉ À *SOUHAIT* QUI RACONTE COMMENT NOTRE BIMBO *PRÉFÉRÉE* S'EST FAIT VIRER—
—BOB, PAS D'ONDES NÉGATIVES, S'IL TE PLAÎT.
J'ÉTUDIE LA KABBALE.
C'EST TOUTE CETTE ÉNERGIE NÉGATIVE QUI A EU RAISON DE MOI.
NE COMPTE *PAS* SUR MOI POUR TE DIRE QUE CE CANCER EST DÛ À TES IDÉES TOXIQUES!
FRANCHEMENT JE TROUVE ÇA AFFLIGEANT.
POUR LE MOMENT, JE N'ÉCARTE AUCUNE ÉVENTUALITÉ.
AU LIEU DE CHANGER D'ÉTAT D'ESPRIT, CHANGE-MOI CETTE TENUE! UN JOGGING ET DES BASKETS? TU ES LA FILLE D'UNE CRÉATRICE DE CHAUSSURES, BON SANG! ON DIRAIT UNE VICTIME...
OÙ EST MA VAMP?
MAIS JE SUIS TROP DÉPRIMÉE POUR COURIR DE SOIRÉE HYPE EN SOIRÉE HYPE SUR DES 12 CM! ET ALORS?
TU N'AS PAS BESOIN DE LE FAIRE POUR LES AUTRES. FAIS-LE POUR TOI. C'EST *TOI* QUI *COMPTES* MAINTENANT...
T'AS RAISON, INUTILE DE ME FORCER À FAIRE CE QUE JE N'AI PAS ENVIE DE FAIRE ET BIZARREMENT, JE PEUX DIRE NON MAINTENANT

DÉCOUVREZ **LA CARTE CANCER**

PRÉSENTER LA CARTE CANCER, C'EST DÉCLINER EN TOUTE SIMPLICITÉ DÎNERS, DÉJEUNERS, BRUNCHS, OBLIGATIONS SOCIALES ET FAMILIALES, CONCERTS, SPECTACLES, ÉVÉNEMENTS SPORTIFS, SOIRÉES, CINÉS ET BIEN D'AUTRES ENCORE!

PROFITEZ DES AVANTAGES COUPE-FILE DE LA CARTE CANCER! NI PERMIS, NI CARTE D'IDENTITÉ? AUCUN PROBLÈME!

UTILISATION ILLIMITÉE: VOTRE CARTE EST TOUJOURS LÀ QUAND IL FAUT! RÉSULTAT GARANTI! ET MAINTENANT QUE VOUS ÊTES MEMBRE DE LA COMMUNAUTÉ UNIVERSELLE DES SURVIVANTS, CONTACTEZ LES AUTRES SURVIVANTS POUR OBTENIR DES INFOS SUR LES MÉDECINS, LES TRAITEMENTS ET PLUS ENCORE!

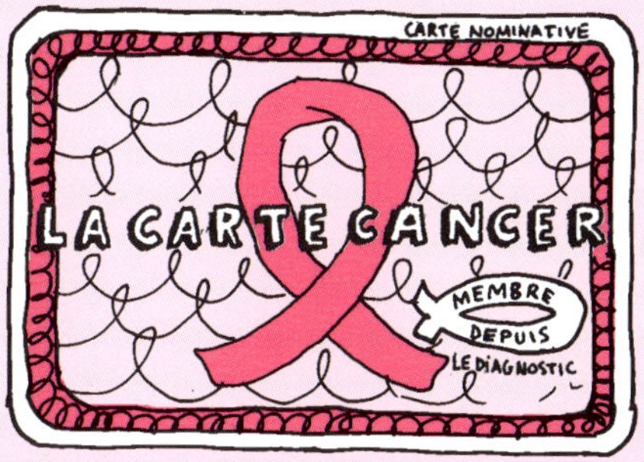

UNE CARTE DE MEMBRE PAS COMME LES AUTRES

24 MAI. 13 H. ACCOMPAGNÉE DE MA MÈRE, JE VAIS VOIR LE CANCÉROLOGUE EN VOGUE, DR NATURE, QU'UN AMI ANONYME M'A FORTEMENT RECOMMANDÉ...
JE SUIS PRÊTE À DÉCOUVRIR PLEIN DE CHOSES, MAIS JE NE SAIS PAS TROP QUOI PENSER D'UNE THÉRAPIE HOLISTIQUE.
IL A INTÉRÊT À FAIRE DES MIRACLES, VU LES HONORAIRES QU'IL DEMANDE.
NOUS PATIENTONS DANS LE HALL.
MOI QUI M'ATTENDAIS À UN ENDROIT PROPRE COMME UN SOU NEUF.
DIS, MARISA, C'EST PAS CENSÉ ÊTRE *DR NATURE*?
SI, POURQUOI?
LE DR NATURE A DES PLANTES *ARTIFICIELLES*.
EN ATTENDANT NOTRE TOUR, JE FAIS QUELQUES DESSINS. EN PLUS, JE SUIS CHARRETTE, COMME D'HAB'.
QU'EST-CE QUE TU EN PENSES?
HUM...
JE N'AI PAS LA TÊTE À ÇA.
ET AU MÊME MOMENT...
QUAND LE DOCTEUR SOUHAITE-T-IL VOUS REVOIR, DAPHNÉ?
C'EST DIFFÉRENT QUAND ON LE VOIT EN VRAI.
BOUH!

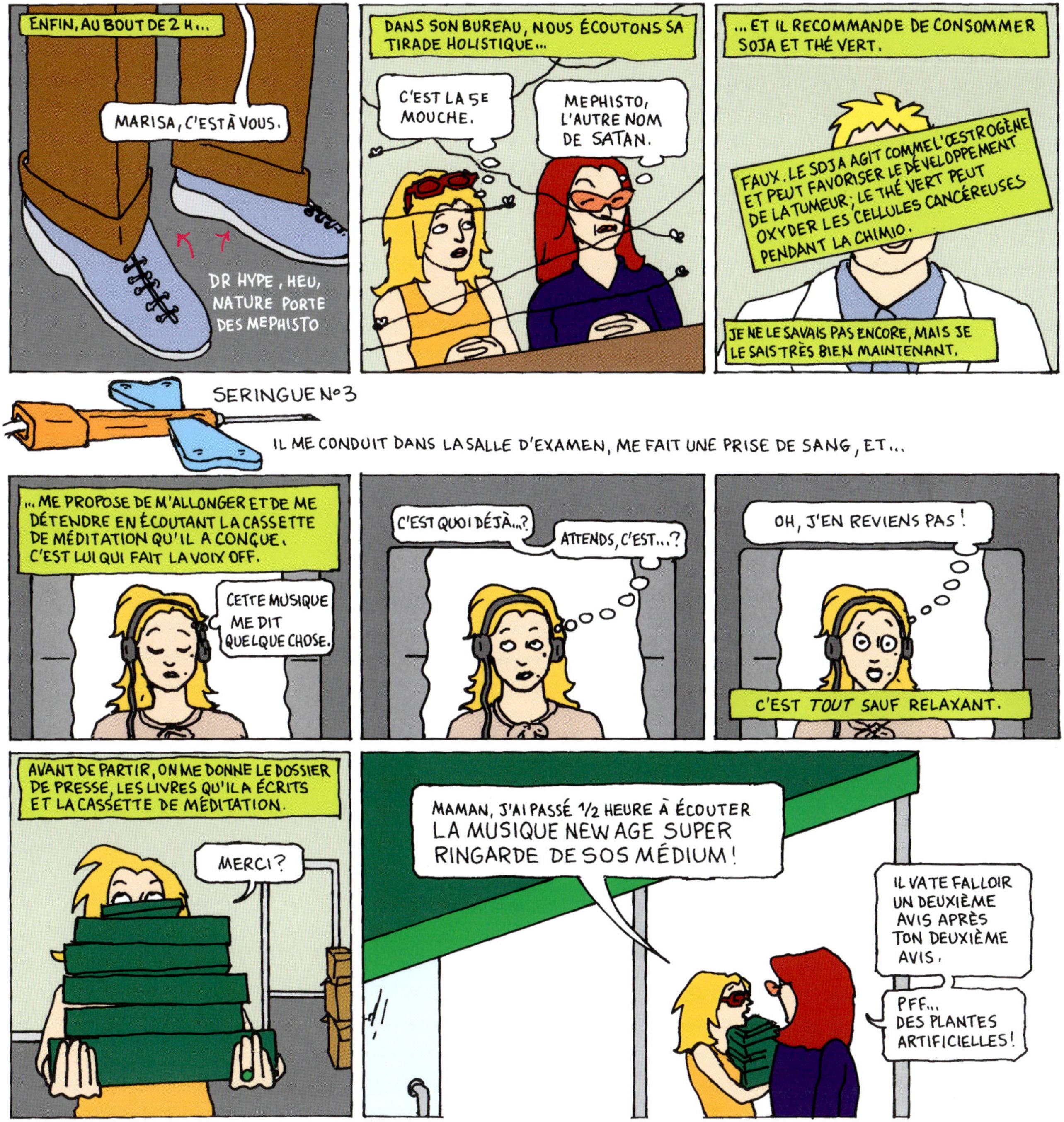
ENFIN, AU BOUT DE 2 H...
MARISA, C'EST À VOUS.
DR HYPE, HEU, NATURE PORTE DES MEPHISTO
DANS SON BUREAU, NOUS ÉCOUTONS SA TIRADE HOLISTIQUE...
C'EST LA 5E MOUCHE.
MEPHISTO, L'AUTRE NOM DE SATAN.
...ET IL RECOMMANDE DE CONSOMMER SOJA ET THÉ VERT.
FAUX. LE SOJA AGIT COMME L'ŒSTROGÈNE ET PEUT FAVORISER LE DÉVELOPPEMENT DE LA TUMEUR; LE THÉ VERT PEUT OXYDER LES CELLULES CANCÉREUSES PENDANT LA CHIMIO.
JE NE LE SAVAIS PAS ENCORE, MAIS JE LE SAIS TRÈS BIEN MAINTENANT.
SERINGUE N°3
IL ME CONDUIT DANS LA SALLE D'EXAMEN, ME FAIT UNE PRISE DE SANG, ET...
...ME PROPOSE DE M'ALLONGER ET DE ME DÉTENDRE EN ÉCOUTANT LA CASSETTE DE MÉDITATION QU'IL A CONÇUE. C'EST LUI QUI FAIT LA VOIX OFF.
CETTE MUSIQUE ME DIT QUELQUE CHOSE.
C'EST QUOI DÉJÀ...?
ATTENDS, C'EST...?
OH, J'EN REVIENS PAS!
C'EST *TOUT* SAUF RELAXANT.
AVANT DE PARTIR, ON ME DONNE LE DOSSIER DE PRESSE, LES LIVRES QU'IL A ÉCRITS ET LA CASSETTE DE MÉDITATION.
MERCI?
MAMAN, J'AI PASSÉ 1/2 HEURE À ÉCOUTER LA MUSIQUE NEW AGE SUPER RINGARDE DE SOS MÉDIUM!
IL VA TE FALLOIR UN DEUXIÈME AVIS APRÈS TON DEUXIÈME AVIS.
PFF... DES PLANTES ARTIFICIELLES!

16H05. DIRECTION LE CABINET DU DR PAUL GOLDSTEIN, MON GÉNÉRALISTE. J'AI RENDEZ-VOUS À 17H.
J'AI FAIM. ON MANGE VÉGÉTALIEN?
COMME LES PATIENTS DU DR NATURE?
ORGANIC & MACROBIOTIC
16H20. JOE JR'S COFFEE SHOP.
JE VAIS PRENDRE LE PRÉFÉRÉ DE TON FRÈRE DAVID.
C'EST LEQUEL?
BAGEL AVEC BACON, TOMATE ET FROMAGE FONDU
ENGLOUTI EN 5 SECONDES, NON, J'EXAGÈRE, 59 SECONDES.
MAMAN, QUOI QU'IL ARRIVE, PAS UN MOT SUR CE MÉDECIN.
BONJOUR, MA FILLE M'A DIT DE NE SURTOUT RIEN DIRE!
C'EST VRAI. C'EST À MOI DE PRENDRE UNE DÉCISION.
600$ LA CONSULT' ET 350$ LA PRISE DE SANG ALORS QU'ON N'A RIEN DEMANDÉ.
MAMAN, JE DOIS ME DÉCIDER TOUTE SEULE, TU COMPRENDS?
IL M'A ÉTÉ CHAUDEMENT RECOMMANDÉ
MARISA, ENTREZ.
SERINGUE N°4
SECONDE PRISE DE SANG DE LA JOURNÉE.
ME VOILÀ BIEN...
JE POURRAIS DESSINER AVEC MES PIEDS CE SOIR?
BONJOUR DOCTEUR, JE SUIS LA MÈRE DE MARISA.
OH, JE VOUS CROYAIS SA SŒUR!
VOS RADIOS DES POUMONS SONT NORMALES. *
PARDON, JE PEUX VOUS POSER UNE QUESTION?
* BONNE NOUVELLE. JE N'AI PAS DE CANCER DU POUMON.

BIEN SÛR. DE QUOI S'AGIT-IL?
MAMAN, TAIS-TOI!
QUE PENSEZ-VOUS DE ÇA?
LAISSEZ DONC VOTRE MÈRE S'EXPRIMER.
MERCI BIEN.
C'EST QUOI?
LE CHARLATAN QU'ON VIENT DE VOIR.
C'EST ÇA, VOTRE DEUXIÈME AVIS?
ÇE TYPE EST UNE *INSULTE* À LA PROFESSION!
MAIS JE COMPRENDS, VOUS ÊTES FRAGILE ET —
— LES CHARLATAN EN PROFITENT.
AUTRE CHOSE?
TU N'AS PAS QUELQU'UN À LUI PRÉSENTER?
SI, J'AI.
ENCORE? ET QUI DONC CETTE FOIS?

CE SOIR-LÀ, ON M'APPELLE. EH NON, CE N'EST PAS MA MÈRE...
MARISA...
PADRE PIO
JE SUIS ENCEINTE
VOUS ÊTES EN LIGNE, VIOLETTA? JE DOIS VOUS REMERCIER POUR LE CORDON DE STE-PHILOMÈNE, JE LE GARDAIS MÊME SOUS LA DOUCHE!
TANDIS QUE SHARON, QUI EST JUIVE, PORTE LE CORDON DE STE-PHILOMÈNE...
SHARON, TU ES ENCEINTE!
...MOI, LA CATHOLIQUE, J'ÉTUDIE LE MYSTICISME JUIF DANS LA KABBALE.
SAINTE PHILOMÈNE EST SI GÉNÉREUSE.
C'EST UN MOMENT MAGIQUE
LE LENDEMAIN MATIN, JE FAIS DES RECHERCHES SUR LE CANCER DU SEIN.
TAP! TAP! TAP! TAP!
LE CANCER DU SEIN EST LA DEUXIÈME CAUSE DE DÉCÈS LIÉ AU CANCER CHEZ LA FEMME.

ENSUITE, JE VAIS VOIR MA PSY. JE PASSE SUR LE BILLARD DANS MOINS DE 24 HEURES !
C'EST À VOUS QU'IL FAUT SONGER...
IL FAUT CONSIDÉRER VOS BESOINS COMME LÉGITIMES...
À QUOI PENSIEZ-VOUS À L'INSTANT ?
VOICI CE À QUOI JE PENSAIS ET J'AI RAREMENT MANGÉ UN CHEESEBURGER DELUXE PLUS SAVOUREUX QUE CE JOUR-LÀ.
MON REPAS PRÉFÉRÉ QUAND J'ÉTAIS GAMINE. NOSTALGIE D'UNE ÉPOQUE OÙ J'ÉTAIS TOTALEMENT INSOUCIANTE ?
JOHNNY ROCKETS
THE ORIGINAL HAMBURGER
42nd East 6th St
New York, New York 10003
05/25/2004
2:17 PM
Server: Kadir
2/1
#10066
Guests: 1
2.09
American Fries
0.59
Original
Add Cheddar-Tillamook
7.07
0.61
Sub Total
Tax
Total
7.68
Balance Due
FREE HAMBURGER w/ purchase of hamburger, starter and drink.
Survey Validation Code:
Redeem one per 3 month period

16H00. CABINET DU DR MILLS. J'AI PRÉPARÉ MES QUESTIONS.

Combien de temps serai-je hospitalisée?

Quel type d'anesthésie me fera-t-on?

Quelles conséquences sur ma vie quotidienne?

Quel sera le degré de la douleur ?

Quel type de pansements aurai-je après l'opération?

Comment s'occuper des pansements après l'opération?

Quand devrai-je enlever les pansements?

Aurai-je une cicatrice?

Combien de ganglions allez-vous enlever?

Quel est le risque de développer un lymphœdème?

Y a-t-il des effets secondaires à l'opération?

Quand dois-je revenir pour le suivi médical?

Quel type de soins aurai-je après l'opération?

Quand pourrai-je retrouver un rythme de vie normal?

Est-ce que vous prenez l'American Express?

Ou est-ce que je peux faire un chèque?

DR MILLS, J'AI UNE QUESTION. VOUS NE CROYEZ PAS QU'ELLE DEVRAIT RENTRER DANS LE NEW JERSEY POUR QUE JE M'OCCUPE D'ELLE ?
ÇA IRA, ÇA IRA, T'EN FAIS PAS, ÇA IRA.
BIEN QU'ELLE NE PASSE PAS LA NUIT À L'HÔPITAL... C'EST UNE INTERVENTION LOURDE...
TRADUCTION : TRÈS DOULOUREUSE.
IL FAUDRA QUE QUELQU'UN S'OCCUPE DE VOUS.
SA MÈRE !
TRADUCTION : ÇA VA VRAIMENT ÊTRE L'ENFER.
CET APRÈS-MIDI-LÀ, JE REÇOIS MOULT APPELS DE SOUTIEN...
C'EST KIMBERLEY...
C'EST SAM...
C'EST ANNE...
C'EST ALEX...
C'EST LEYLA...
C'EST KIRSCH...
C'EST LINDA...
C'EST DINA...
C'EST TON FRÈRE...
C'EST TON PÈRE.
ET LE CROIREZ-VOUS, CE JOUR-LÀ, C'ÉTAIT AUSSI LA SAINTE-PHILOMÈNE. LE PÈRE DON GIOVANNA A DIT UNE MESSE SPÉCIALEMENT POUR MOI, ET SŒUR BERTILLA A PLACÉ MA PHOTO SUR L'AUTEL.
LES RELIQUES DE STE PHILOMÈNE SONT CONSERVÉES DANS UNE STATUE DE PAPIER MÂCHÉ VÊTUE D'UNE MAGNIFIQUE ROBE ET EXPOSÉE SOUS VERRE
C'EST LA SAINTE PATRONNE DES FEMMES ET DES PERSONNES EN DANGER.
JE SUIS LÀ.
SANCTUAIRE DE SAINTE-PHILOMÈNE, AVELINO, ITALIE
JE SUIS ATHÉE, MAIS JE PRIERAI POUR TOI.
C'EST FAUX, RICHARD. TU ES PROTESTANT !

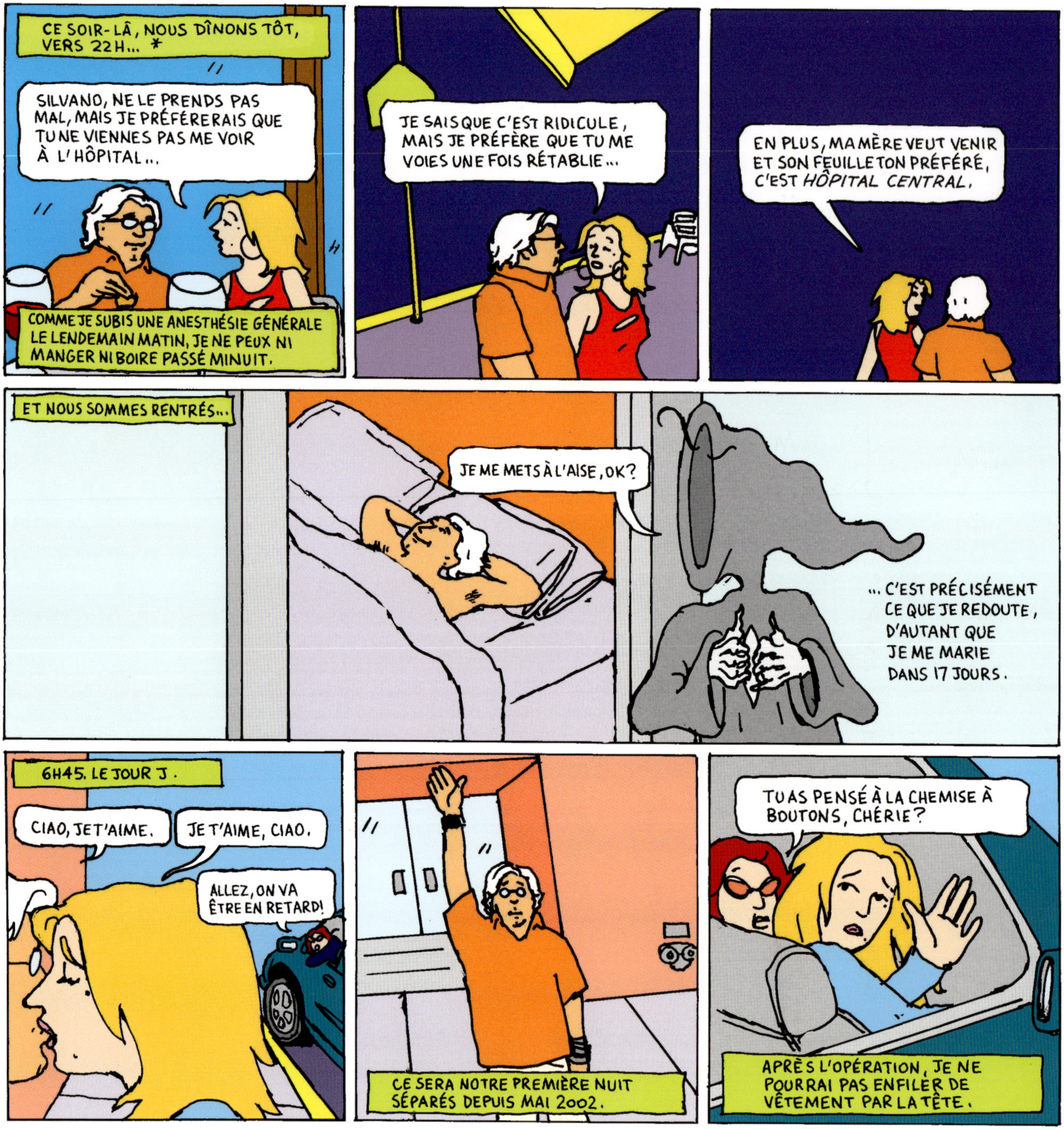
CE SOIR-LÀ, NOUS DÎNONS TÔT, VERS 22H... *
SILVANO, NE LE PRENDS PAS MAL, MAIS JE PRÉFÉRERAIS QUE TU NE VIENNES PAS ME VOIR À L'HÔPITAL...
COMME JE SUBIS UNE ANESTHÉSIE GÉNÉRALE LE LENDEMAIN MATIN, JE NE PEUX NI MANGER NI BOIRE PASSÉ MINUIT.
JE SAIS QUE C'EST RIDICULE, MAIS JE PRÉFÈRE QUE TU ME VOIES UNE FOIS RÉTABLIE...
EN PLUS, MA MÈRE VEUT VENIR ET SON FEUILLETON PRÉFÉRÉ, C'EST HÔPITAL CENTRAL.
ET NOUS SOMMES RENTRÉS...
JE ME METS À L'AISE, OK?
... C'EST PRÉCISÉMENT CE QUE JE REDOUTE, D'AUTANT QUE JE ME MARIE DANS 17 JOURS.
6H45. LE JOUR J.
CIAO, JE T'AIME.
JE T'AIME, CIAO.
ALLEZ, ON VA ÊTRE EN RETARD!
CE SERA NOTRE PREMIÈRE NUIT SÉPARÉS DEPUIS MAI 2002.
TU AS PENSÉ À LA CHEMISE À BOUTONS, CHÉRIE?
APRÈS L'OPÉRATION, JE NE POURRAI PAS ENFILER DE VÊTEMENT PAR LA TÊTE.

7H01. HÔPITAL SAINT-VINCENT. AVANT L'OPÉRATION, JE DOIS FAIRE "UNE INJECTION".
HEUREUSEMENT QUE J'AI DORMI DANS TON ANCIEN APPARTEMENT. AVEC LA CIRCULATION QU'IL Y AVAIT, ON Y SERAIT ENCORE.
MAMAN, QU'EST-CE QUE TU AS AU BRAS?
MALHEUR N°2: SYNDROME DU CANAL CARPIEN.
7H23. ON ME DONNE UNE BLOUSE, DES CHAUSSONS, UNE HOUSSE POUR MES VÊTEMENTS ET QUELQUES TRUCS DE PLUS...
LE BASSIN, SI JAMAIS VOUS VOMISSEZ.
JE TE TIENDRAI LA TÊTE SI TU VOMIS.
J'AI OUBLIÉ MON ÉTUI À LENTILLES. JE ME SERS DE FLACONS À URINE À LA PLACE.
REDRESSE-TOI, JE VAIS CHERCHER LE JOURNAL.
MADAME ACOCELLA!
AVANT QUE TU Y AILLES, JE TE NOUE UN CORDON DE STE-PHILOMÈNE.
ET NE LE PERDS PAS, CELUI-LÀ!
LE DR EDIALE NOUS REÇOIT ET NOUS BRIEFE.
VOUS ÊTES DU NEW JERSEY? BON, POUR VENIR À NEW YORK, AVANT D'EMPRUNTER LE TUNNEL, VOUS PASSEZ PAR UN PÉAGE...
LE GANGLION SENTINELLE, C'EST UN PEU COMME LE PÉAGE.
HOLLAND TUNNEL
... S'IL Y A DES CELLULES CANCÉREUSES DANS LES GANGLIONS, IL Y EN A DANS LE GANGLION SENTINELLE, FORCÉMENT.
POUR TROUVER LE GANGLION SENTINELLE ON INJECTE UN ÉLÉMENT RADIOACTIF ET UN COLORANT BLEU DANS LE SEIN. ILS MIGRERONT VERS LE GANGLION SENTINELLE AU NIVEAU DE L'AISSELLE ET PERMETTRONT DE L'IDENTIFIER. UN COMPTEUR GEIGER PERMETTRA ENSUITE DE LE LOCALISER.
AU FAIT, LE DR EDIALE RESSEMBLE À MON GRAND-PÈRE
APRÈS LA TUMORECTOMIE, NOUS EXTRAIRONS LE GANGLION SENTINELLE ET NOUS EN FERONS UNE "COUPE À CONGÉLATION" POUR VOIR S'IL PRÉSENTE OU NON UNE ANOMALIE.
ALORS, ON Y EST?

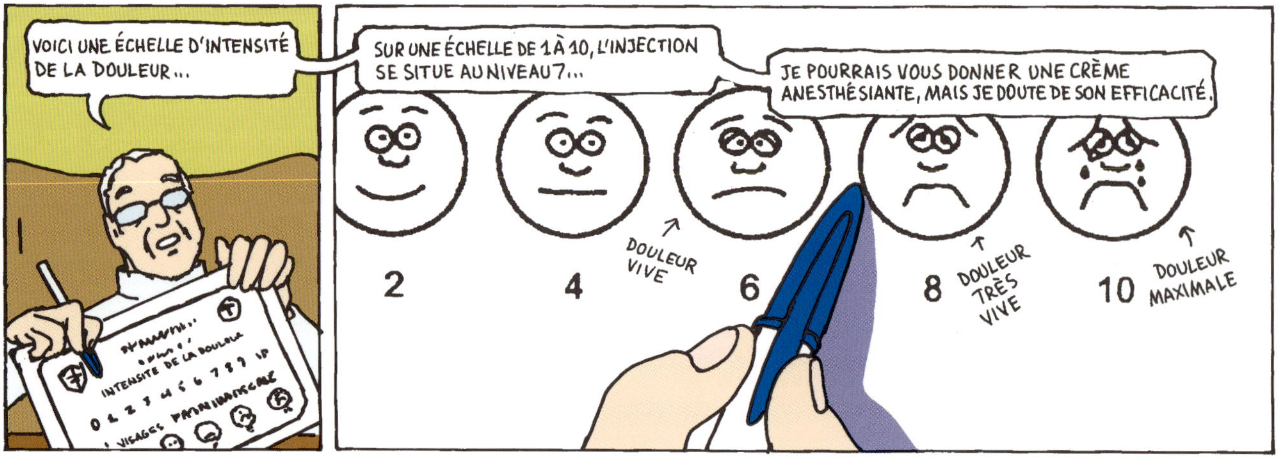

SERINGUE N° 5

MARISA ACOCELLA

LE TRACEUR RADIOACTIF

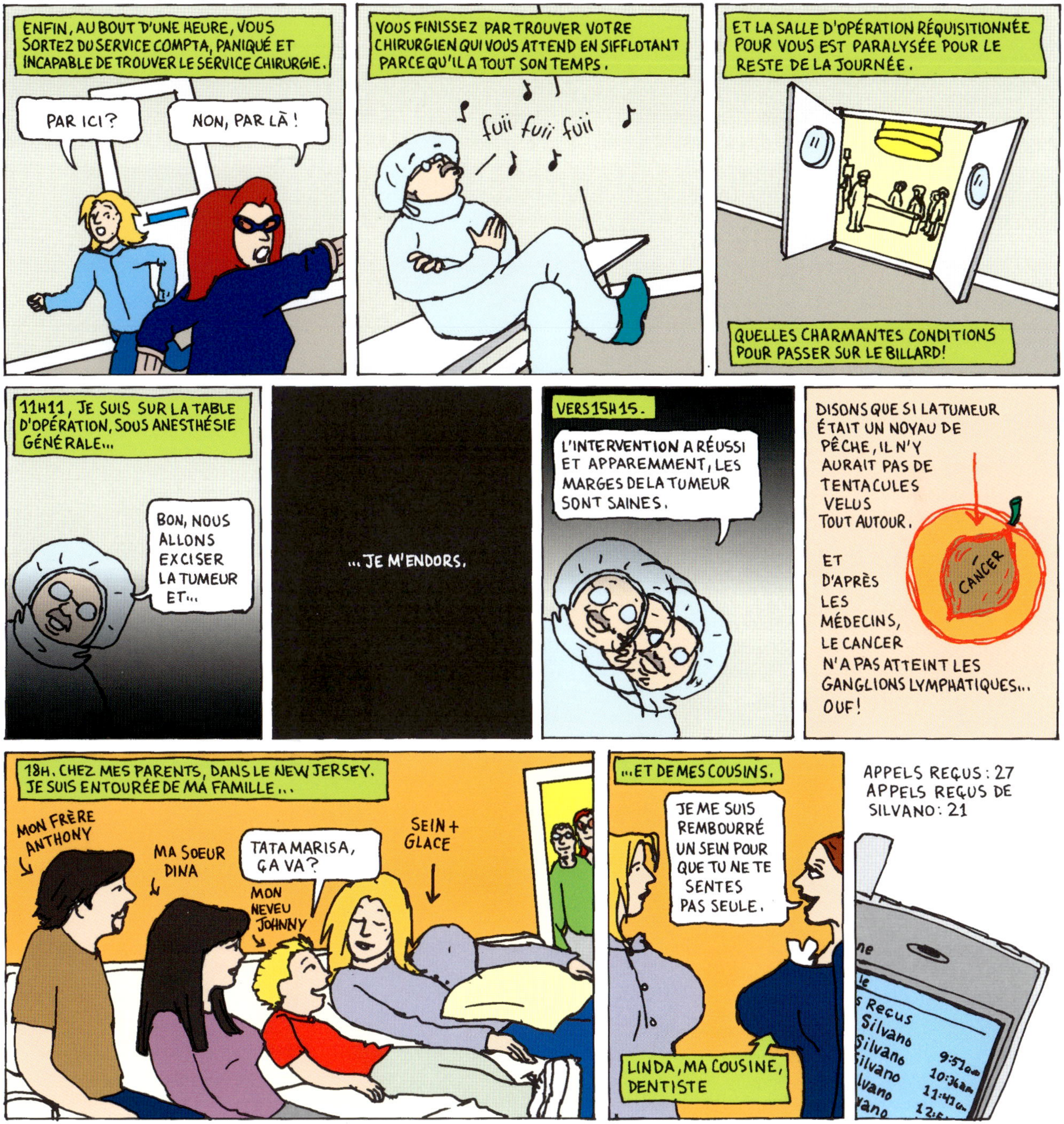
ENFIN, AU BOUT D'UNE HEURE, VOUS SORTEZ DU SERVICE COMPTA, PANIQUÉ ET INCAPABLE DE TROUVER LE SERVICE CHIRURGIE.
PAR ICI ?
NON, PAR LÀ !
VOUS FINISSEZ PAR TROUVER VOTRE CHIRURGIEN QUI VOUS ATTEND EN SIFFLOTANT PARCE QU'IL A TOUT SON TEMPS.
fuii fuii fuii
ET LA SALLE D'OPÉRATION RÉQUISITIONNÉE POUR VOUS EST PARALYSÉE POUR LE RESTE DE LA JOURNÉE.
QUELLES CHARMANTES CONDITIONS POUR PASSER SUR LE BILLARD !
11H11, JE SUIS SUR LA TABLE D'OPÉRATION, SOUS ANESTHÉSIE GÉNÉRALE...
BON, NOUS ALLONS EXCISER LA TUMEUR ET...
... JE M'ENDORS.
VERS 15H15.
L'INTERVENTION A RÉUSSI ET APPAREMMENT, LES MARGES DE LA TUMEUR SONT SAINES.
DISONS QUE SI LA TUMEUR ÉTAIT UN NOYAU DE PÊCHE, IL N'Y AURAIT PAS DE TENTACULES VELUS TOUT AUTOUR.
CANCER
ET D'APRÈS LES MÉDECINS, LE CANCER N'A PAS ATTEINT LES GANGLIONS LYMPHATIQUES... OUF !
18H. CHEZ MES PARENTS, DANS LE NEW JERSEY. JE SUIS ENTOURÉE DE MA FAMILLE...
MON FRÈRE ANTHONY
MA SOEUR DINA
MON NEVEU JOHNNY
TATA MARISA, ÇA VA ?
SEIN + GLACE
... ET DE MES COUSINS.
JE ME SUIS REMBOURRÉ UN SEIN POUR QUE TU NE TE SENTES PAS SEULE.
LINDA, MA COUSINE, DENTISTE
APPELS REÇUS : 27
APPELS REÇUS DE SILVANO : 21
Reçus
Silvano
9:51am
10:36am
11:41am

27 ET 28 MAI. JE DORS DEUX JOURS DE SUITE.
MON BRAS GAUCHE ME LANCE PARCEQU'ON M'A ENLEVÉ DES GANGLIONS SOUS L'AISSELLE.
DIEU MERCI JE DESSINE DE LA MAIN DROITE.
SEIN + GLACE
BRAS SURÉLEVÉ SUR L'OREILLER
C'EST LA SEULE POSITION CONFORTABLE ET C'EST LA PLUS INCONFORTABLE DU MONDE.
MARISA, DR MILLS AU TÉLÉPHONE!
ON A REÇU DES RÉSULTATS PRÉLIMINAIRES ET IL SEMBLE QUE LE GANGLION SENTINELLE SOIT NÉGATIF, DONC LE CANCER NE S'EST PAS PROPAGÉ...
C'EST SUPER!
ET N'OUBLIEZ PAS DE DESSINER LA CUVETTE BLEUE!
À CAUSE DU COLORANT BLEU QU'ON M'A INJECTÉ, MON PIPI EST IRONIQUEMENT "BLEU CANARD WC!" ÇA A DURÉ 1 SEMAINE.
QUANT À MON SEIN, DU CÔTÉ OÙ A EU LIEU L'INJECTION, IL RESTERA BLEU DURANT DES MOIS.
29 MAI. 12H47
SALUT, C'EST SILVANO, LAISSEZ UN MESSAGE...
T. Mobile
Appel Silvano
JE LUI FAIS CONFIANCE ET ON VA SE MARIER...
IL EST 12H59, POURQUOI IL N'APPELLE PAS?

JE VAIS TE DIRE, MOI...
T'ES BONNE POUR LA CASSE ET IL A TROUVÉ QUELQU'UN D'AUTRE !
NE L'ÉCOUTE PAS !
TON SEIN EST BLEU ET FLAPI MAIS LE MORAL NE DOIT PAS SUIVRE POUR AUTANT.
À LA CASSE ! À LA CASSE !
JE CROIS QU'UN PEU DE MÉNAGE S'IMPOSE.
9H32
ÇA NE VA PAS, CHÉRIE, TU SOUFFRES ?
C'EST SILVANO...
IL NE M'A PAS APPELÉE HIER SOIR. PEUT-ÊTRE QUE C'EST TROP POUR LUI... J'AI PEUR QU'IL M'ABANDONNE.
MAIS À CE MOMENT-LÀ...

VROUMA!
CE SON EST UNIQUE!
9H32
VITE, DÉBARBOUILLE-TOI!
9H33
HÉ, T'AS CRU QUE JE T'AVAIS LAISSÉE TOMBER JE PARIE.
LA SUPER VOITURE DE SPORT ITALIENNE DE SILVANO
STRADALE
BEN... ATTENTION AU SEIN.
JE PENSAIS QUE TU DORMAIS, MAIS JE SUIS LÀ MAINTENANT.
VIENS, ON VA MONTER TON SAC.
9H34
DÉSOLÉE, C'EST UN MOMENT INTIME, MAIS SACHEZ QUE JE NE ME SUIS JAMAIS SENTIE PLUS AIMÉE DE MA VIE.
PUIS NOUS VIDONS LE COFFRE...
C'EST QUOI ÇA? TU AS PILLÉ LE RESTO?
QUI COMMANDE AU COMMANDANT EN CHEF?
VIOLETTA, PEUX-TU HACHER L'AIL S'IL TE PLAÎT?
AH VOS ORDRES, CHEF!
À MIDI, ON S'EST ASSIS TOUS ENSEMBLE POUR DÉVORER DES *FAGIOLI ALL'UCCELLETTO*...
"DES HARICOTS BLANCS À LA SAUCE TOMATE."
MMH, PARFAIT...
JE N'AI RIEN AVALÉ DEPUIS MERCREDI.
JAMAIS JUSQUE-LÀ IL N'AVAIT SAUTÉ UN REPAS.
DÉSOLÉE DE TE FAIRE SUBIR TOUT ÇA.
OH, C'EST RIEN.
CE N'EST PAS POUR MOI, MAIS POUR TOI QUE JE ME FAIS DU SOUCI.

3 JUIN. (8 JOURS AVANT NOTRE MARIAGE !)
PREMIÈRE CONSULT' POST-OP' AVEC LE DR MILLS ;
NOUS DISCUTONS DE LA MARCHE À SUIVRE...

SAINT VINCENT CATHOLIC MEDICAL CENTERS
ST. VINCENT'S MANHATTAN LABORATORIES
DEPARTMENT OF PATHOLOGY
WEST 11 STREET, NY, NY 10011
212-604-8393 FAX: 212-604-3263

Chris Mills 5/30/04

Patient : **ACOCELLA MARISA**
N° dossier : **V1191439**

Lieu : Centre anticancer Saint-Vincent
Médecin : Docteur Christopher Mills

Interv. : **VVS-04-7184**
N° Imm. : V000440830719
Date d'intervention : 26/05/2004
Date de réception : 26/05/2004
Date de rapport : 29/05/2004

COMPTE-RENDU ANATOMOPATHOLOGIQUE

SPÉCIMEN : A : SEIN G, tumorectomie passant en TISSU SAIN. **B :** GANGLION SENTINELLE, axillaire G, n° 1 chaud et coloré. **C :** GANGLION SENTINELLE, ganglion adjacent axillaire G.

DIAGNOSTIC FINAL

FAIT AU CENTRE ANTICANCER DE SAINT-VINCENT
325 WEST 15TH STREET, NEW YORK, NY 10011

A – TUMORECTOMIE SEIN G.

- **ADÉNOCARCINOME ÉPITHÉLIAL INFILTRANT MODÉRÉMENT DIFFÉRENCIÉ, 1,3 X 1,1 CM**, AVEC FORTE RÉACTION DESMOPLASTIQUE.
- LE CARCINOME INVASIF MONTRE UN GRADE HISTOPRONOSTIQUE ÉLEVÉ (3/3), UN GRADE NUCLÉAIRE INTERMÉDIAIRE (2/3), ET UN INDEX MITOTIQUE INTERMÉDIAIRE (2/3) SCORE SBR : 7/9, GRADE II.
- **RARES FOYERS DE CARCINOME CANALAIRE IN SITU,** DE TYPE SOLIDE, "NON-COMEDO" AVEC NÉCROSE CENTRALE, GRADE NUCLÉAIRE INTERMÉDIAIRE (2/3), COMPRENANT DES CANAUX ISOLÉS AU SEIN DE LA TUMEUR INVASIVE.

MALIGNES 0/1
LA COLORATION POUR LA CYTOKÉRATINE AE1/AE3 EST NÉGATIVE POUR LES CELLULES MALIGNES

C – GANGLION ADJACENT AXILLAIRE GAUCHE

Quand dois-je enlever les pansements?

Puis-je me servir de mon bras?

Quel genre d'exercices devrais-je faire?

Quel genre d'exercices éviter ?

À quel stade était le cancer?

Comment le définiriez-vous?

Est-ce que le cancer a gagné d'autres parties du corps ?

Est-il possible que des cellules cancéreuses se baladent dans mon organisme sans qu'on le sache?

Quelles sont les prochaines étapes?

Pourquoi dois-je faire une chimio?

SUR LES CONSEILS DU DR MILLS, J'APPELLE POUR PRENDRE RENDEZ-VOUS AVEC LE DR PAULA KLEIN, ONCOLOGUE AU CENTRE ANTICANCER DE ST-VINCENT (CASV)...
VOUS ÊTES ASSURÉE?
PAS AVANT LE 29 JUIN À 13H30.
PUIS J'APPELLE POUR PRENDRE RENDEZ-VOUS AVEC LE DR JOHN RESCIGNO, RADIO-ONCOLOGUE AU CASV.
VOUS ÊTES ASSURÉE?
TOUJOURS PAS DE RENDEZ-VOUS.
DR MILLS, ILS M'ONT TOUS REMBARRÉE.
MARISA, ÇA IRA... JE M'OCCUPE DE TOUT.
JE CONFIE À MES AMIS LA NOUVELLE SENSASS SUR LA CHIMIO...
RICHARD: "CHÉRIE, TROUVE-TOI UNE PERRUQUE... ROSE!"
KIMBERLEY: "JE T'OFFRIRAI DES FOULARDS PUCCI, CE SERA TRÈS CHIC!"
LISA: "ALLONS ACHETER DES CHAPEAUX."
CE CHAPEAU, C'EST TOUT LISA
SHARON: "ACHÈTE UNE PERRUQUE, DEMANDE LA MÊME COUPE À TON COIFFEUR. PUIS JE LA TEINDRAI ET ON N'Y VERRA QUE DU FEU!"
TANT QU'IL Y EST, IL VA AUSSI ME REFAIRE MES VIEUX ÉPIS?
MOI:
"HÉ, JE SUIS UNE ARTISTE: TOUTES LES SURFACES ME PLAISENT!"
POINT POSITIF, BOB DU *NEW YORKER* M'APPELLE.
T'AS LE FEU VERT... ET PUIS JE VOULAIS PRENDRE DE TES NOUVELLES.
R. MANKOFF
PRÉCISION: 99% DU TEMPS, QUAND UN DESSIN EST PUBLIÉ, C'EST SON ASSISTANT QUI APPELLE.
CE SOIR-LÀ, JE RETROUVE SILVANO...
COMME PRÉVU, LES MÉDECINS VEULENT QUE JE FASSE UNE CHIMIO...
...POUR ACCROÎTRE LES CHANCES D'UNE GUÉRISON DÉFINITIVE.
ÇA VA TRÈS BIEN SE PASSER...
SA RÉACTION N'A RIEN D'ÉTONNANT...
ON Y VA? IL FAUT QU'ON SE LÈVE TÔT POUR FAIRE PUBLIER LES BANS!
...IL SE CONCENTRE TOUJOURS SUR LES BONS CÔTÉS.

LE LENDEMAIN, J'APPELLE SHARON...
SHARON, J'AI UNE NOUVELLE GÉNIALE !
DIEU MERCI !
ON A FAIT PUBLIER LES BANS, ON SE MARIE À LA MAIRIE DANS UNE SEMAINE PILE !
ALLÔ ? ALLÔ ?
LE DIRE À UNE COLORISTE, C'EST LE DIRE AU MONDE ENTIER...
ALARME
IL FALLAIT DONNER L'ALERTE... ELLE NE PENSE PAS ASSEZ À SA SANTÉ !
ET CE DEUXIÈME AVIS ? ELLE VA ALLER À SLOAN ?
DES GENS PRENNENT L'AVION POUR Y ALLER, ELLE POURRAIT PRENDRE UN TAXI !
IL Y A VRAIMENT URGENCE. C'EST DU DÉNI ?
SI JE PRÉFÈRE ACHETER UNE ROBE DE MARIÉE... C'EST DU DÉNI ?
SI JE COMPTE LES 47 HEURES, 31 MINUTES ET 5 SECONDES QUI RESTENT AVANT QUE JE DISE "OUI" À L'HOMME DE MA VIE... C'EST DU DÉNI ?
SI JE FAIS CONFIANCE À MES MÉDECINS DE ST VINCENT... C'EST DU DÉNI ?
SI CETTE NOUVELLE VIE AVEC BONHEUR ET SANTÉ ME TARDE... C'EST DU DÉNI ?
ÇA C'EST TROP GNANGNAN...
ÇA C'EST TROP SÉRIEUX...
ÇA C'EST TROP GIRLY...
PARFOIS, UN PEU DE DÉNI PEUT FAIRE DU BIEN.
... MA ROBE DE MARIÉE EST PARFAITE

11 JUIN. UNE BLONDE DE 43 ANS ET SON *FIDANZATO*, RESTÉ JEUNE DANS L'ÂME, VONT À LA MAIRIE...
ARTHUR SMARSCH, NOTRE POTE DÉTECTIVE, ET SA VOITURE SANS PLAQUES. LA VILLE EST EN ALERTE ROUGE.
DITES "PARMIGIANO," M. ET MME MARCHETTO!
NOS TÉMOINS LEYLA QUI A LES ALLIANCES,
MA MÈRE ET MON PÈRE.
LE MARIÉ PORTE DU CUIR ORANGE
PHOTO DE VIOLETTA ACOCELLA
NOUS SOMMES "LE MARIAGE DE LA SEMAINE" DANS LE *NEW YORK POST*.
APRÈS LE MARIAGE, NOUS ALLONS PASSER LE WEEK-END À MONTRÉAL POUR VOIR LE GRAND PRIX...
CIAO! CIAO!
ARRIVEDERCI, SIGNORE E SIGNORA!
BUON VIAGGIO!
JUST MARRIED
STRADALE
À PLUS!
ON NE PEUT PAS ENCORE PARTIR EN LUNE DE MIEL. IL FAUT D'ABORD QUE JE VOIE LES MÉDECINS.
AU GRAND PRIX, IL Y A UN MIRACLE. SILVANO, MON MARI, L'HOMME LE PLUS ÉNERGIQUE DU MONDE, L'HOMME EN MOUVEMENT PERPÉTUEL QUI N'A JAMAIS PERDU LA MOINDRE SECONDE SUR TERRE, NE BOUGE PAS LE PETIT DOIGT PENDANT DEUX BONNES HEURES TANDIS QUE SON FAVORI, MICHAEL SCHUMACHER, REMPORTE LA VICTOIRE.
ÇA PEUT SEMBLER FOU, MAIS QUAND J'AI VU SON SOURIRE À 100 000 WATTS APRÈS TOUT CE QU'ON AVAIT ENDURÉ...
... Ç'A ÉTÉ LE MOMENT LE PLUS HEUREUX DE TOUTE MA VIE, ET PAS SEULEMENT PARCE QUE J'AIME LA FORMULE 1, MOI AUSSI.

AU RETOUR DE NOTRE MINI LUNE DE MIEL, MES AMIS...
FÉLICITATIONS VOUS DEUX !
ET PUIS...
BON, MARISA, ET CE DEUXIÈME AVIS?
J'AI PEUR - SI JE VAIS À L'HÔPITAL SLOAN-KETTERING, ÇA VEUT DIRE QUE LE CANCER PEUT ÊTRE GRAVE.
TU ES FOLLE?!
TU AS CONFIANCE EN ST VINCENT, ON SAIT...
MAIS TU N'ES PAS OBLIGÉE DE SUIVRE LE TRAITEMENT DANS LE MÊME HÔPITAL...
SI TU NE PRENDS PAS LE CANCER AU SÉRIEUX, TU FAIS UN DÉNI ?!??
ILS M'AIMENT, ÇA NE SE VOIT PAS ?
L'UN D'ENTRE VOUS CONNAÎT QUELQU'UN À SLOAN, NON?
LE MARI DE MA COPINE EST ONCOLOGUE À SLOAN, CRÉTINE! TU AS DIT À SA FEMME QUE TU ÉTAIS INQUIÈTE POUR L'ASSURANCE!
C'EST VRAI.
BON, JE PEUX ME REMETTRE À CHERCHER DES PERRUQUES.
D'ABORD, TU ME BLONDIS UN PEU PLUS!
VENDREDI 18 JUIN, 10H : LES VALISES SONT PRÊTES. JE LAISSE MES IDÉES NOIRES EN ORDRE DERRIÈRE MOI. JE PRENDS DES VACANCES.
DRING! DRING!
OÙ EST CE FOUTU TÉLÉPHONE?
SILVANO, LEYLA ET MOI ALLONS À UN FESTIVAL "VIN ET CUISINE" À ASPEN. POUR UN RESTAURATEUR, C'EST UN VOYAGE D'AFFAIRES.

HÉ, C'EST ANNIE
L'ONCOLOGUE T'APPELLERA LUNDI
TON TÉLÉPHONE DÉCONNE OU QUOI ?
IL EST CASSÉ, IL NE MARCHE PLUS QUE SUR HAUT-PARLEUR...
... MERCI. PARFAIT S'IL APPELLE LUNDI, ON EST SUR LE DÉPART, JE DOIS FILER, MON MARI M'ATTEND !
MARISA, ANDIAMO A ASPEN !
BON, ON OUBLIE TOUS LES SOUCIS ET ON PASSE LE WEEK-END LE PLUS JOYEUX ET LE PLUS SAIN DU MONDE !
PILE À CE MOMENT...
DRING! DRING!
T-Mobile
Numéro Privé
MARISA, C'EST L'ONCOLOGUE DE SLOAN, VOTRE AMIE ANNIE VOUS A PARLÉ DE MOI...
OOOOH...
BONJOUR DOCTEUR, J'AI EU UN CANCER DE STADE 1, LE GANGLION A ÉTÉ TESTÉ NÉGATIF, LA TUMEUR FAISAIT 1,3 CM ET JE NE VEUX PAS PERDRE MES CHEVEUX.
ALORS ON PEUT FAIRE UNE CHIMIO LÉGÈRE ET VOUS GARDEREZ VOS CHEVEUX
NE LE PRENEZ PAS MAL, MAIS VOTRE CANCER DU SEIN EST TOUT CE QU'IL Y A DE PLUS BANAL !
VOILÀ QUI EST POSITIF !

22 JUIN. J'AI RENDEZ-VOUS AVEC LE RADIO-ONCOLOGUE, LE DR JOAN RESCIGNO.
ON COMMENCE LES RAYONS 2 SEMAINES APRÈS LA CHIMIO.
LE CENTRE ANTICANCER DE ST VINCENT (CASV) EST FLAMBANT NEUF
C'EST UN TRAITEMENT CONTRAIGNANT CAR QUOTIDIEN, 5 JOURS PAR SEMAINE PENDANT 6 SEMAINES 1/2.
CERTAINES PATIENTES SOUFFRENT D'ÉPUISEMENT ET ONT DES ROUGEURS.
IL NE ME LAISSE PAS LE PRENDRE EN PHOTO...
AU FINAL, LA DOSE TOTALE EST CALIBRÉE POUR ENRAYER LA MALADIE DANS 95% DES CAS.
... MAIS JE PEUX L'ENREGISTRER, ÇA ME VA.
ET LES AUTRES EFFETS SECONDAIRES?
LES RAYONS PEUVENT DONNER LE CANCER. DANS VOTRE CAS, C'EST 1/1000 SUR 15 ANS ET 1/500 SUR 30 ANS.
JE PEUX DIRE UN MOT?
AUTANT ESSAYER D'ARRÊTER UN TRAIN EN MARCHE.
TOUS MES AMIS QUI ONT EU UN CANCER, ILS NE MANGENT QUE DU POULET, DU POULET, DU POULET, DU POULET, DU POULET, DU POULET, ET ENCORE DU POULET!
DU POULET?!
JE SUIS BOURRÉ D'HORMONES!
MEUH... MOI AUSSI!
HORMONES, HORMONES, HORMONES. COMME LA PILULE MAXIDOSÉE QUE JE PRENAIS À LA FIN DES ANNÉES 70.
IL Y A AUSSI LES RADIATIONS.
OU LES MAMMOGRAPHIES?
OU LES RAYONS X?
ET TOUS CES TRUCS QUI SONT CENSÉS NOUS SAUVER DU CANCER...

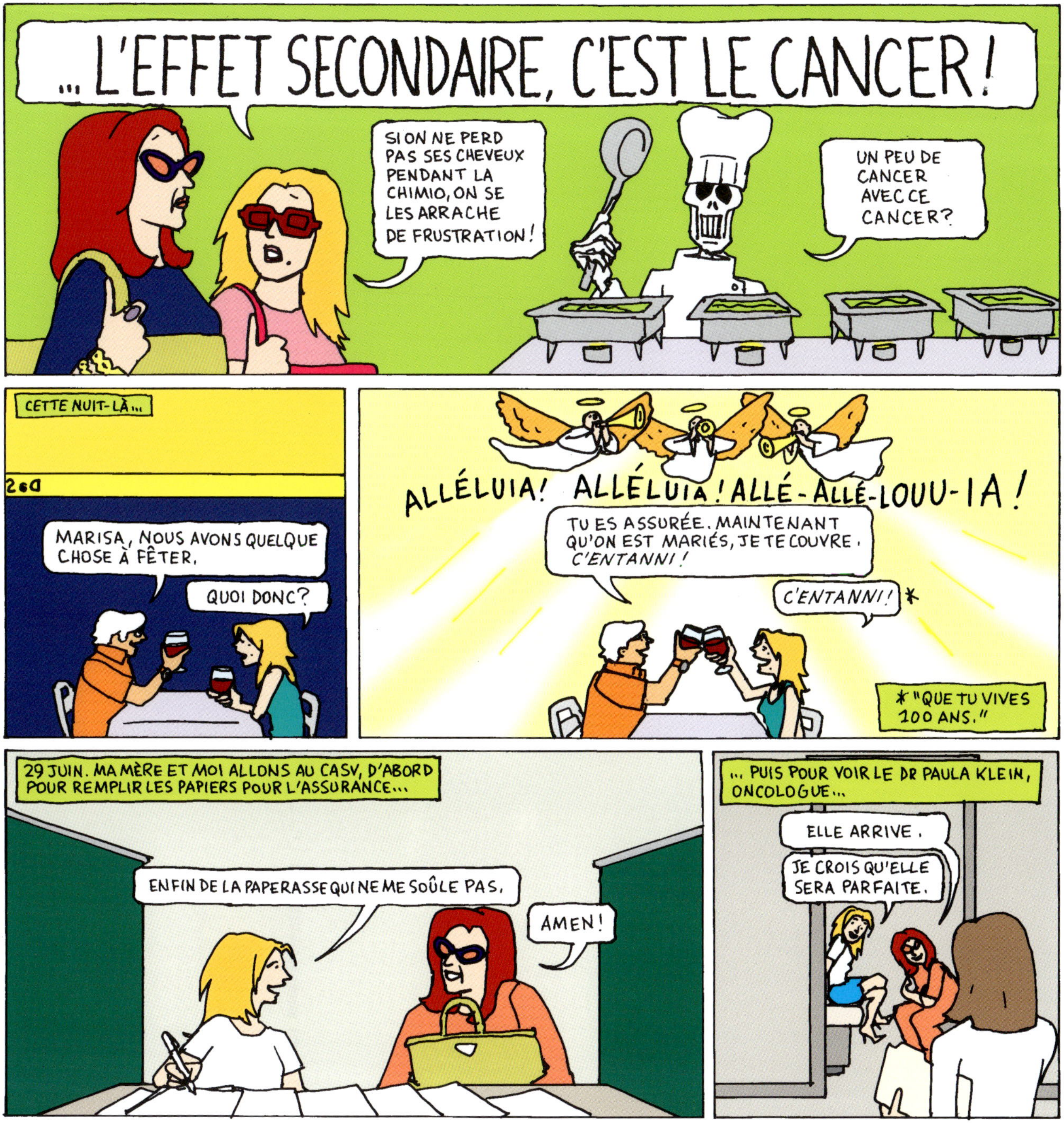

... L'EFFET SECONDAIRE, C'EST LE CANCER!
SI ON NE PERD PAS SES CHEVEUX PENDANT LA CHIMIO, ON SE LES ARRACHE DE FRUSTRATION!
UN PEU DE CANCER AVEC CE CANCER?
CETTE NUIT-LÀ...
MARISA, NOUS AVONS QUELQUE CHOSE À FÊTER.
QUOI DONC?
ALLÉLUIA! ALLÉLUIA! ALLÉ-ALLÉ-LOUU-IA!
TU ES ASSURÉE. MAINTENANT QU'ON EST MARIÉS, JE TE COUVRE. C'ENTANNI!
C'ENTANNI!*
* "QUE TU VIVES 100 ANS."
29 JUIN. MA MÈRE ET MOI ALLONS AU CASV, D'ABORD POUR REMPLIR LES PAPIERS POUR L'ASSURANCE...
ENFIN DE LA PAPERASSE QUI NE ME SOÛLE PAS.
AMEN!
... PUIS POUR VOIR LE DR PAULA KLEIN, ONCOLOGUE...
ELLE ARRIVE.
JE CROIS QU'ELLE SERA PARFAITE.

SUPER STILETTOS.
BONJOUR DOCTEUR.
BON, COMME VOUS ÊTES EN STADE 1 AVEC GANGLIONS NÉGATIFS, ON PEUT VOUS DONNER DE L'ADRIAMYACINE, "AC", UNE CHIMIO LOURDE, OU BIEN CYTOXAN, MÉTHOTREXATE ET FLUOROURACILE, "CMF", QUI EST LA CHIMIO LIGHT.
CHIMIO LIGHT, CHIMIO LIGHT...
BUVEZ
CHIMIO LIGHT
...ON DIRAIT LE NOM D'UN SODA...
ON NE S'EMBALLE PAS. LA CHIMIO LIGHT RESTE UNE CHIMIO.
DOCTEUR KLEIN, JE VAIS ÊTRE FRANCHE AVEC VOUS. MON MARI A UN RESTAURANT OÙ VONT LES PLUS BELLES FEMMES DE NEW YORK ET JE NE VEUX PAS RESSEMBLER À RIEN !
...ET SI JE PERDS MES CHEVEUX, JE ME TUE !
SI ELLE PERD SES CHEVEUX, ELLE SE TUE.
SE TUE SI PERD SES CHEVEUX.
TIC! TIC! TAP! TAP! TAP!
C'EST NOTÉ.
VOUS SAVEZ, JE NE VOUS LAISSERAI PAS RISQUER VOTRE VIE POUR VOS CHEVEUX.
JE SAIS. VOUS CROYEZ VRAIMENT QUE JE PEUX ME CONTENTER D'UNE CHIMIO LIGHT ?
OUI, SINON JE NE VOUS EN PARLERAIS MÊME PAS. VOUS PENSEZ SUIVRE LE TRAITEMENT ICI ?
JE VOUS DIRAI DÈS QUE JE SERAI PASSÉE À SLOAN.

8 JUILLET. MA MÈRE ME RETROUVE AU CENTRE POUR LE CANCER DU SEIN EVELYN H. LAUDER À L'HÔPITAL SLOAN-KETTERING. *
* ACHEVÉ EN 1992, LE TOUT PREMIER CENTRE DE DÉPISTAGE ET SOINS DU CANCER DU SEIN A ÉTÉ ÉQUIPÉ À L'INITIATIVE DE MME LAUDER.
EN OCTOBRE 1992, ELLE CRÉE LE MOIS NATIONAL DU CANCER DU SEIN EN DISTRIBUANT DES RUBANS ROSES ET DES FICHES D'AUTO-EXAMEN, ÉVEILLANT AINSI L'OPINION PUBLIQUE.
EN 1993, MME LAUDER CRÉE LA FONDATION POUR LA RECHERCHE CONTRE LE CANCER DU SEIN, QUI A LEVÉ PLUS DE 125 MILLIONS DE $.
SAINTE EVELYN
SAINTE PATRONNE DU CANCER DU SEIN **
QUELLE FEMME !
IMAGINE LES VIES QU'ELLE A SAUVÉES.
** OECUMÉNIQUE.
D'ABORD, EXAMEN AVEC LE DOCTEUR CATHERINE VON POSNIAK, ONCOLOGUE.
JE VOUS ENVERRAI AUSSI CHEZ UN DERMATO POUR UN EXAMEN EXHAUSTIF, VU QU'IL Y A UN LIEN ENTRE CANCER DU SEIN ET MÉLANOME.
AU FAIT, SLOAN EST NOTRE VAINQUEUR !
1ER PRIX DE LA BLOUSE LA PLUS GLAM !
DANS SON BUREAU, LE DR VON POSNIAK ME CONSEILLE POUR LE TRAITEMENT :
STADE 1, GANGLIONS NÉGATIFS. JE RECOMMANDERAIS UNE CHIMIO OÙ VOUS GARDERIEZ VOS CHEVEUX... PEUT-ÊTRE PAS TOUS : C'EST LA CMF.
C'EST LA CHIMIO LIGHT QUE CONSEILLE LE DR PAULA KLEIN.
LE DR PAULA KLEIN EST VRAIMENT UN EXCELLENT MÉDECIN. COMME JE VOUS AI VUE, POUR MOI, VOUS SEREZ TOUJOURS MA PATIENTE, MAIS AVEC ELLE, VOUS ÊTES ENTRE DE BONNES MAINS. AUTRE CHOSE ?
MON MARI ET MOI NE SOMMES TOUJOURS PAS PARTIS EN LUNE DE MIEL, J'AI LE TEMPS ?
HMM... IL Y A 6 À 8 SEMAINES DE CICATRISATION APRÈS L'INTERVENTION...
...ALORS PARTEZ MAINTENANT EN ITALIE, ET COMMENCEZ LE TRAITEMENT DANS 2 SEMAINES.
VRAI ?
EH ! IL FAUT VIVRE VOTRE VIE !
DIS ÇA À TES AMIS.

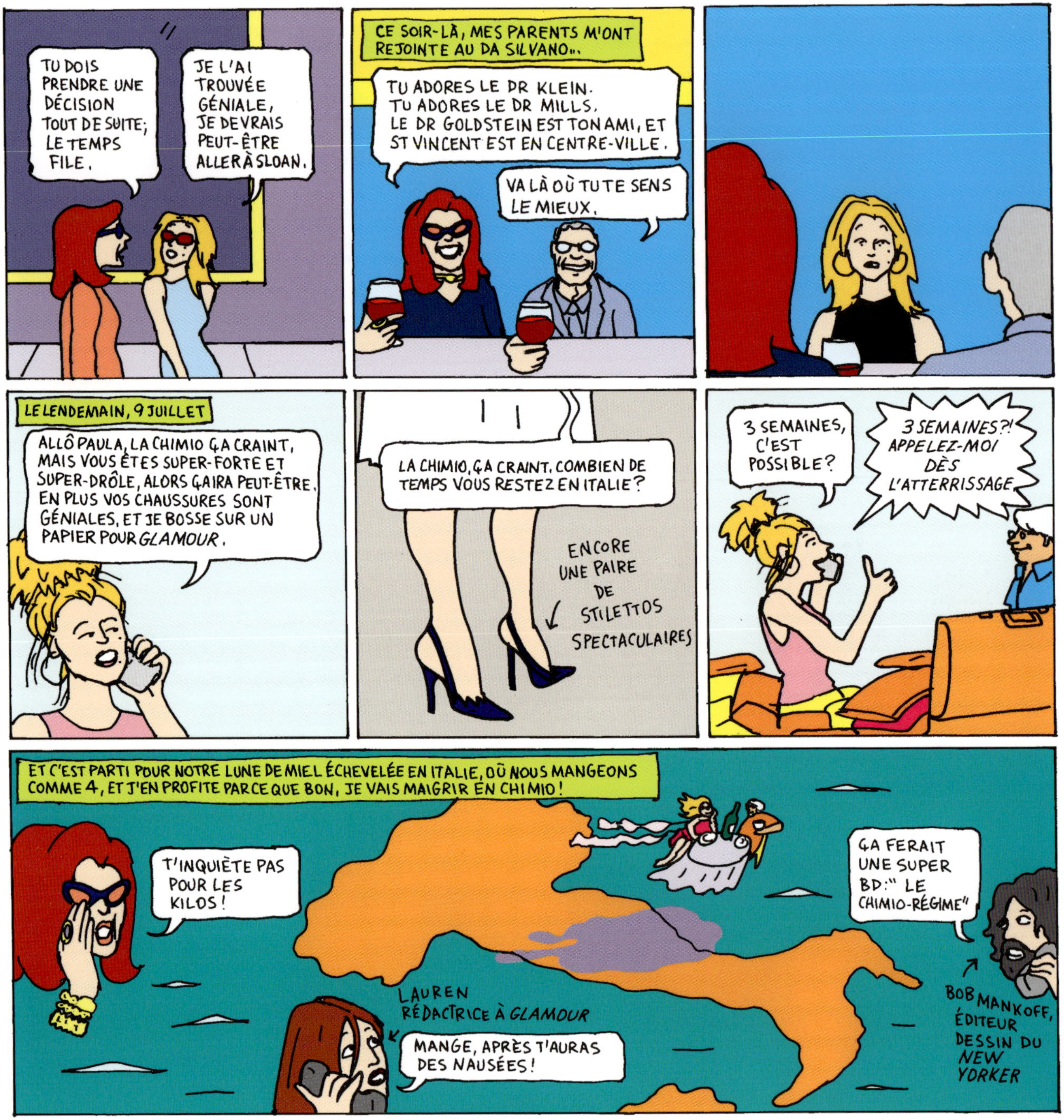
TU DOIS PRENDRE UNE DÉCISION TOUT DE SUITE; LE TEMPS FILE.
JE L'AI TROUVÉE GÉNIALE, JE DEVRAIS PEUT-ÊTRE ALLER À SLOAN.
CE SOIR-LÀ, MES PARENTS M'ONT REJOINTE AU DA SILVANO...
TU ADORES LE DR KLEIN. TU ADORES LE DR MILLS. LE DR GOLDSTEIN EST TON AMI, ET ST VINCENT EST EN CENTRE-VILLE.
VA LÀ OÙ TU TE SENS LE MIEUX.
LE LENDEMAIN, 9 JUILLET
ALLÔ PAULA, LA CHIMIO ÇA CRAINT, MAIS VOUS ÊTES SUPER-FORTE ET SUPER-DRÔLE, ALORS ÇA IRA PEUT-ÊTRE. EN PLUS VOS CHAUSSURES SONT GÉNIALES, ET JE BOSSE SUR UN PAPIER POUR GLAMOUR.
LA CHIMIO, ÇA CRAINT. COMBIEN DE TEMPS VOUS RESTEZ EN ITALIE?
ENCORE UNE PAIRE DE STILETTOS SPECTACULAIRES
3 SEMAINES, C'EST POSSIBLE?
3 SEMAINES?! APPELEZ-MOI DÈS L'ATTERRISSAGE.
ET C'EST PARTI POUR NOTRE LUNE DE MIEL ÉCHEVELÉE EN ITALIE, OÙ NOUS MANGEONS COMME 4, ET J'EN PROFITE PARCE QUE BON, JE VAIS MAIGRIR EN CHIMIO!
T'INQUIÈTE PAS POUR LES KILOS!
ÇA FERAIT UNE SUPER BD: "LE CHIMIO-RÉGIME"
LAUREN RÉDACTRICE À GLAMOUR
MANGE, APRÈS T'AURAS DES NAUSÉES!
BOB MANKOFF, ÉDITEUR DESSIN DU NEW YORKER

LES JOURNÉES SONT MAGIQUES EN ITALIE, MAIS LES NUITS...
MON MARI ET MOI A CUCCHIAIO — LOVÉS EN ITALIEN
JE DESSINE DANS LE NOIR AU BORD D'UNE AUTOROUTE...
SOUDAIN, JE SUIS ATTAQUÉE PAR AL-QAIDA ???!!!
POURQUOI JE DESSINE DANS LE NOIR ?!
TOUJOURS SUR L'AUTOROUTE DU RÊVE...
ARGH !
MMH... UNE CÔTE DE BŒUF... SAIGNANTE...
PLUS TARD...
MAMAN, DANS LE CAUCHEMAR, LES CELLULES "AL-QAIDA" QUI M'ATTAQUAIENT SUR MON PROPRE TERRAIN ÉTAIENT EN FAIT CANCÉREUSES... ÇA VEUT DIRE QUE JE SUIS TOUJOURS MALADE ?!
MARISA, CALME-TOI. LE MÉDECIN A DIT QUE DEPUIS LE 26 MAI TU N'AVAIS PLUS LE CANCER !
MAIS IL Y A 10% DE RISQUE QU'IL Y AIT DES CELLULES CANCÉREUSES AILLEURS !
C'EST POUR ÇA QUE TU FAIS UNE CHIMIO, CHÉRIE.
RACL ! RACL ! PEURK ! PEURK !
RACLAGE DE GORGE DÉGUEU.
JE CROIS QUE J'ÉTAIS, DISONS, UN *BRIN* STRESSÉE.
DR PAULA, ON ATTERRIT. QUAND EST-CE QU'ON COMMENCE ?

"AVANT LE TRAITEMENT, COUPE ET BALAYAGE : TIRER SUR LES CHEVEUX ET LES TEINDRE LES FRAGILISE", M'AVERTIT LE DR PAULA. AUSSI, JE SUIS L'AVIS MÉDICAL...
LA COULEUR AJOUTE DU VOLUME. JE VAIS T'ARRANGER DES RV AVEC LE VISAGISTE ET "LE ROI DU PLAN B".
TU ES ENCEINTE DE 6 MOIS, T'ES ASSEZ DÉBORDÉE COMME ÇA.
ÇA C'EST LE PLUS IMPORTANT. SI T'AS L'AIR EN FORME, TU TE SENTIRAS EN FORME. TU ES UNE SŒUR POUR MOI ET JE NE VEUX PAS QUE TU SOIS MALADE.
MAIS SI TU VEUX QUE JE SOIS *VRAIMENT* HEUREUSE, BLONDIS-MOI.
SOUS LE CASQUE...
J'AI EU UN CANCER DU SEIN, PUIS UN LYMPHOEDÈME. ON VOUS EN A PARLÉ ?
UN PEU, QU'EST-CE QUI S'EST PASSÉ ?
SI ELLE AVAIT ÉTÉ AU COURANT, ÇA'AURAIT PU ÊTRE ÉVITÉ.
J'AI TOUCHÉ DU MÉTAL BRÛLANT ET MON BRAS A ENFLÉ. MAINTENANT JE PORTE CETTE MANCHE POUR ÉVITER D'AVOIR L'ÉLÉPHANTIASIS OU DE PERDRE MON BRAS, OU DE MOURIR...
C'EST CE QUI M'A FAIT PLEURER.
ELLE A EU UNE DOUBLE MAMMECTOMIE ET PERDU TOUS SES CHEVEUX.
ALORS FAITES ATTENTION, LA MOINDRE COUPURE, UN GROS EFFORT OU UNE TEMPÉRATURE ÉLEVÉE PEUT PROVOQUER ÇA... ET NE LAISSEZ *PERSONNE* VOUS FAIRE LES CUTICULES, UNE INFECTION PEUT AUSSI CAUSER UN LYMPHOEDÈME.
ENSUITE, BENOÎT LE VISAGISTE ME COUPE 20 CENTIMÈTRES !
...ET VOUS POURREZ METTRE DES EXTENSIONS, COMME PARIS HILTON. TOUS SES CHEVEUX SONT FAUX.
APRÈS LA COULEUR ET LA COUPE, JE RENCONTRE NEIL, AKA "LE ROI DU PLAN B".
SI VOUS PERDEZ ENTRE 20 ET 50% DE CHEVEUX, IL Y A PLUSIEURS OPTIONS :
ON CLIPPE, ON COUD, OU ON COLLE.
DE QUOI AURAI-JE BESOIN ? QUI VIVRA VERRA...

11 AOÛT, UN JOUR AVANT LE DÉBUT DE LA CHIMIO...
QUE VAS-TU METTRE? C'EST COMME UNE AVANT-PREMIÈRE.
C'EST PLUTÔT COMME UN PREMIER JOUR D'ÉCOLE.
JE VAIS À LA PISCINE POUR ME PRÉPARER PHYSIQUEMENT...
72 LONGUEURS = 1,5 KM
PUIS JE VAIS CHEZ LA PSY POUR ME PRÉPARER MENTALEMENT...
J'IMAGINE VOTRE APPRÉHENSION. AVEC UN GRAND "A".
ARGH AVEC UN GRAND "A".
JE VÉRIFIE MON MATÉRIEL JOURNALISTIQUE... CETTE FOIS JE SUIS EN MISSION POUR *GLAMOUR*.
RadioShack
CASSETTES POUR LE DICTAPHONE.
Mead
Sketch Diary
JE RESTE TRÈS MANUELLE
ENFIN UNE CHOSE NUMÉRIQUE, IL Y A DU PROGRÈS
CE SOIR-LÀ, JE VAIS AU DA SILVANO ME PRÉPARER SPIRITUELLEMENT...
MARISA, BASTA!
JE NE VEUX PAS SEULEMENT ÊTRE PLEINE D'APPRÉHENSION.
ET PLUS TARD JE ME PRÉPARE ÉMOTIONNELLEMENT.
Avec une bonne dose d'Amour
3H30. IMPOSSIBLE DE DORMIR...
PAS D'ALCOOL LA VEILLE DE LA CHIMIO!
OUPS! POUR ÇA, C'EST DÉJÀ RATÉ!

CHIMIO N°1. 12 AOÛT. 12 H 47. NOUS ARRIVONS AVEC 17 MINUTES DE RETARD.
EN GUISE DE "RÉCONFORT", J'AI MES MULES CHARLES JOURDAN EN SERPENT BLEU MÉTALLISÉ
PHOTOS DE VIOLETTA ACOCELLA
C'EST EXACTEMENT COMME LE 1ER JOUR D'ÉCOLE.
CENTRE ANTICANCER SAINT-VINCENT
C'EST QUOI CETTE CANNE MAMAN ?
MALHEUR N°3 : ROTULES EN TITANE, DOULOUREUSES DEPUIS L'OPÉRATION.
TIENS, MA CHÉRIE, TON DÉJEUNER.
BOULANGERIE SULLIVAN STREET
DU PAIN ?!
MAMAN, TU SAIS QUE J'AI GROSSI EN ITALIE !
OH, TAIS-TOI, TU VAS MAIGRIR EN CHIMIO !
MORCEAU DE PAIN N°3
12 H 51. NOUS ARRIVONS À L'ACCUEIL DU CENTRE ANTICANCER.
VOICI ROY. IL M'APPREND MON EMPLOI DU TEMPS : D'ABORD "ANALYSES", EN FAIT ÇA VEUT DIRE "PRISE DE SANG".
...ENSUITE VOUS VERREZ LE DR KLEIN, PUIS ON POURRA COMMENCER LE TRAITEMENT.
ATTENTE N°1. DEVANT LE LABO D'ANALYSES, ON VOIT 2 FOULARDS, 1 PERRUQUE, PUIS...
ELLE DOIT AVOIR UNE TUMEUR AU CERVEAU.
ÇA NE ME REMONTE PAS DU TOUT LE MORAL.
MARCHETTO !
TEMPS D'ATTENTE : 8 MIN.

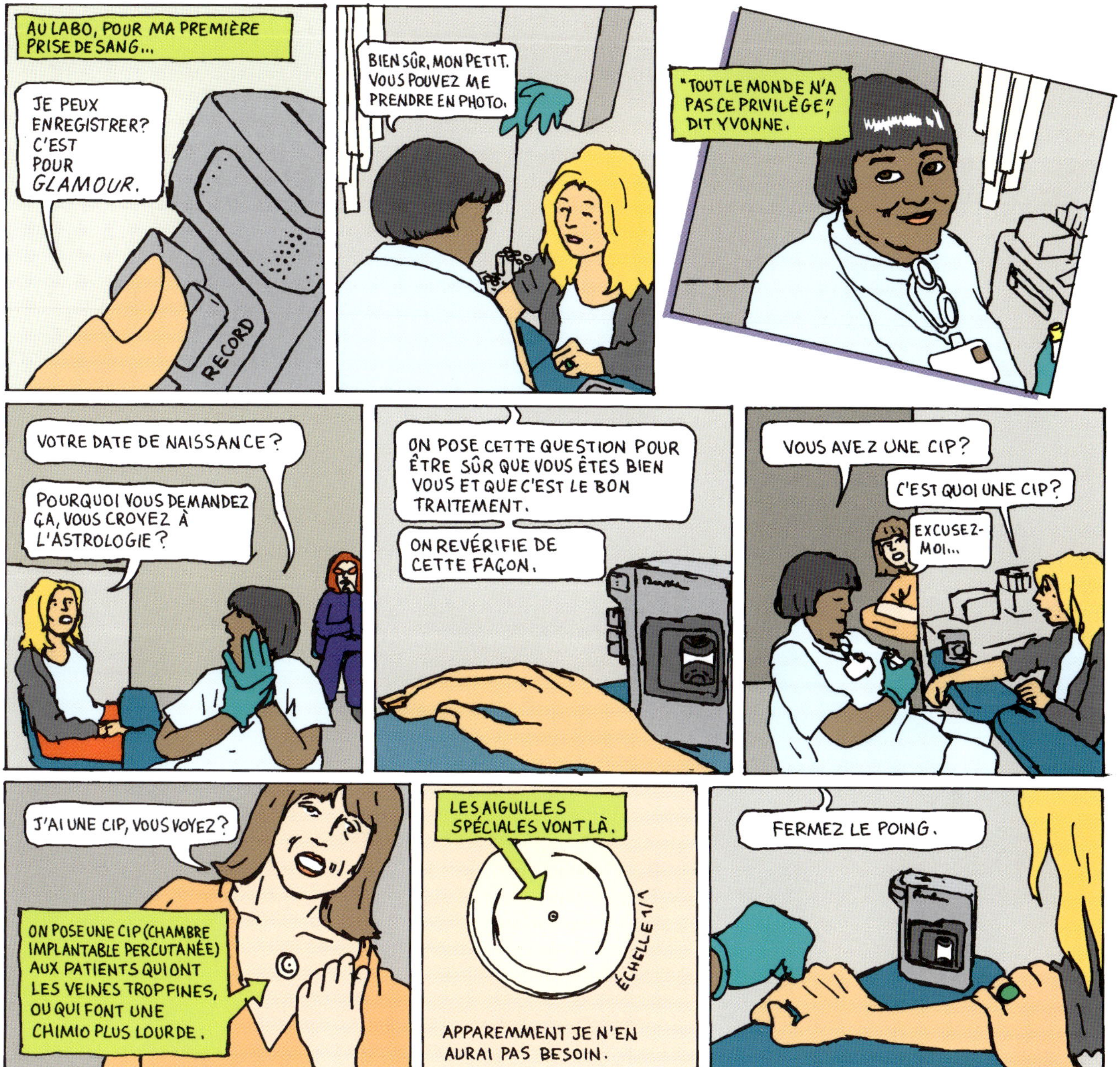

SERINGUE N°6

DITE "SERINGUE À PRISE DE SANG"

ELLE A PRÉLEVÉ 2 TUBES.
AÏE...
J'AI TENDU LES PIEDS AUSSI FORT QUE POSSIBLE.
VOIR MES CHAUSSURES, C'ÉTAIT LE SEUL TRUC BIEN.
ÇA FAIT MAL?
SEULEMENT À SA GAUCHE, ICI.
ATTENTE N° 2. DEVANT LE CABINET DU DR KLEIN.
MARCHETTO!
TEMPS D'ATTENTE : 16 MIN.
ENSUITE, DIRECTION LA SALLE D'EXAMENS.
Bridget Grimes Infirm. Q.
C'EST ÇA L'ABRÉVIATION D'"INFIRMIÈRE QUALIFIÉE"?
BRIDGET ME PREND LA TEMPÉRATURE, LA TENSION, LE POULS ET...
112/80: NORMAL.
SUR LES QUESTIONS MÉDICALES, LÀ JE VEUX BIEN ÊTRE NORMALE!
QUOI? POURQUOI JE DOIS ME PESER?! *
* ILS ONT BESOIN DE TOUTES CES MESURES POUR FAIRE LES DOSAGES.
SI J'AVAIS SU QUE J'ALLAIS MONTER SUR UNE BALANCE, J'AURAIS PAS MANGÉ À MIDI, MERDE!
VOUS PRENEZ DU POIDS.
MERCI POUR LES GLUCIDES, MAMAN!

ATTENTE N°3 : NOUS ATTENDONS LE DR PAULA KLEIN ET L'INFIRMIÈRE SPÉCIALISÉE MARY ANN JULIANO.
MA MÈRE ME DIT QU'ELLE "FAIT ALLER".
TEMPS D'ATTENTE : 6 MIN.
COMMENT ÇA, VOUS ÊTES BRONZÉE ?!
IL FAUDRA FAIRE TRÈS ATTENTION. VOTRE PEAU SERA HYPER-SENSIBLE AU SOLEIL, VOUS BRÛLEREZ FACILEMENT.
JE LUI AVAIS DIT DE RESTER À L'OMBRE, MAIS ELLE N'ÉCOUTE RIEN !
DONC, CHIMIO LIGHT, POUR QUE VOUS NE PERDIEZ PAS VOS CHEVEUX.
ET PARCE QUE *VOUS* AVEZ DIT QUE LA CHIMIO LOURDE N'ÉTAIT PAS NÉCESSAIRE.
VOUS AVEZ ENCORE CE DICTAPHONE !
JE PEUX, DOC ?
OUI, D'ACCORD.
OK, CHIMIO LIGHT, 8 SÉANCES, UNE TOUTES LES 3 SEMAINES PENDANT 6 MOIS, BLA BLA BLA...
WAOUH !
... VOUS AVEZ PRIS QUELQUES KILOS EN ITALIE... VOUS ALLEZ EN PRENDRE ENCORE *PLUS* !
COMMENT ÇA JE VAIS PRENDRE ENCORE PLUS DE POIDS ?!?!
LA CHIMIO PEUT FAIRE *GROSSIR*, EN PARTIE À CAUSE DES CORTICOÏDES.
JE SAIS QUE JE NE DEVRAIS PAS ME PLAINDRE, VU QUE JE NE VAIS PAS PERDRE TOUS MES CHEVEUX.
NON, VOUS NE PERDREZ PAS TOUS VOS CHEVEUX.

UNE PATIENTE A PERDU TOUS SES CHEVEUX, MAIS ELLE N'EN AVAIT PAS BEAUCOUP AU DÉPART.
MOI NON PLUS JE N'EN AI PAS TANT QUE ÇA.
ELLE, ELLE LES PERDAIT DÉJÀ.
IL ME FAUDRAIT PEUT-ÊTRE UNE PERRUQUE?
OK, ÇA SE PASSE COMME ÇA. D'ABORD LES EXAMENS. PENDANT QU'ON FAIT LES ANALYSES, ON VOUS PREND LA TENSION, LE POULS ET LA TEMPÉRATURE. ET VOUS VOUS PESEZ.
PUIS ON PASSE EN REVUE LES EFFETS SECONDAIRES POSSIBLES.
PUIS ON RÉDIGE L'ORDONNANCE, ON LA SIGNE ET ON L'ENVOIE À LA PHARMACIE.
LE PHARMACIEN PRÉPARE LES MÉDICAMENTS, ÇA PEUT PRENDRE 1 HEURE.
ÇA FAIT BEAUCOUP D'ATTENTE!
COMPTEZ À PEU PRÈS 1/2 JOURNÉE SUR PLACE. SI LES ANALYSES SONT BONNES, VOUS ÊTES OK POUR LA CHIMIO.
MOI... OK POUR LA CHIMIO...
MAMAN...?

OUI, MARISA?
TU AURAIS PENSÉ TE RETROUVER DANS CETTE SITUATION UN JOUR?
TOUT VA BIEN SE PASSER, TRÉSOR.
JE NE VEUX PAS ÊTRE ICI.
JE VEUX ÊTRE *NULLE PART*.
JE VEUX RETOURNER DANS TON VENTRE.
J'AIMERAIS TOUT REPRENDRE À ZÉRO.
MMH...
DR KLEIN?
OUI, MA BELLE?

Combien de temps durent les séances?

Quelle est leur fréquence?

Combien m'en faudra-t-il?

Dans quel état je serai après?

Puis-je faire du sport?

Serai-je crevée?

Quel genre d'exercices dois-je faire?

Je peux continuer à travailler?

Est-ce que ça empire toujours à chaque traitement?

Je vais vomir?

Puis-je voyager?

J'aurai beaucoup de nausées?

Quand est-ce que ça va finir?

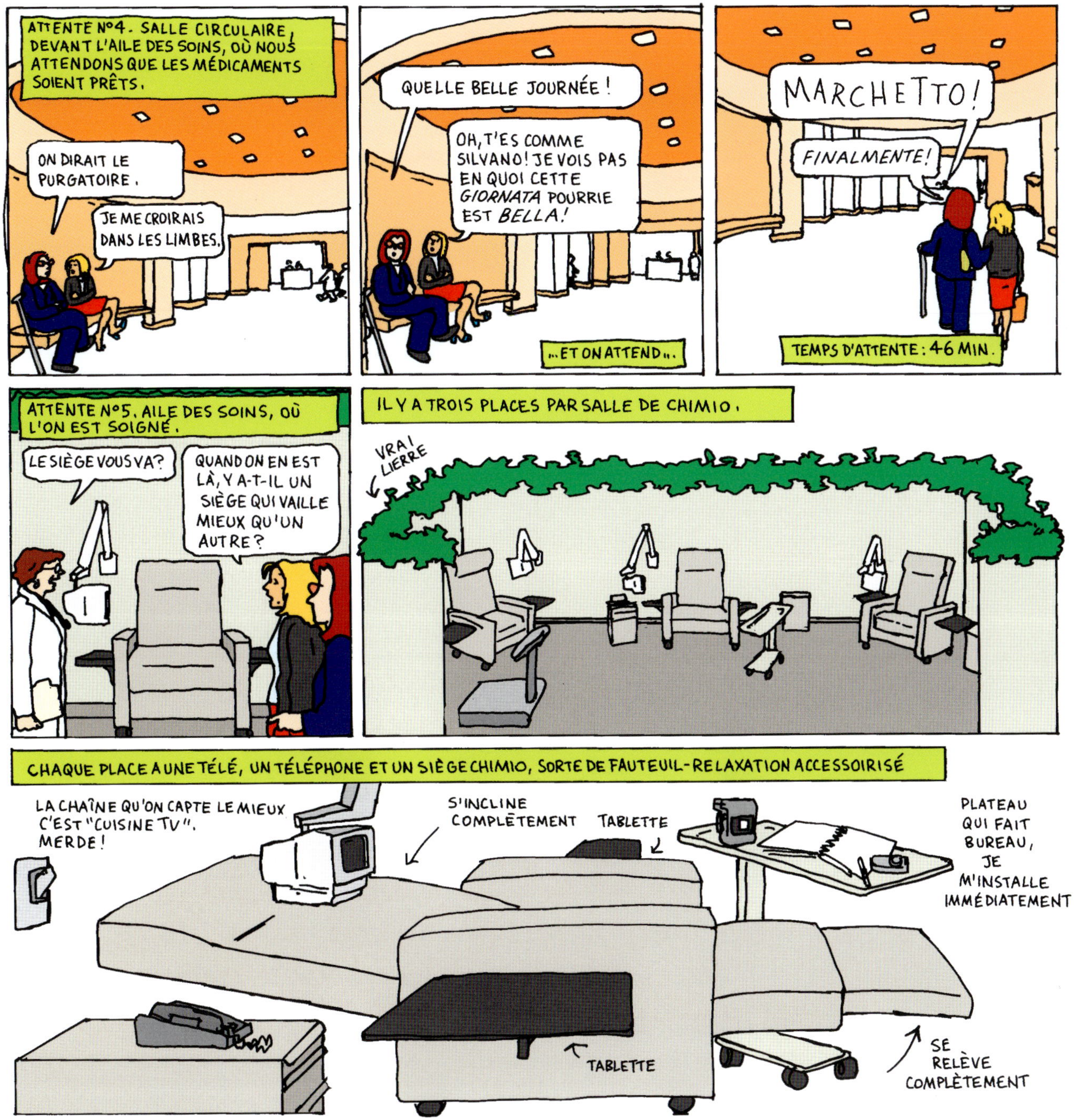
ATTENTE N°4. SALLE CIRCULAIRE, DEVANT L'AILE DES SOINS, OÙ NOUS ATTENDONS QUE LES MÉDICAMENTS SOIENT PRÊTS.
ON DIRAIT LE PURGATOIRE.
JE ME CROIRAIS DANS LES LIMBES.
QUELLE BELLE JOURNÉE !
OH, T'ES COMME SILVANO ! JE VOIS PAS EN QUOI CETTE *GIORNATA* POURRIE EST *BELLA* !
...ET ON ATTEND...
MARCHETTO !
FINALMENTE !
TEMPS D'ATTENTE : 46 MIN.
ATTENTE N°5. AILE DES SOINS, OÙ L'ON EST SOIGNÉ.
LE SIÈGE VOUS VA ?
QUAND ON EN EST LÀ, Y A-T-IL UN SIÈGE QUI VAILLE MIEUX QU'UN AUTRE ?
IL Y A TROIS PLACES PAR SALLE DE CHIMIO.
VRAI LIERRE
CHAQUE PLACE A UNE TÉLÉ, UN TÉLÉPHONE ET UN SIÈGE CHIMIO, SORTE DE FAUTEUIL-RELAXATION ACCESSOIRISÉ
LA CHAÎNE QU'ON CAPTE LE MIEUX C'EST "CUISINE TV". MERDE !
S'INCLINE COMPLÈTEMENT
TABLETTE
PLATEAU QUI FAIT BUREAU, JE M'INSTALLE IMMÉDIATEMENT
TABLETTE
SE RELÈVE COMPLÈTEMENT

DATE DE NAISSANCE?
MACHINE À IV
L'INFIRMIÈRE COLLEEN BRANAHAN FERA L'IV.
PROTOCOLE
À CHAQUE ÉTAPE DU TRAITEMENT, ILS DOIVENT S'ASSURER QUE C'EST BIEN MOI.
ELLE ME DONNE UN PEPCID POUR PROTÉGER L'ESTOMAC
ET UN ATIVAN
POUR ÉVITER D'AVOIR MAL AU CŒUR ET DE VOMIR.
J'APPELLE VITE PAPA AU TRAVAIL.
L'ATIVAN EST UN TRANQUILLISANT. COMMENT TU TE SENS, TRÉSOR?
MON PÈRE EST PHARMACIEN.
IL FAUT QU'ON PARLE DES EFFETS SECONDAIRES...
L'INFIRMIÈRE SPÉCIALISÉE MARY ANN JULIANO EST TOUJOURS DISPONIBLE
L'UN DE CES MÉDICAMENTS AGIT SUR VOS GLOBULES BLANCS...
ET EN VOICI LA GRANDE RAISON...
VOICI LES GLOBULES BLANCS
... DONC IL PEUT Y AVOIR UN TERRAIN INFECTIEUX. IL FAUDRA AVOIR UN THERMOMÈTRE À LA MAISON. APPELEZ *TOUT DE SUITE* SI VOUS AVEZ PLUS DE 38°.
ET LES VOILÀ PENDANT LA CHIMIO.
TENEZ-VOUS À L'ÉCART DES ENFANTS, DE LA FOULE, DES GENS MALADES, ET NE FAITES LA BISE À PERSONNE, DITES-LEUR QUE *VOUS* AVEZ MAL À LA GORGE.
SI VOUS ALLEZ À UN MARIAGE, LAVEZ-VOUS LES MAINS *TOUT LE TEMPS*.
ÉVITEZ LES BUFFETS À SALADE, LA NOURRITURE ET LE POISSON CRU, ET TOUS LES ALIMENTS QUI PEUVENT ÊTRE CONTAMINÉS.
Rad
SI VOS GLOBULES BLANCS SONT BAS POUR LA CHIMIO, OU TROP BAS POUR LA SUIVANTE, ON VOUS FERA UNE INJECTION DE NEULASTA POUR BOOSTER TOUT ÇA...
... POUR QU'ON PUISSE FAIRE LES CHIMIOS COMME PRÉVU.
DES QUESTIONS?

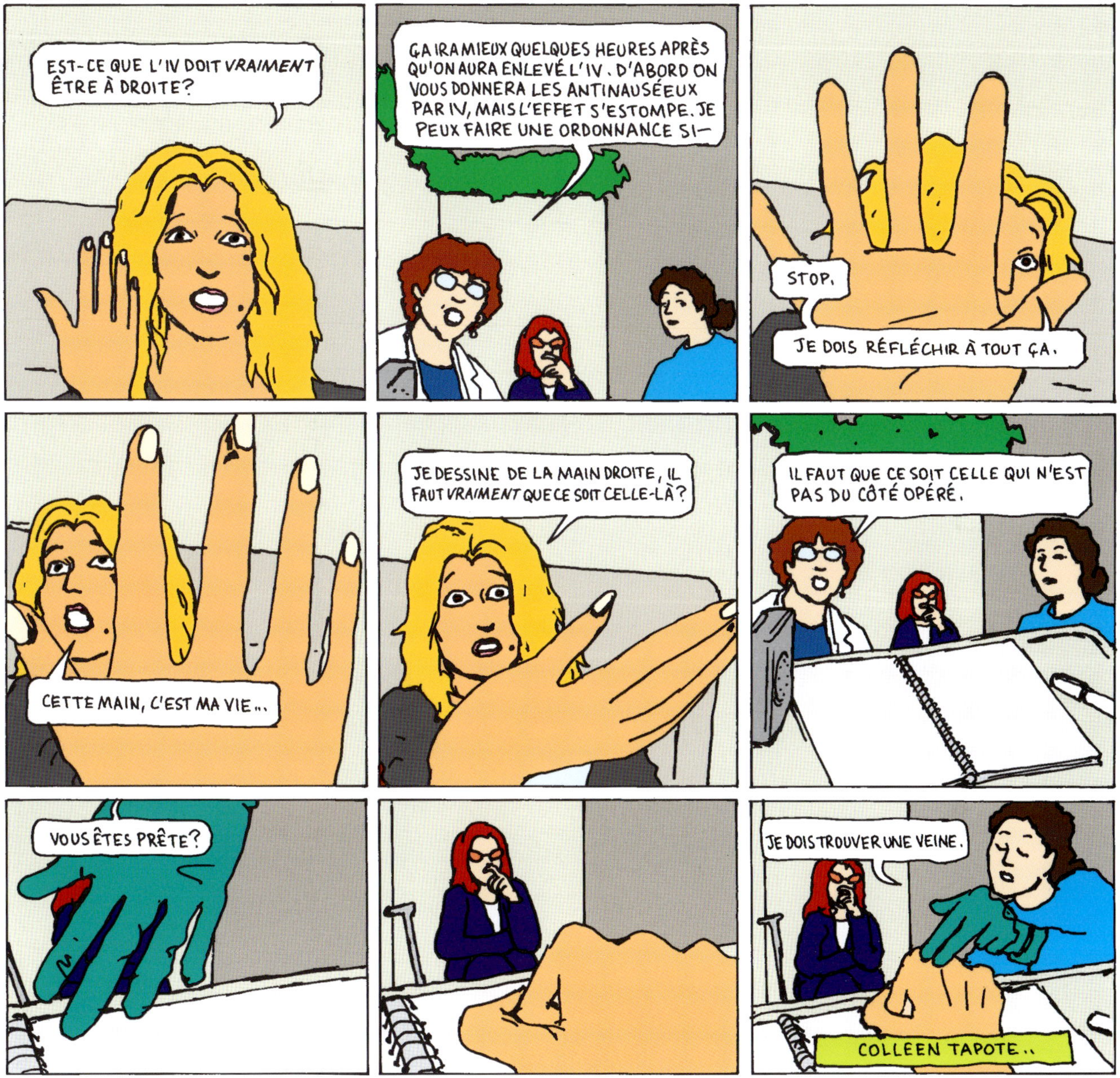

SERINGUE N°7

CHIMIO PAR IV (1ER TRAITEMENT SUR 8, À 3 SEMAINES D'INTERVALLE)

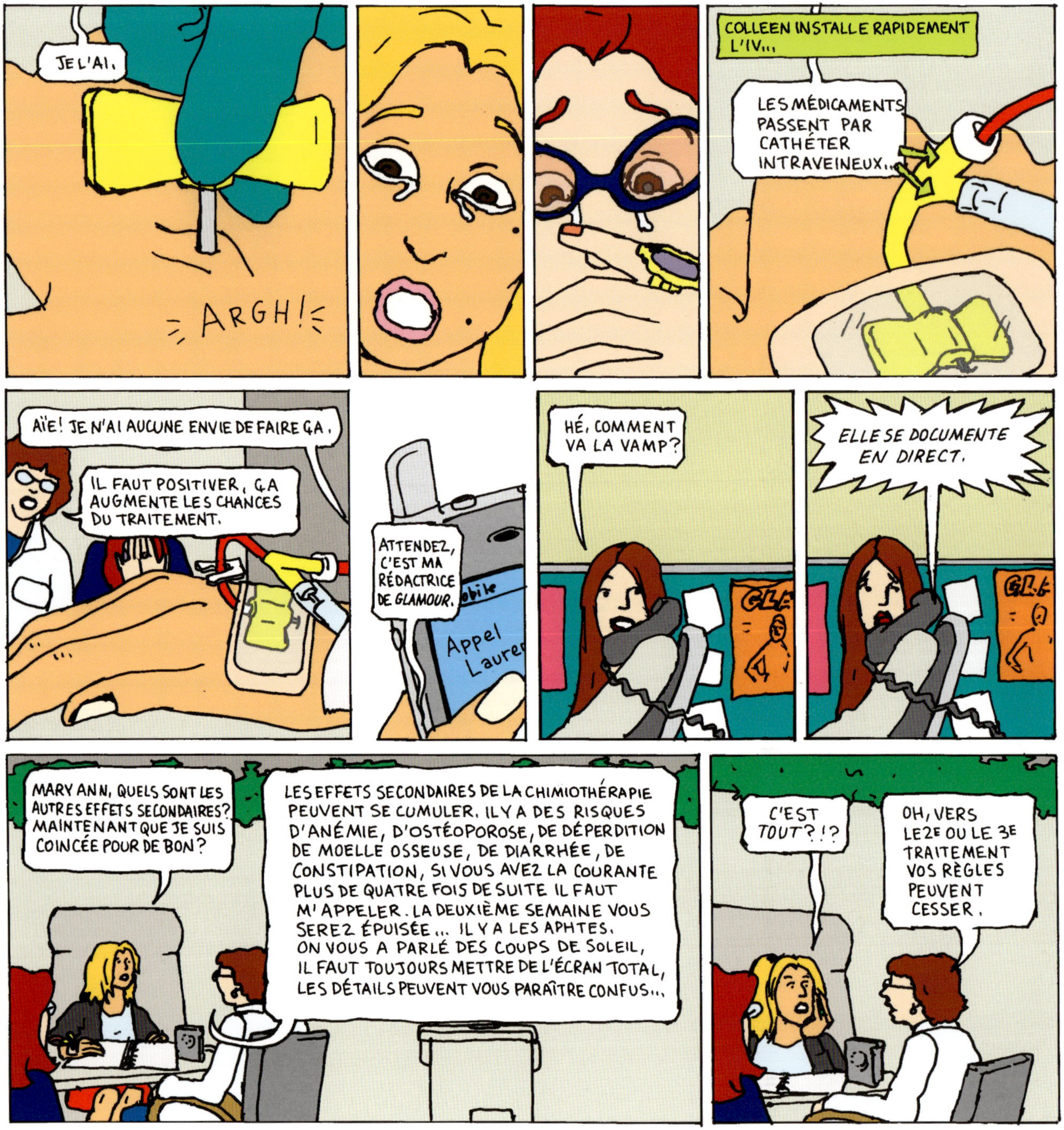
JE L'AI.
ARGH!
COLLEEN INSTALLE RAPIDEMENT L'IV...
LES MÉDICAMENTS PASSENT PAR CATHÉTER INTRAVEINEUX...
AÏE! JE N'AI AUCUNE ENVIE DE FAIRE ÇA.
IL FAUT POSITIVER, ÇA AUGMENTE LES CHANCES DU TRAITEMENT.
ATTENDEZ, C'EST MA RÉDACTRICE DE GLAMOUR.
Appel Lauren
HÉ, COMMENT VA LA VAMP?
ELLE SE DOCUMENTE EN DIRECT.
MARY ANN, QUELS SONT LES AUTRES EFFETS SECONDAIRES? MAINTENANT QUE JE SUIS COINCÉE POUR DE BON?
LES EFFETS SECONDAIRES DE LA CHIMIOTHÉRAPIE PEUVENT SE CUMULER. IL Y A DES RISQUES D'ANÉMIE, D'OSTÉOPOROSE, DE DÉPERDITION DE MOELLE OSSEUSE, DE DIARRHÉE, DE CONSTIPATION, SI VOUS AVEZ LA COURANTE PLUS DE QUATRE FOIS DE SUITE IL FAUT M'APPELER. LA DEUXIÈME SEMAINE VOUS SEREZ ÉPUISÉE... IL Y A LES APHTES. ON VOUS A PARLÉ DES COUPS DE SOLEIL, IL FAUT TOUJOURS METTRE DE L'ÉCRAN TOTAL, LES DÉTAILS PEUVENT VOUS PARAÎTRE CONFUS...
C'EST TOUT?!?
OH, VERS LE 2E OU LE 3E TRAITEMENT VOS RÈGLES PEUVENT CESSER.

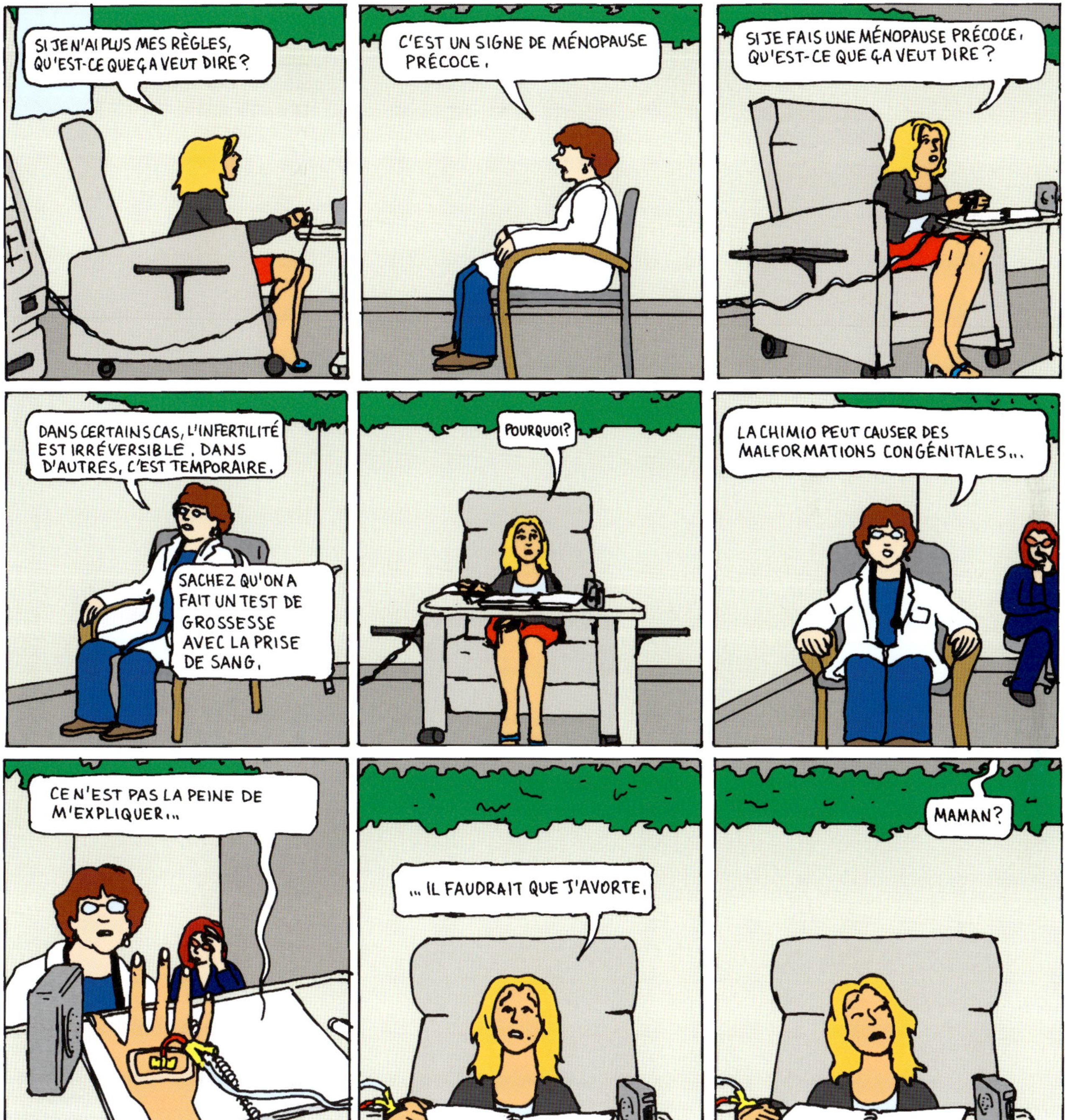
SI JE N'AI PLUS MES RÈGLES, QU'EST-CE QUE ÇA VEUT DIRE ?
C'EST UN SIGNE DE MÉNOPAUSE PRÉCOCE.
SI JE FAIS UNE MÉNOPAUSE PRÉCOCE, QU'EST-CE QUE ÇA VEUT DIRE ?
DANS CERTAINS CAS, L'INFERTILITÉ EST IRRÉVERSIBLE. DANS D'AUTRES, C'EST TEMPORAIRE.
SACHEZ QU'ON A FAIT UN TEST DE GROSSESSE AVEC LA PRISE DE SANG.
POURQUOI ?
LA CHIMIO PEUT CAUSER DES MALFORMATIONS CONGÉNITALES...
CE N'EST PAS LA PEINE DE M'EXPLIQUER...
... IL FAUDRAIT QUE J'AVORTE.
MAMAN ?

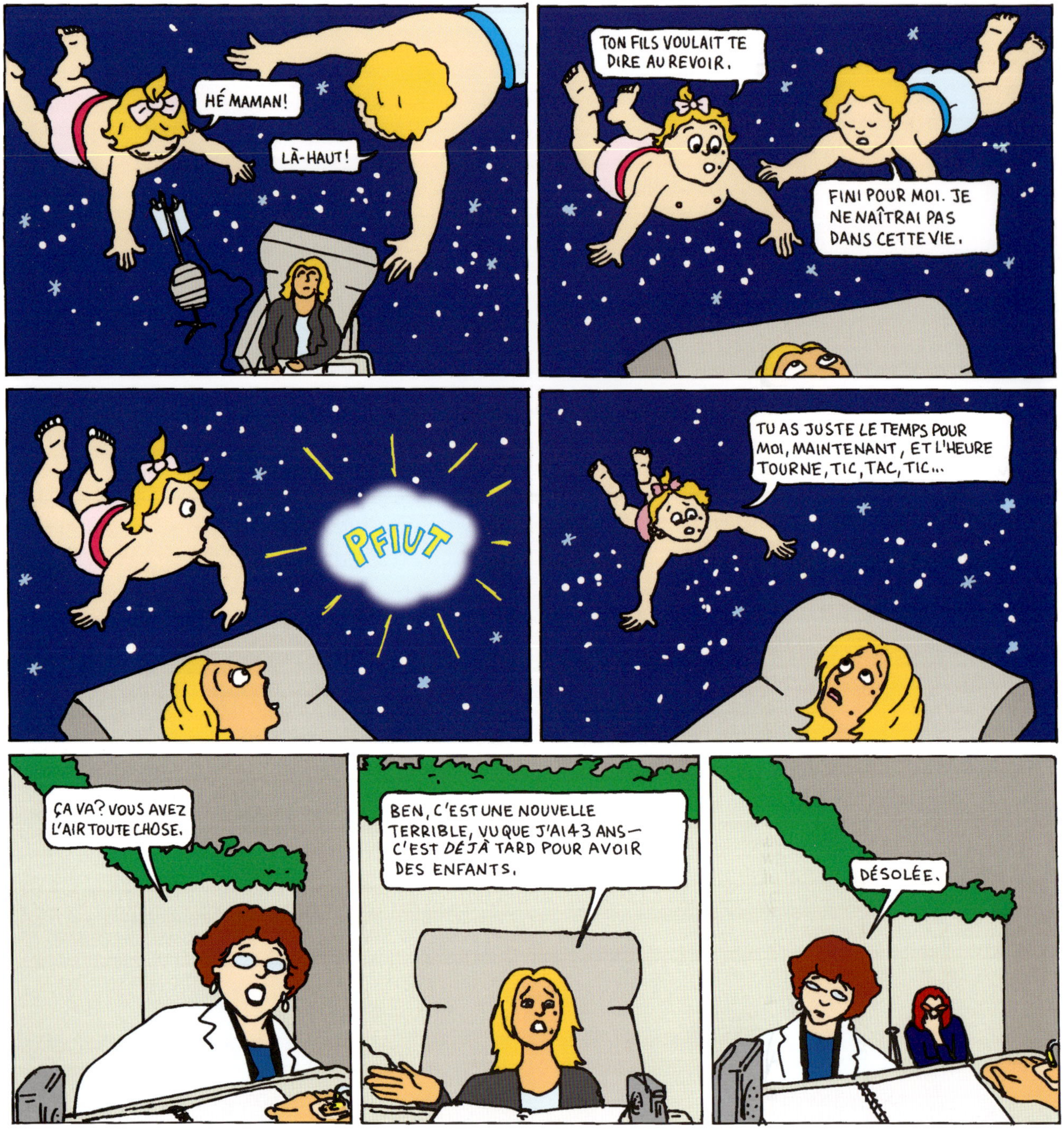
HÉ MAMAN!
LÀ-HAUT!
TON FILS VOULAIT TE DIRE AU REVOIR.
FINI POUR MOI. JE NE NAÎTRAI PAS DANS CETTE VIE.
PFIUT
TU AS JUSTE LE TEMPS POUR MOI, MAINTENANT, ET L'HEURE TOURNE, TIC, TAC, TIC...
ÇA VA? VOUS AVEZ L'AIR TOUTE CHOSE.
BEN, C'EST UNE NOUVELLE TERRIBLE, VU QUE J'AI 43 ANS — C'EST *DÉJÀ* TARD POUR AVOIR DES ENFANTS.
DÉSOLÉE.

VOUS ALLEZ BIEN?
OUI, ÇA VA.
PAS DE SOJA. LE SOJA CONTIENT DE L'OESTROGÈNE ET VOTRE TUMEUR ÉTAIT RÉCEPTIVE À L'OESTROGÈNE. AUTREMENT DIT, ÇA LA FAISAIT GROSSIR.
MERCI. JE N'EN VEUX PAS D'AUTRE.
TU DEVRAIS LE DIRE À TON AMI QUI T'A RECOMMANDÉ CE CHARLATAN QUI TE DISAIT DE MANGER DU SOJA.
SALAUD!
OH, ENCORE UNE CHOSE: PAS D'IMMUNO-STIMULANTS, GENRE JUS, VITAMINES, THÉ VERT ET ANTIOXYDANTS.
LE PRINCIPE DE LA CHIMIO, C'EST D'ATTAQUER LES CELLULES CANCÉREUSES PROLIFÉRANTES, LES PLUS RAPIDES ET LES PLUS AGRESSIVES, ET C'EST POUR ÇA QU'ON PERD AUSSI SES CHEVEUX. TOUTES LES CELLULES ONT BESOIN D'OXYGÈNE POUR VIVRE. LES ANTIOXYDANTS POURRAIENT FORTIFIER LES CELLULES CANCÉREUSES AUXQUELLES S'ATTAQUE LA CHIMIO.
ATTAQUE IMMINENTE!
ALERTE ROUGE!
VITE! VITE! SE DIVISER POUR MIEUX RÉGNER!
PLUS VIIITE!
JE VEUX ÊTRE UN CLONE!
LES CELLULES CANCÉREUSES ADORENT LE CHAOS
SHAYNE SMALL, NUTRITIONNISTE AU CASV
FRUITS ET LÉGUMES SERONT VOS MEILLEURS ALLIÉS.
ESSAYEZ D'EN MANGER 9 DIFFÉRENTS CHAQUE JOUR; LES PLUS COLORÉS SONT LES PLUS EFFICACES CONTRE LE CANCER.
MANGEZ DU RIZ COMPLET PLUTÔT QUE DU BLANC. PRÉFÉREZ LES LÉGUMINEUSES ET LES FRUITS SECS, RICHES EN PROTÉINES, À LA VIANDE.
LES POISSONS BLANCS À ÉCAILLES SONT AUSSI PAUVRES EN GRAISSES.
JE SUIS MAIGRE PARCE QUE JE NAGE BEAUCOUP!

POUR LES GRILLADES, ATTENTION, LE BRÛLÉ EST CANCÉRIGÈNE; LAISSEZ MARINER LA VIANDE, LE VINAIGRE RÉDUIT LES SUBSTANCES CANCÉRIGÈNES.
ELLE ME DONNE UN PETIT GUIDE
ET POUR FINIR, LE POINT QUE TOUT LE MONDE ADORE...
...IL FAUT RÉDUIRE L'ALCOOL!
JE TE L'AVAIS DIT!
ET JE PENSAIS AVOIR VU LE PIRE!
SHAYNE PARTIE, JE RÉAGIS AU DÉCADRON, LE CORTICOÏDE ANTINAUSÉE QU'ON M'A INJECTÉ PAR IV...
MA MAIN EST GELÉE... JE NE LA SENS PLUS...
ET LE COMBLE, C'EST QUE JE SUIS HEUREUSE!
SOUS DECADRON, ON PEUT PLANER PENDANT DES JOURS.
NOTE TOUT CE QUE TU RESSENS.
ÇA FAIT COMME UNE DÉFERLANTE DE GLACE PILÉE...
...QUI SE DÉVERSE DANS MES VEINES...
...ET LE LIQUIDE GLACIAL SE RÉPAND PARTOUT DANS MON ORGANISME...
BRRR!

TIENS, MA CHÉRIE, UNE COUVERTURE.
MAMAN, J'AI UN CADEAU POUR TOI...
C'EST UN ROUGE À LÈVRES M.A.C., NUANCE "FABBY".
OH, J'ADORE.
ET MAINTENANT,
LE MOMENT QUE J'ATTENDAIS TANT...
SARCASME DÉGOULINANT
VOUS NE SENTIREZ RIEN DU TOUT.
ATTENTE POUR LA CHIMIO : 38 MINUTES
BON, COMMENT ON FAIT UN COCKTAIL CHIMIO ?
ON VOUS DONNE LES 3 MÉDICAMENTS UN PAR UN.
LES PRODUITS SONT SI TOXIQUES QUE COLLEEN EST PROTÉGÉE DE LA TÊTE AUX PIEDS...
D'ABORD LE MÉTHOTREXATE, LE "M" DE CMF.
ELLE ME L'INJECTE PAR IV PENDANT 10 MINUTES.
LE MÉTHOTREXATE BLOQUE UNE ENZYME DONT LES CELLULES ONT BESOIN.
ENSUITE LE FLUOROURACILE, LE "F" DE CMF.
ELLE ME L'INJECTE PENDANT 10 MINUTES AUSSI.
LES DEUX SONT UN PEU FRAIS.
LE FLUOROURACILE BLOQUE LA CROISSANCE ET LA PROPAGATION DES CELLULES CANCÉREUSES.

CYTOXAN
ET ENFIN LE CYTOXAN, LE "C" DE CMF. LA POCHE DE CYTOXAN DURE 1H30.
LE CYTOXAN BLOQUE ET DÉTRUIT LES CELLULES CANCÉREUSES.
PENDANT QUE LA POCHE "C" GOUTTE...
BIIP!
CHIMIO Nº1 RÉGLÉE, PLUS QUE 7.
L'INFIRMIÈRE COLLEEN ENLÈVE L'IV.
TEMPS PASSÉ SOUS IV: 2 HEURES, 22 MINUTES
17H48. ON QUITTE ST VINCENT.
POUR QUELQU'UN QUI VIENT D'APPRENDRE QU'ELLE VA GROSSIR, PERDRE SES CHEVEUX, N'AURA PEUT-ÊTRE JAMAIS D'ENFANTS ET SE TRAÎNE UN GOUTTE-À-GOUTTE DANS LA MAIN AVEC LAQUELLE ELLE DESSINE, ÇA VA PAS TROP MAL... ET TOI ?
TEMPS TOTAL PASSÉ À LA CLINIQUE: 4 HEURES, 51 MINUTES
JE SUIS LESSIVÉE.

18H15. À PEINE ARRIVÉE À LA MAISON, J'APPELLE SILVANO
HELLO MON AMOUR, JE ME SENS SUPER BIEN, JE VAIS JUSTE DORMIR 20 PETITES MINUTES.
22H30. JE ME RÉVEILLE 4 HEURES PLUS TARD, COUVERTE DE SUEUR.
MARISA, C'EST SILVANO. TU VEUX PASSER AU RESTAURANT ?
ABSOLUMENT, J'ARRIVE TOUT DE SUITE.
ÊTRE LÀ POUR MON MARIAGE, MA CARRIÈRE, LES GENS QUI M'AIMENT ET QUI ONT BESOIN DE MOI, C'EST MA FAÇON DE ME BATTRE.
VITE, JE ME RESSAISIS, ESSAYANT DE FAIRE BONNE FIGURE...
OÙ EST MON LIPGLASS ?
... ET JE COURS AU RESTAURANT...
MARISA HA RICEVUTO CHEMOTERAPY OGGI, E –
– SILVANO.
ECCO MARISA.
HELLO, CHÉRIE, TU ES SUPERBE !
SILVANO A ENCORE DU TRAVAIL, ALORS JE DISCUTE AVEC LA TABLE D'À CÔTÉ...
JE RENTRE DE ST TROPEZ.
ET MOI DE ST BARTH.
AH OUI ? MOI JE RENTRE DE ST VINCENT.
ST VINCENT ? JE NE CONNAIS PAS CETTE ÎLE.
C'EST COMMENT ?
JE NE POURRAIS PAS M'EN PASSER.

LE TRAITEMENT A LIEU TOUTES LES 3 SEMAINES, ET VRAIMENT, ON PREND VITE LE RYTHME.
SEMAINE 1. CHIMIO PLUS. LE LENDEMAIN, LES CORTICOÏDES ME DONNENT DES AILES...
(SANS PENSER QUE CE N'EST QUE LE 1ER DES 21 JOURS DE "RÉCUPÉRATION" AVANT LE 2E ROUND)
EN VRAI, JE FAIS 74 LONGUEURS...
...ET JE POURRAIS CONTINUER.
JOUR 2, LES FILLES DE *GLAMOUR* M'ENVOIENT UN BOUQUET D'ENCOURAGEMENT.
Chimio Mamours XO
PEUT-ÊTRE QUE CE N'EST PAS SI DUR?
JOUR 3. J'ACCEPTE DU TRAVAIL EN PLUS DE MON MAV ALEX.
ON EST HYPER CHARRETTE...
7 DESSINS? OUI, BIEN SÛR!
JOUR 4. LA DESCENTE COMMENCE...
ET SI ON ALLAIT AU LIT...
...DORMIR.
JOUR 5. JE SUIS SPEED POUR *GLAMOUR* ET LE *NEW YORKER*...
POURQUOI RIEN NE ME VIENT?
JOUR 6. D'APRÈS LES MÉDECINS, MES CELLULES ONT BESOIN DE SE RÉGÉNÉRER, DONC JE RALENTIS. APRÈS TOUT JE DOIS SOUTENIR LES TROUPES.
REPOS EN CASERNE AVANT LA PROCHAINE BATAILLE.

SEMAINE 2. CHIMIO MOINS. DE MOINS EN MOINS D'ÉNERGIE CHAQUE JOUR.

SEMAINE 3. LES EFFETS DE LA CHIMIO S'ESTOMPENT. JUSTE QUAND ON REDEVIENT SOI-MÊME...
AVEC CES DÉJEUNERS DÉLIRE ENTRE DESSINATEURS...
DIFFEE NE BOIT PAS; ON PARTAGE SON VERRE.
JE NE DEVRAIS PAS, MAIS D'ACCORD.
ET LES APRÈS-MIDI SANS SIESTE...
LA SEMAINE DE LA MODE À L.A.? DES DESSINS POUR LE CHAPITEAU? BIEN SÛR!
ET 1,5 KM DE NATATION 5 FOIS PAR SEMAINE...
JOUR 17. J'ORGANISE L'ENTERREMENT DE VIE DE JEUNE FILLE D'ANNE.
JE SUIS CREVÉE. T'ES SÛRE QUE T'ES EN CHIMIO TOI?
JOUR 20. LA VEILLE DE LA CHIMIO N°2, MA MÈRE APPELLE...
MARISA, J'AI MAL À LA GORGE, TU NE PEUX PAS ME VOIR.
PAS GRAVE, MAMAN. J'IRAI SEULE. SOIGNE-TOI BIEN.
KOF! KOF! KOF! KOF! TOUSSE! TOUSSE!
PLEIN DE RACLAGES DE GORGE SUPER DÉGUEU.
PLUS TARD...
IL EST 5H30 DU MATIN ET TU NE T'ES MÊME PAS COUCHÉE!
FAUT QUE JE FINISSE ÇA AVANT LA CHIMIO.
À 13H CE JOUR-LÀ...
FERN, JE VIENS DE MAILER LES DESSINS. LE CHAPITEAU SERA MONTÉ QUAND?
TAXI!
CHAUFFEUR, JE VAIS SUR LA 15E ENTRE LA 8E ET LA 9E, LE PLUS VITE SERA LE MIEUX!
AÏE... MON TYMPAN!
JUSTE QUAND ON REDEVIENT SOI-MÊME, LA CHIMIO REPREND À ZÉRO...

CHIMIO N°2. 2 SEPTEMBRE. 13 H 18. J'AI 18 MINUTES DE RETARD.
MULES: GIUSEPPE ZANOTTI POUR FIN DE JOURNÉE TORRIDE.
ALORS QUE J'ATTENDS DEVANT LE LABO POUR MA PRISE DE SANG...
CES SIÈGES SONT PRIS?
PAR VOUS DEUX.
10 MINUTES PLUS TARD...
C'EST MON TOUR POUR LA PRISE DE SANG, JE REVIENS.
J'ÉTAIS LÀ EN PREMIER! GRR! JE VAIS ATTENDRE COMBIEN DE TEMPS?
TAIS-TOI. ON EST DANS UN CENTRE ANTICANCER!
ET ALORS? TOI, TAIS-TOI!
MA FEMME A PASSÉ TOUTE LA SEMAINE AU LIT...
... QUAND ELLE NE DORT PAS, ELLE PLEURE.
MON DIEU!
ARGH!
BAFF!
TU ES FIÈRE DE TOI?
AÏE.
MARCHETTO!
TU AS DU PAIN SPIRITUEL SUR LA PLANCHE!
TROP SECOUÉE POUR ME FORMALISER DES REPROCHES DE MON "SURMOI".

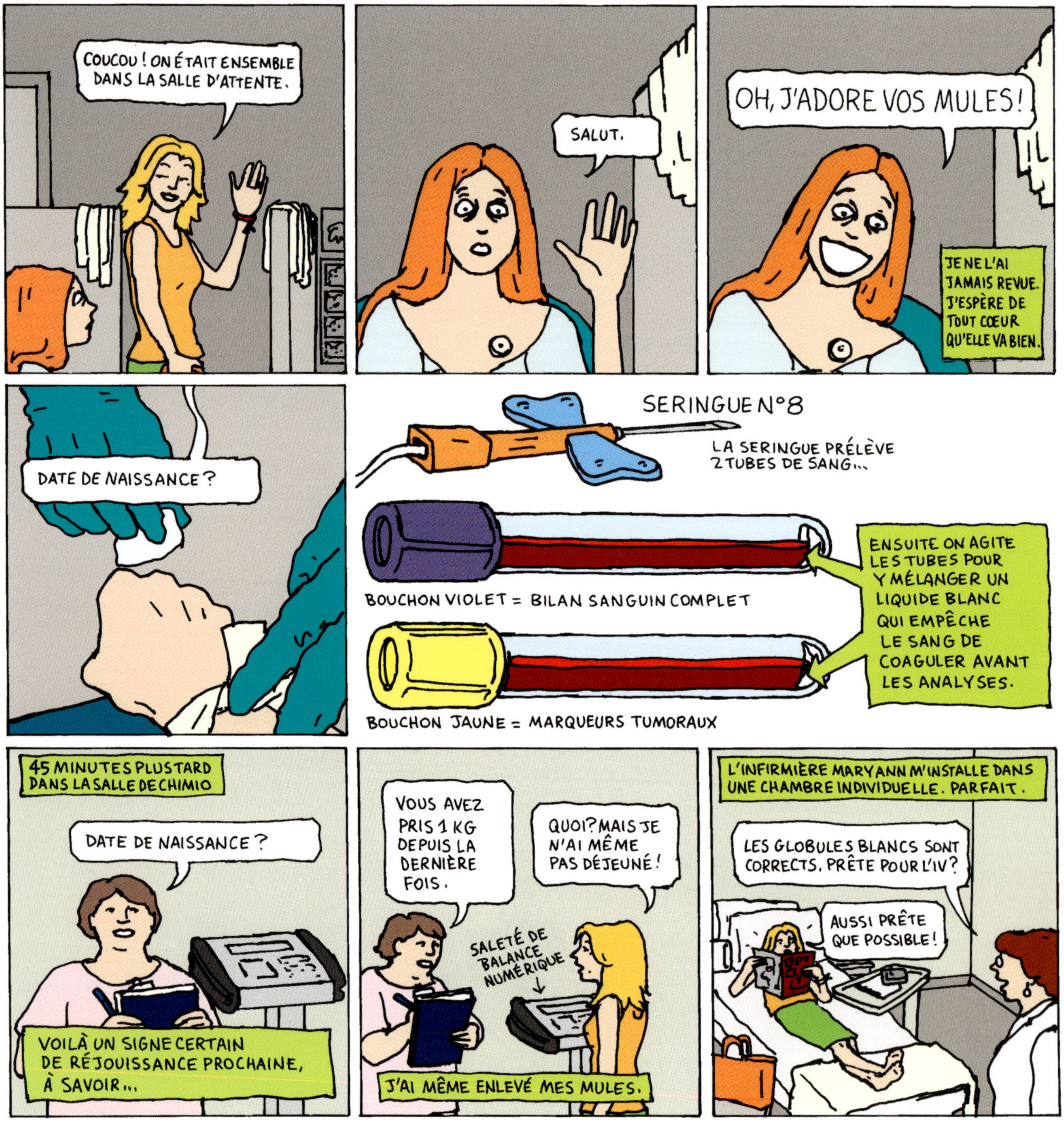
COUCOU ! ON ÉTAIT ENSEMBLE DANS LA SALLE D'ATTENTE.
SALUT.
OH, J'ADORE VOS MULES !
JE NE L'AI JAMAIS REVUE. J'ESPÈRE DE TOUT CŒUR QU'ELLE VA BIEN.
DATE DE NAISSANCE ?
SERINGUE N°8
LA SERINGUE PRÉLÈVE 2 TUBES DE SANG...
BOUCHON VIOLET = BILAN SANGUIN COMPLET
BOUCHON JAUNE = MARQUEURS TUMORAUX
ENSUITE ON AGITE LES TUBES POUR Y MÉLANGER UN LIQUIDE BLANC QUI EMPÊCHE LE SANG DE COAGULER AVANT LES ANALYSES.
45 MINUTES PLUS TARD DANS LA SALLE DE CHIMIO
DATE DE NAISSANCE ?
VOILÀ UN SIGNE CERTAIN DE RÉJOUISSANCE PROCHAINE, À SAVOIR...
VOUS AVEZ PRIS 1 KG DEPUIS LA DERNIÈRE FOIS.
QUOI ? MAIS JE N'AI MÊME PAS DÉJEUNÉ !
SALETÉ DE BALANCE NUMÉRIQUE
J'AI MÊME ENLEVÉ MES MULES.
L'INFIRMIÈRE MARYANN M'INSTALLE DANS UNE CHAMBRE INDIVIDUELLE. PARFAIT.
LES GLOBULES BLANCS SONT CORRECTS. PRÊTE POUR L'IV ?
AUSSI PRÊTE QUE POSSIBLE !

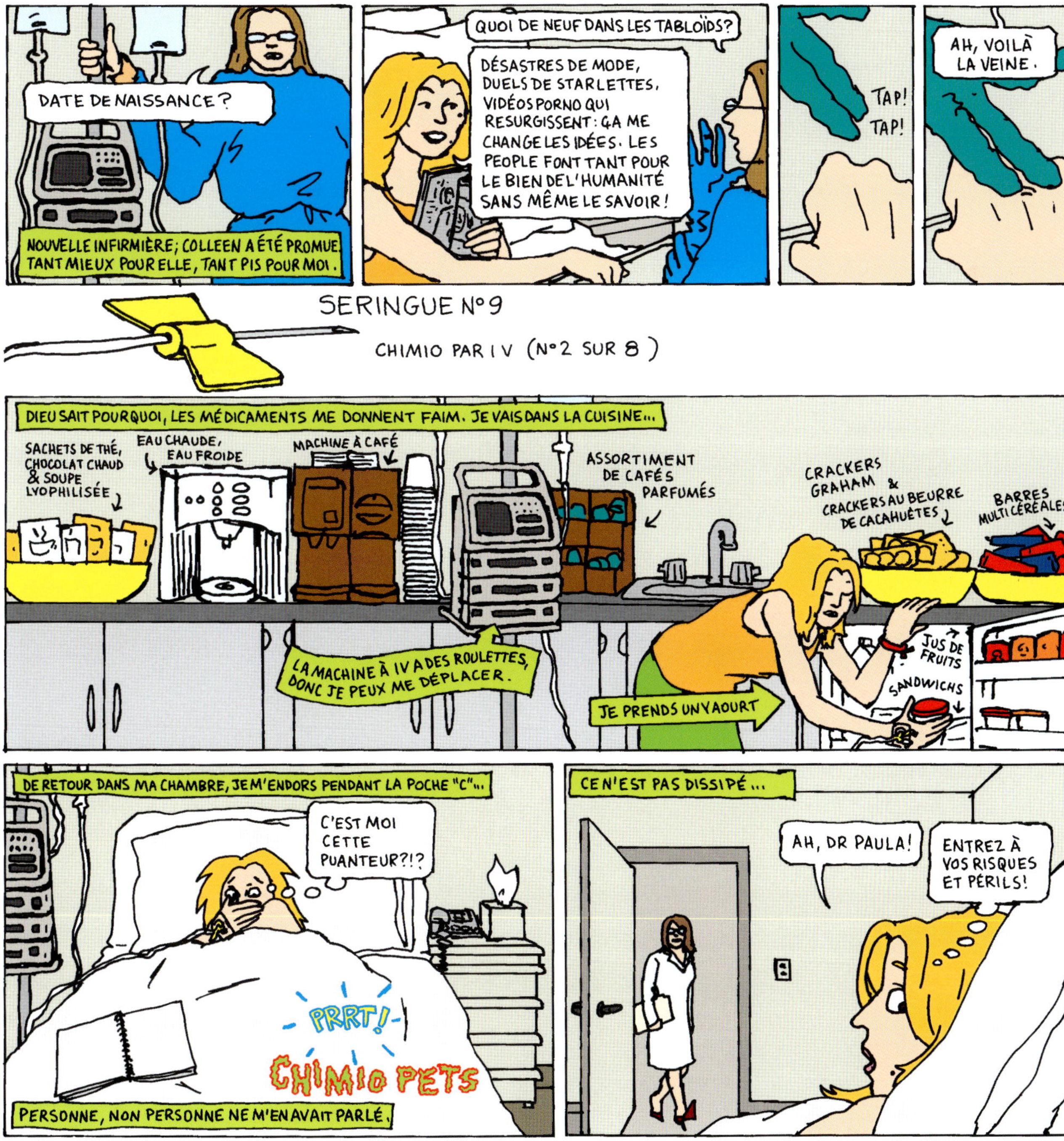

DATE DE NAISSANCE ?
NOUVELLE INFIRMIÈRE; COLLEEN A ÉTÉ PROMUE. TANT MIEUX POUR ELLE, TANT PIS POUR MOI.
QUOI DE NEUF DANS LES TABLOÏDS ?
DÉSASTRES DE MODE, DUELS DE STARLETTES, VIDÉOS PORNO QUI RESURGISSENT : ÇA ME CHANGE LES IDÉES. LES PEOPLE FONT TANT POUR LE BIEN DE L'HUMANITÉ SANS MÊME LE SAVOIR !
TAP! TAP!
AH, VOILÀ LA VEINE.
SERINGUE N°9
CHIMIO PAR I V (N°2 SUR 8)
DIEU SAIT POURQUOI, LES MÉDICAMENTS ME DONNENT FAIM. JE VAIS DANS LA CUISINE...
SACHETS DE THÉ, CHOCOLAT CHAUD & SOUPE LYOPHILISÉE
EAU CHAUDE, EAU FROIDE
MACHINE À CAFÉ
ASSORTIMENT DE CAFÉS PARFUMÉS
CRACKERS GRAHAM & CRACKERS AU BEURRE DE CACAHUÈTES
BARRES MULTICÉRÉALES
JUS DE FRUITS
SANDWICHS
LA MACHINE À IV A DES ROULETTES, DONC JE PEUX ME DÉPLACER.
JE PRENDS UN YAOURT
DE RETOUR DANS MA CHAMBRE, JE M'ENDORS PENDANT LA POCHE "C"...
C'EST MOI CETTE PUANTEUR ?!?
PRRT!
CHIMIO PETS
PERSONNE, NON PERSONNE NE M'EN AVAIT PARLÉ.
CE N'EST PAS DISSIPÉ...
AH, DR PAULA!
ENTREZ À VOS RISQUES ET PÉRILS!

DIAGRAMME CHIMIO-ÉNERGÉTIQUE

SUR LA BASE DE 8 SÉANCES DE CHIMIO LIGHT PAR CYCLE DE 3 SEMAINES

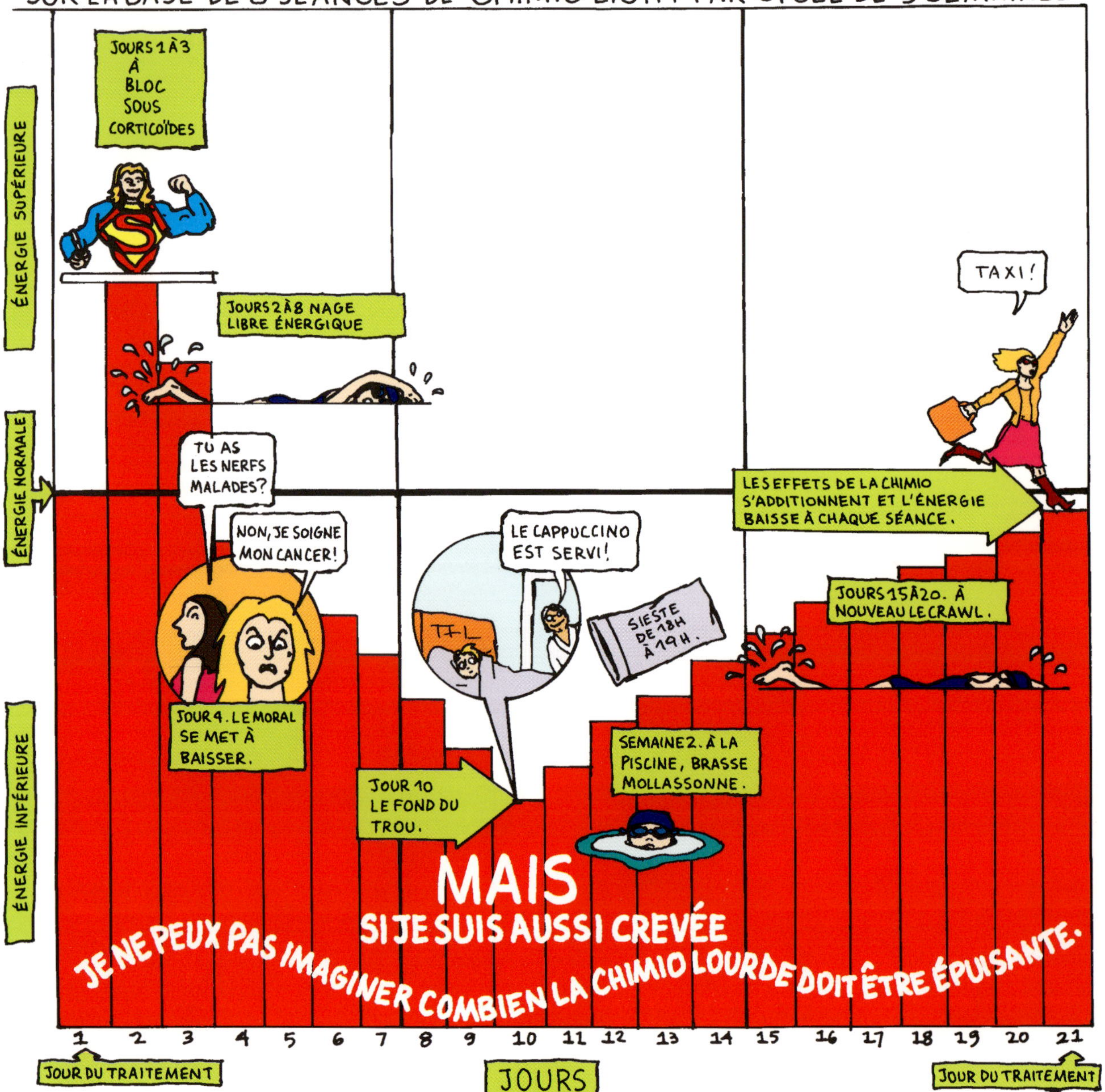

CHIMIO N°3. JEUDI 23 SEPTEMBRE, 13H27. 27 MINUTES DE RETARD.
LES GIUSEPPE ZANOTTI DE MON MARIAGE
VOUS AVEZ UNE CIP?
NON, J'AI UN BRAS.
DATE DE NAISSANCE?
SERINGUE N°10
LA SERINGUE À PRISE DE SANG PRÉLÈVE 2 TUBES.
J'AI UN PEU MAL À LA GORGE.
"UN PEU MAL À LA GORGE"?!
VOS GLOBULES BLANCS SONT TROP BAS, ON LANCE LE TRAITEMENT AUJOURD'HUI MAIS SAMEDI, IL FAUDRA FAIRE UNE INJECTION DE NEULASTA.
DATE DE NAISSANCE?
500 G DE PLUS ?!
T'AS RIEN COMPRIS, TOI, HEIN?
DATE DE NAISSANCE?
CLIC! CLAC! CLIC!
SERINGUE N°11
CHIMIO PAR IV (N°3 SUR 8)

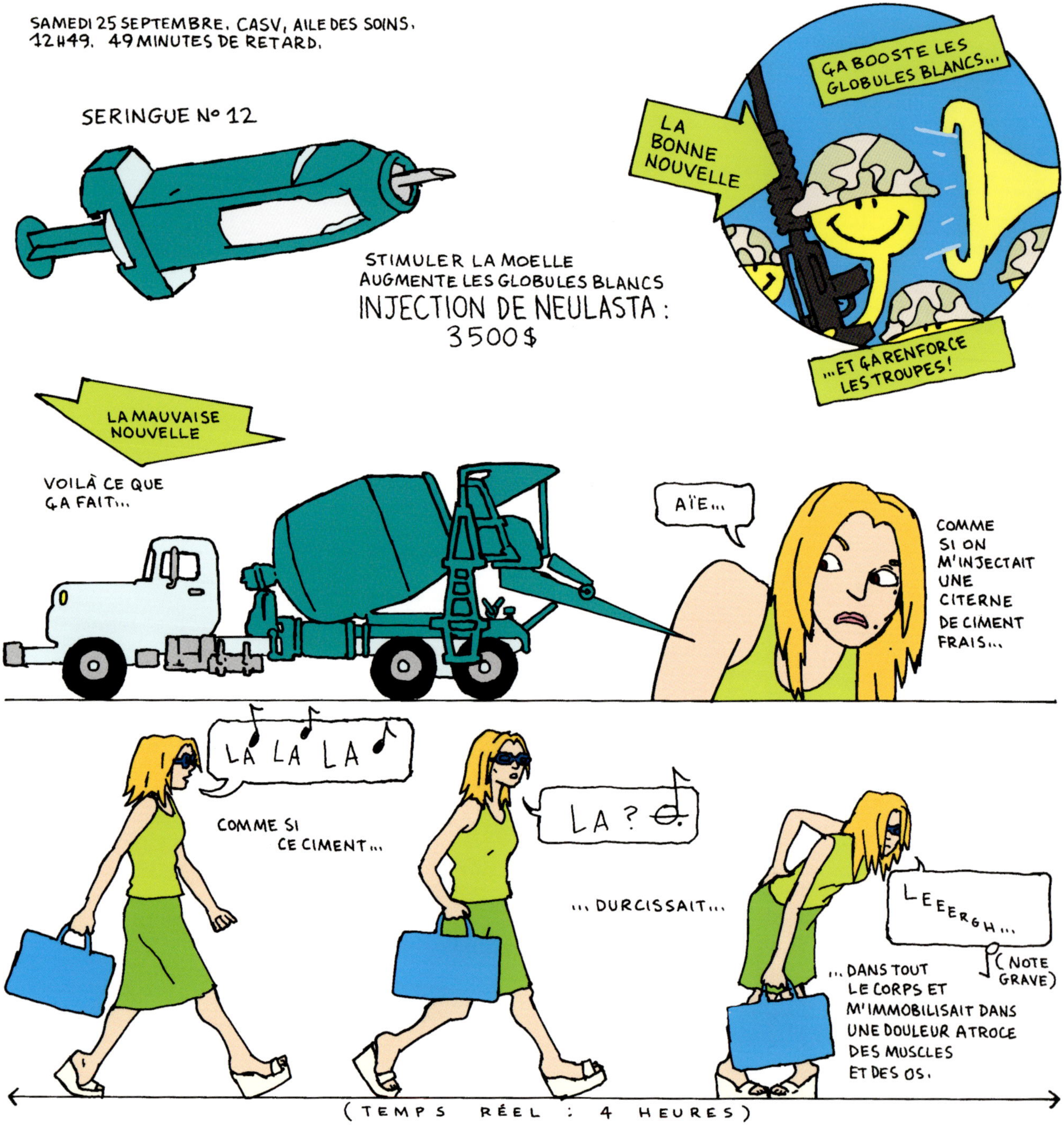
SAMEDI 25 SEPTEMBRE. CASV, AILE DES SOINS.
12H49. 49 MINUTES DE RETARD.
SERINGUE N° 12
STIMULER LA MOELLE
AUGMENTE LES GLOBULES BLANCS
INJECTION DE NEULASTA :
3500 $
LA BONNE NOUVELLE
ÇA BOOSTE LES GLOBULES BLANCS...
...ET ÇA RENFORCE LES TROUPES !
LA MAUVAISE NOUVELLE
VOILÀ CE QUE ÇA FAIT...
AÏE...
COMME SI ON M'INJECTAIT UNE CITERNE DE CIMENT FRAIS...
LA LA LA
COMME SI CE CIMENT...
LA ?
...DURCISSAIT...
LEEERGH...
(NOTE GRAVE)
...DANS TOUT LE CORPS ET M'IMMOBILISAIT DANS UNE DOULEUR ATROCE DES MUSCLES ET DES OS.
(TEMPS RÉEL : 4 HEURES)

CE WEEK-END-LÀ, C'EST LE MARIAGE DE NOS AMIS ANNE ET PETER, DANS LE CONNECTICUT...
NE M'EMBRASSE PAS, J'AI UN RHUME.
AH BON?*
JEUNES MARIÉS
*NB: TOUJOURS METTRE SA MOITIÉ AU COURANT DES TECHNIQUES DE SURVIE.
ON EST À LA TABLE DE KIMBERLEY, MARION ET LEURS MARIS, NIGEL ET BILL, ET ON S'AMUSE BIEN JUSQU'À CE QUE...
HA HA HA HA ? HA HA
BILL RACONTE UNE BLAGUE.
DÉCALAGE : 5 SECONDES
HA HA HA HAA...
MARISA, MON ANGE... ÇA VA?
TRAÎNER MA CARCASSE, ÇA VA À PEU PRÈS, MAIS LA CHIMIO... ME POURRIT... LE CRÂNE.
CHIMIO? CRÂNE? COMMENT ÇA?
UN AUTRE EFFET SECONDAIRE. C'EST COMME SI MA MATIÈRE GRISE ÉTAIT RÉDUITE EN BOUILLIE.
VIENS, ON VA CHERCHER LES TRUFFES.
OH, C'EST CE QUE J'ÉTAIS SORTIE FAIRE.
ELLE ME PREND LA MAIN PARCE QUE JE SUIS UN PEU SECOUÉE.
SUR LE TRAJET DU RETOUR...
TU ES FÂCHÉE CONTRE MOI?
NON, JE SUIS HEUREUSE AVEC TOI. MAIS J'AI TRÈS MAL À CAUSE DE CETTE INJECTION DE LA MORT.
MAIS ÇA VA, D'AC?
D'AC.

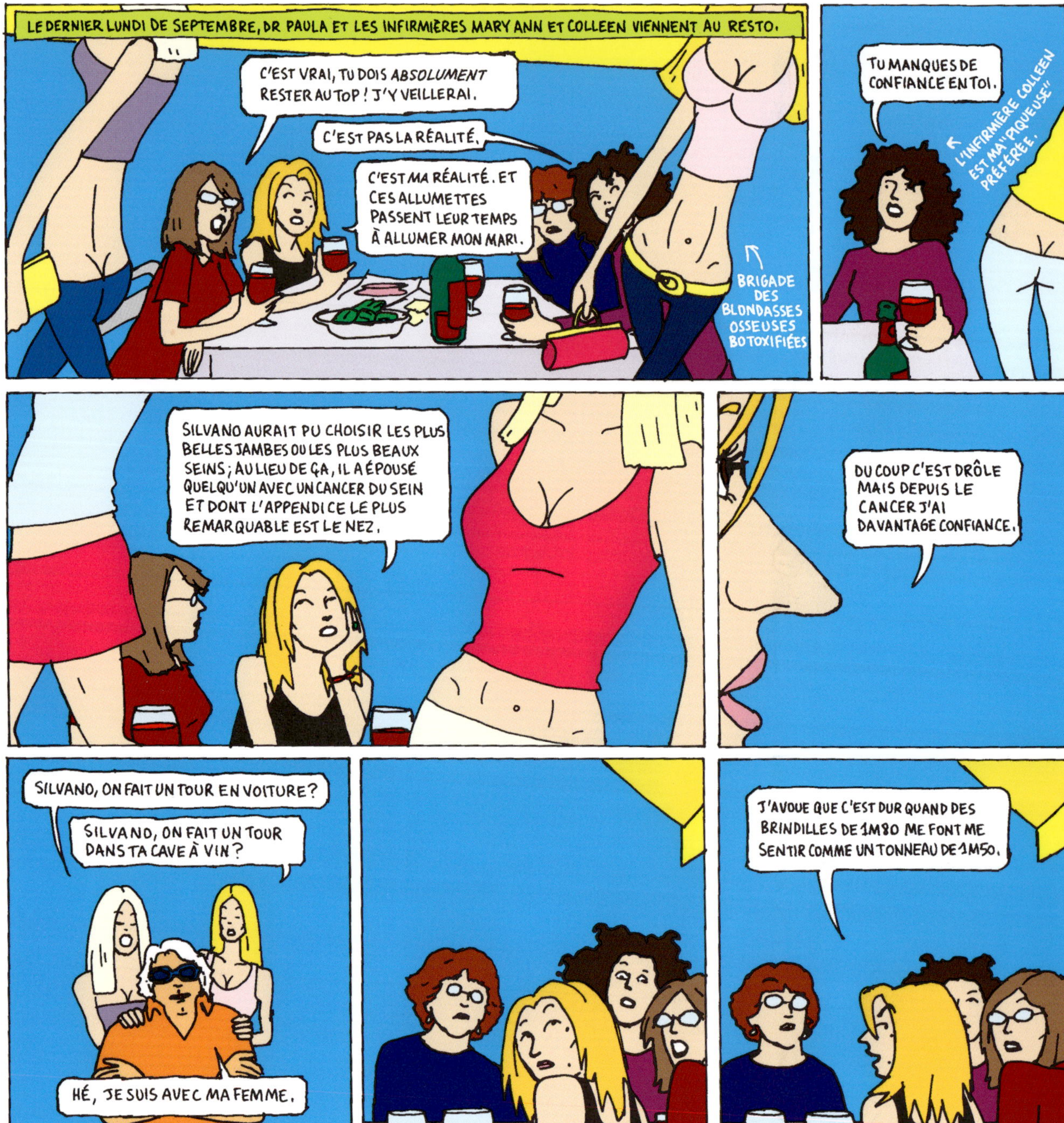
LE DERNIER LUNDI DE SEPTEMBRE, DR PAULA ET LES INFIRMIÈRES MARY ANN ET COLLEEN VIENNENT AU RESTO.
C'EST VRAI, TU DOIS *ABSOLUMENT* RESTER AU TOP ! J'Y VEILLERAI.
C'EST PAS LA RÉALITÉ.
C'EST *MA* RÉALITÉ. ET CES ALLUMETTES PASSENT LEUR TEMPS À ALLUMER MON MARI.
BRIGADE DES BLONDASSES OSSEUSES BOTOXIFIÉES
TU MANQUES DE CONFIANCE EN TOI.
L'INFIRMIÈRE COLLEEN EST MA "PIQUEUSE" PRÉFÉRÉE.
SILVANO AURAIT PU CHOISIR LES PLUS BELLES JAMBES OU LES PLUS BEAUX SEINS ; AU LIEU DE ÇA, IL A ÉPOUSÉ QUELQU'UN AVEC UN CANCER DU SEIN ET DONT L'APPENDICE LE PLUS REMARQUABLE EST LE NEZ.
DU COUP C'EST DRÔLE MAIS DEPUIS LE CANCER J'AI DAVANTAGE CONFIANCE.
SILVANO, ON FAIT UN TOUR EN VOITURE ?
SILVANO, ON FAIT UN TOUR DANS TA CAVE À VIN ?
HÉ, JE SUIS AVEC MA FEMME.
J'AVOUE QUE C'EST DUR QUAND DES BRINDILLES DE 1M80 ME FONT ME SENTIR COMME UN TONNEAU DE 1M50.

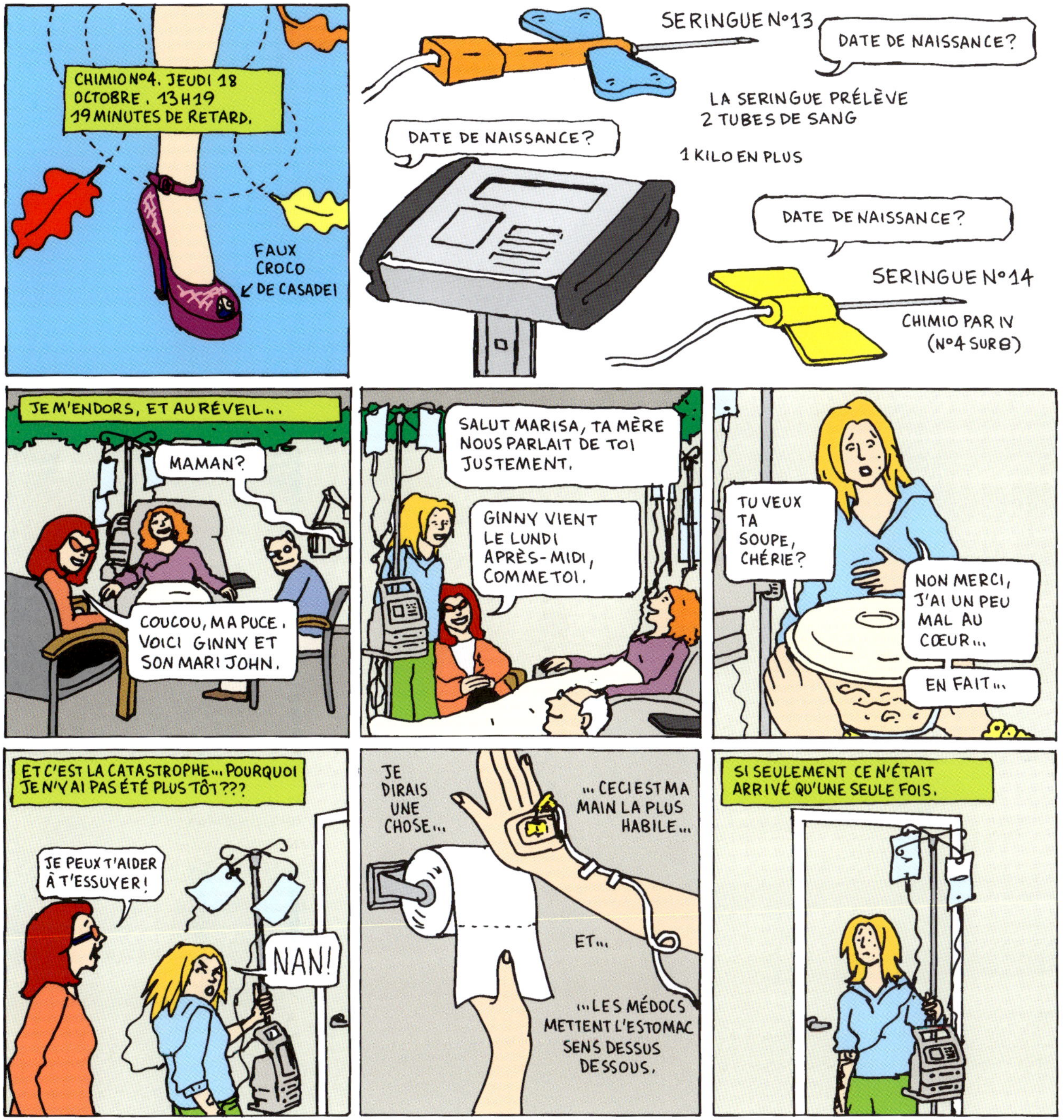
CHIMIO N°4. JEUDI 18 OCTOBRE. 13H19 19 MINUTES DE RETARD.
FAUX CROCO DE CASADEI
SERINGUE N°13
DATE DE NAISSANCE?
LA SERINGUE PRÉLÈVE 2 TUBES DE SANG
DATE DE NAISSANCE?
1 KILO EN PLUS
DATE DE NAISSANCE?
SERINGUE N°14
CHIMIO PAR IV (N°4 SUR 8)
JE M'ENDORS, ET AU RÉVEIL...
MAMAN?
COUCOU, MA PUCE. VOICI GINNY ET SON MARI JOHN.
SALUT MARISA, TA MÈRE NOUS PARLAIT DE TOI JUSTEMENT.
GINNY VIENT LE LUNDI APRÈS-MIDI, COMME TOI.
TU VEUX TA SOUPE, CHÉRIE?
NON MERCI, J'AI UN PEU MAL AU CŒUR...
EN FAIT...
ET C'EST LA CATASTROPHE... POURQUOI JE N'Y AI PAS ÉTÉ PLUS TÔT???
JE PEUX T'AIDER À T'ESSUYER!
NAN!
JE DIRAIS UNE CHOSE...
... CECI EST MA MAIN LA PLUS HABILE...
ET...
...LES MÉDOCS METTENT L'ESTOMAC SENS DESSUS DESSOUS.
SI SEULEMENT CE N'ÉTAIT ARRIVÉ QU'UNE SEULE FOIS.

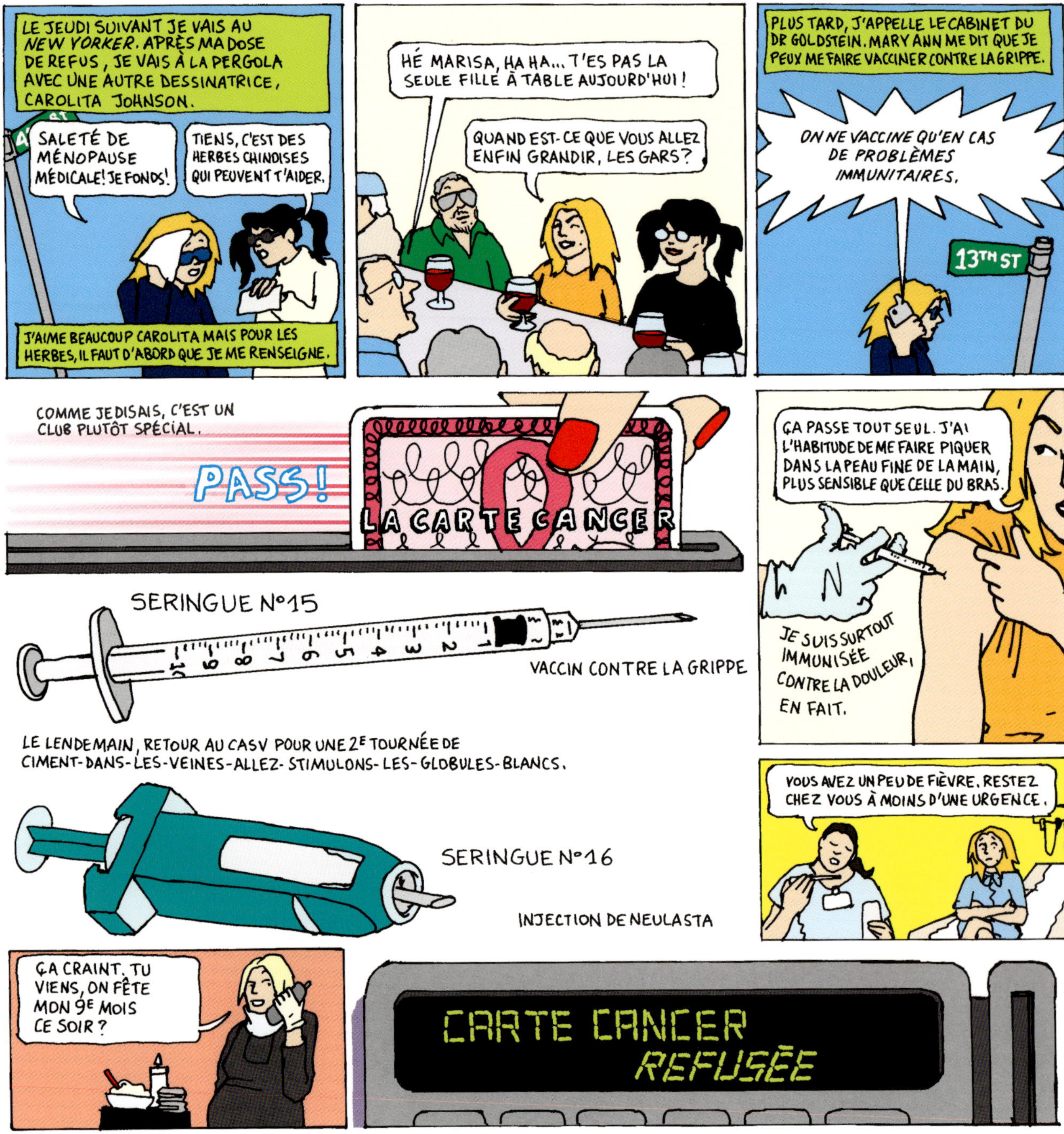
LE JEUDI SUIVANT JE VAIS AU NEW YORKER. APRÈS MA DOSE DE REFUS, JE VAIS À LA PERGOLA AVEC UNE AUTRE DESSINATRICE, CAROLITA JOHNSON.
SALETÉ DE MÉNOPAUSE MÉDICALE! JE FONDS!
TIENS, C'EST DES HERBES CHINOISES QUI PEUVENT T'AIDER.
J'AIME BEAUCOUP CAROLITA MAIS POUR LES HERBES, IL FAUT D'ABORD QUE JE ME RENSEIGNE.
HÉ MARISA, HA HA... T'ES PAS LA SEULE FILLE À TABLE AUJOURD'HUI !
QUAND EST-CE QUE VOUS ALLEZ ENFIN GRANDIR, LES GARS ?
PLUS TARD, J'APPELLE LE CABINET DU DR GOLDSTEIN. MARY ANN ME DIT QUE JE PEUX ME FAIRE VACCINER CONTRE LA GRIPPE.
ON NE VACCINE QU'EN CAS DE PROBLÈMES IMMUNITAIRES.
13TH ST
COMME JE DISAIS, C'EST UN CLUB PLUTÔT SPÉCIAL.
PASS!
LA CARTE CANCER
ÇA PASSE TOUT SEUL. J'AI L'HABITUDE DE ME FAIRE PIQUER DANS LA PEAU FINE DE LA MAIN, PLUS SENSIBLE QUE CELLE DU BRAS.
SERINGUE N°15
VACCIN CONTRE LA GRIPPE
JE SUIS SURTOUT IMMUNISÉE CONTRE LA DOULEUR, EN FAIT.
LE LENDEMAIN, RETOUR AU CASV POUR UNE 2E TOURNÉE DE CIMENT-DANS-LES-VEINES-ALLEZ-STIMULONS-LES-GLOBULES-BLANCS.
VOUS AVEZ UN PEU DE FIÈVRE. RESTEZ CHEZ VOUS À MOINS D'UNE URGENCE.
SERINGUE N°16
INJECTION DE NEULASTA
ÇA CRAINT. TU VIENS, ON FÊTE MON 9E MOIS CE SOIR ?
CARTE CANCER REFUSÉE

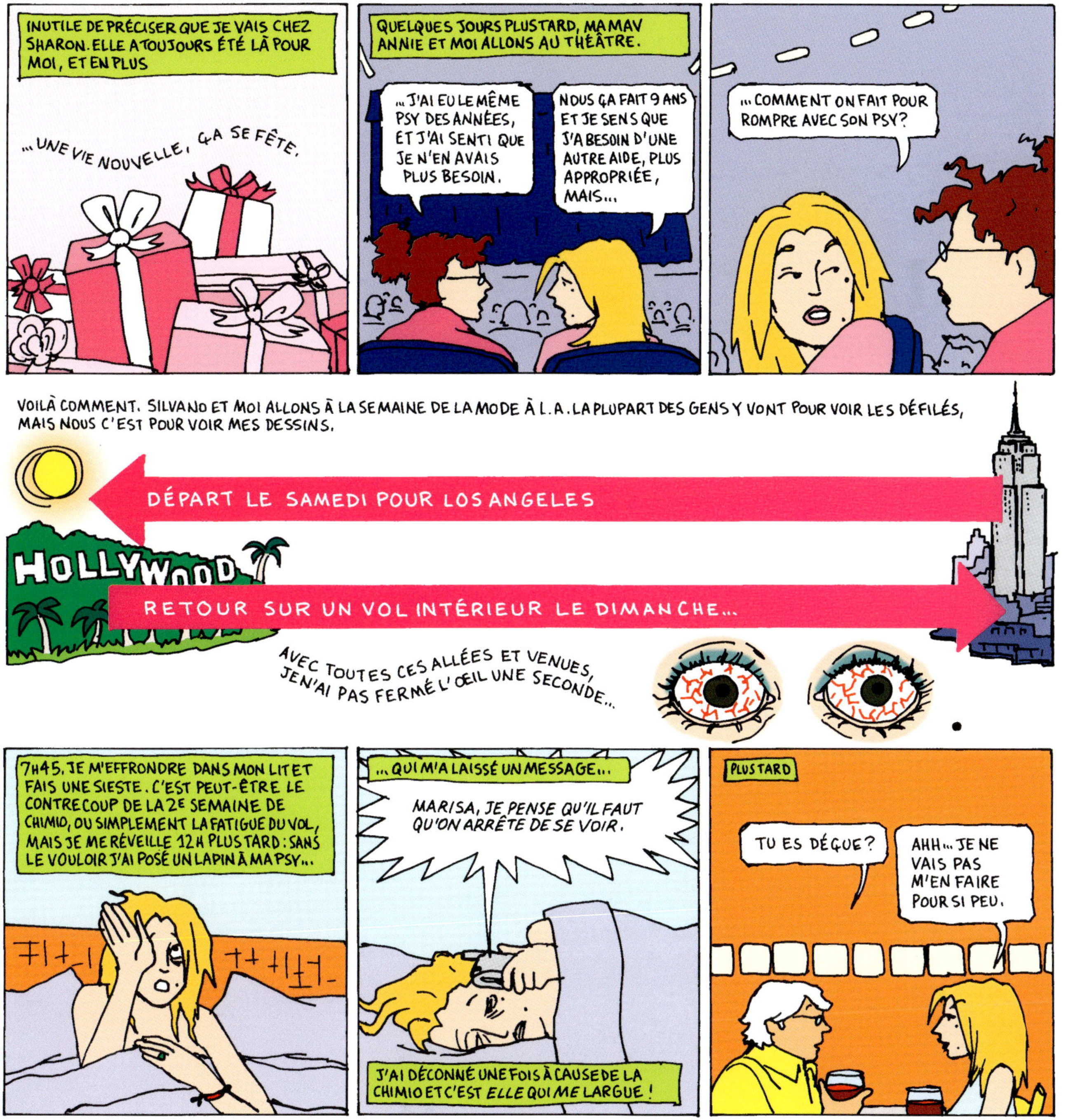
INUTILE DE PRÉCISER QUE JE VAIS CHEZ SHARON. ELLE A TOUJOURS ÉTÉ LÀ POUR MOI, ET EN PLUS
... UNE VIE NOUVELLE, ÇA SE FÊTE.
QUELQUES JOURS PLUS TARD, MA MAV ANNIE ET MOI ALLONS AU THÉÂTRE.
... J'AI EU LE MÊME PSY DES ANNÉES, ET J'AI SENTI QUE JE N'EN AVAIS PLUS BESOIN.
NOUS ÇA FAIT 9 ANS ET JE SENS QUE J'A BESOIN D'UNE AUTRE AIDE, PLUS APPROPRIÉE, MAIS...
... COMMENT ON FAIT POUR ROMPRE AVEC SON PSY?
VOILÀ COMMENT. SILVANO ET MOI ALLONS À LA SEMAINE DE LA MODE À L.A. LA PLUPART DES GENS Y VONT POUR VOIR LES DÉFILÉS, MAIS NOUS C'EST POUR VOIR MES DESSINS.
DÉPART LE SAMEDI POUR LOS ANGELES
HOLLYWOOD
RETOUR SUR UN VOL INTÉRIEUR LE DIMANCHE...
AVEC TOUTES CES ALLÉES ET VENUES, JE N'AI PAS FERMÉ L'ŒIL UNE SECONDE...
7H45. JE M'EFFRONDRE DANS MON LIT ET FAIS UNE SIESTE. C'EST PEUT-ÊTRE LE CONTRECOUP DE LA 2E SEMAINE DE CHIMIO, OU SIMPLEMENT LA FATIGUE DU VOL, MAIS JE ME RÉVEILLE 12 H PLUS TARD : SANS LE VOULOIR J'AI POSÉ UN LAPIN À MA PSY...
... QUI M'A LAISSÉ UN MESSAGE...
MARISA, JE PENSE QU'IL FAUT QU'ON ARRÊTE DE SE VOIR.
J'AI DÉCONNÉ UNE FOIS À CAUSE DE LA CHIMIO ET C'EST ELLE QUI ME LARGUE !
PLUS TARD
TU ES DÉÇUE?
AHH... JE NE VAIS PAS M'EN FAIRE POUR SI PEU.

CHIMIO N°4, JOUR 18. MON MAV BOB ET MOI ALLONS À LA SOIRÉE PROMO DU LIVRE : *LE CANCER DU SEIN POUR LES NULLES*.
PAS D'ALCOOL POUR MOI. JE CHRONIQUE LA SOIRÉE POUR LE *NY TIMES*.
TU FAIS UN PAPIER SUR LE CANCER POUR LA RUBRIQUE "STYLE" ?
T'AS VU LE FOULARD PUCCI ? ÇA C'EST STYLÉ. P'TÊT QUE J'AURAIS DÛ RÉCLAMER LA CHIMIO LOURDE.
ARRÊTE, ON NE PLAISANTE PAS AVEC ÇA !
UNE MILLISECONDE PLUS TARD
QUE FAITES-VOUS ICI ?
LA MÊME CHOSE QUE VOUS. JE SUIS EN CHIMIO EN CE MOMENT.
MAIS VOUS AVEZ TOUS VOS CHEVEUX !
EUH... JE... JE FAIS LA CHIMIO LIGHT.
CHANGEZ DE MÉDECIN ! CHANGEZ DE TRAITEMENT !
IL FAUT ÊTRE AGRESSIVE ET ÉRADIQUER CETTE SALETÉ DE VOTRE CORPS... COMME MOI !
MA MÈRE EST *MORTE* D'UN CANCER DU SEIN ! C'EST CHRONIQUE ! ÇA REVIENT, CROYEZ-MOI !
MOI, UNE MILLISECONDE PLUS TARD
MON DIEU... PAR PITIÉ, FAITES QUE ÇA NE REVIENNE PAS.
AU CENTRE DE LA KABBALE, JE RACONTE AU RABBIN RUTHIE L'AGRESSION SUBIE À LA SOIRÉE DE PROMO.
VOUS L'AVEZ PROVOQUÉE, POUR AVOIR EU UN MOMENT DE DOUTE. IL FAUT RESTER POSITIVE. IL NE FAUT MÊME PAS EN PLAISANTER UNE SEULE SECONDE.
COMBIEN MESURAIT LA TUMEUR ?
1,3 CENTIMÈTRE.
RUTHIE ENSEIGNE LA KABBALE
1,3 CM, C'EST LA TAILLE D'UN PETIT POIS. IL NE FAUT PAS Y ACCORDER PLUS D'IMPORTANCE QUE ÇA.

BOTTES EN CAOUTCHOUC EMILIO PUCCI
CHIMIO N°5. LE TRAITEMENT A COMMENCÉ EN AOÛT, ET ON EST EN *NOVEMBRE* ?!
DATE DE NAISSANCE ?
SERINGUE N°17
LA SERINGUE PRÉLÈVE 2 TUBES DE SANG.
DATE DE NAISSANCE ?
ME DITES PAS QUE J'AI ENCORE PRIS 500 G.
OK, JE NE VOUS DIRAI PAS QUE VOUS AVEZ ENCORE PRIS 500 G.
DATE DE NAISSANCE ?
SERINGUE N°18
CHIMIO PAR IV (N°5 SUR 8)
BOB DÉBARQUE EN PLEIN MILIEU.
BOB, NOTE QUE LES SENIORS NE PEUVENT PAS SE FAIRE VACCINER CONTRE LA GRIPPE. J'ÉTAIS DANS LA QUEUE À 7H30 ET—
— ET, ON N'EST PAS DANS TON TALK-SHOW, VIOLETTA.
BOB, TU VAS VRAIMENT ME METTRE DANS TA CHRONIQUE ?
TU VAS METTRE MARISA DANS TA CHRONIQUE ?
BIIP!
CHIMIO N°5 RÉGLÉE, PLUS QUE 3 !
PUIS LE DR PAULA ARRIVE...
... ET LÀ ELLE ME FAIT : "CHANGEZ DE MÉDECIN *ET* CHANGEZ DE TRAITEMENT !"
C'EST VRAI ?
NE VOUS EN FAITES PAS, DEUX ONCOLOGUES DE SLOAN ONT RECOMMANDÉ LA CHIMIO LIGHT, COMME VOUS.
ET J'*AURAIS* LAISSÉ TOMBER MES CHEVEUX POUR SAUVER MA PEAU... VOUS VOUS SENTEZ MIEUX MAINTENANT ?
OUI.

JE FAIS UNE SIESTE DE 18 H 30 À 22 H ET JE SUIS RÉVEILLÉE PAR...
ON VIENT JUSTE D'ÊTRE LIVRÉS AUJOURD'HUI ET JE T'AI GARDÉ LA PLUS BELLE TRUFFE BLANCHE, MARISA ! ON VA SE FAIRE UN FESTIN !
ELLES VIENNENT D'ALBA, EN ITALIE
J'ADORE
NOVEMBRE C'EST LA SAISON DES TRUFFES BLANCHES
ON DRESSE DES CHIENS À LES TROUVER SOUS TERRE
NOS AMIS RICHARD ET SESSA DÎNENT AVEC NOUS. ILS ORGANISENT UNE FÊTE POUR NOTRE MARIAGE.
C'EST INCROYABLE.
AHH... *CHE BEL PROFUMO* !
MMH... OÙ VA-T-ON FAIRE CETTE FÊTE ?
OHH... MAIS QUEL ARÔME !
QUAND SOUDAIN...
SILVANO, DONNE-MOI TA CROIX.
FEASTUS INTERRUPTUS.
NON.
CROIX AVEC TÊTES DE MORT
DONNE-LA-MOI OU OFFRE-M'EN UNE. JE SUIS CATHOLIQUE.
JE SUIS AVEC MA FEMME.
JE ME FICHE DE TA *FEMME*. JE VEUX CETTE CROIX.
NON.
LA SOIRÉE ÉTAIT PRESQUE FICHUE...
J'Y CROIS PAS !
IGNORE-LA, COMME MOI.
PLUS TARD CETTE NUIT-LÀ
PRRT !
PRRT !
TOUT SENT BON, PARFUMÉ À LA TRUFFE BLANCHE.
QUELLE BELLE FIN DE REPAS !

LE LENDEMAIN, JE RACONTE À RUTHIE L'HISTOIRE DE "LA FILLE À LA CROIX".
POURQUOI TOUJOURS S'ARRÊTER AU CHAOS ?
LE CHAOS S'ARRÊTE SUR *MOI*.
PHOTOSHOP.
PHOTOSHOP?!?!
VOUS, LES ARTISTES, VOUS POUVEZ CHANGER L'ASPECT DU CHAOS...
IL FAUT LES PHOTOSHOPPER ET LES RENDRE INSIGNIFIANTES.
CE SOIR-LÀ...
SILVANO, TU ME FAIS TIRER SUR TON CIGARE?
NON, ET LÀ C'EST MA FEMME.
ELLES SONT JALOUSES.
PAULA A RAISON. ON S'EN FICHE D'ELLES. ELLES SONT TOUTES PAREILLES. PLATES DEVANT ET PLATES DERRIÈRE.
MMH...
Photoshop Fichier Édition Format Sélection Filtres Aperçu Fenêtre Aide
Dégradé
Pot de peinture
Couleurs
Echantillo

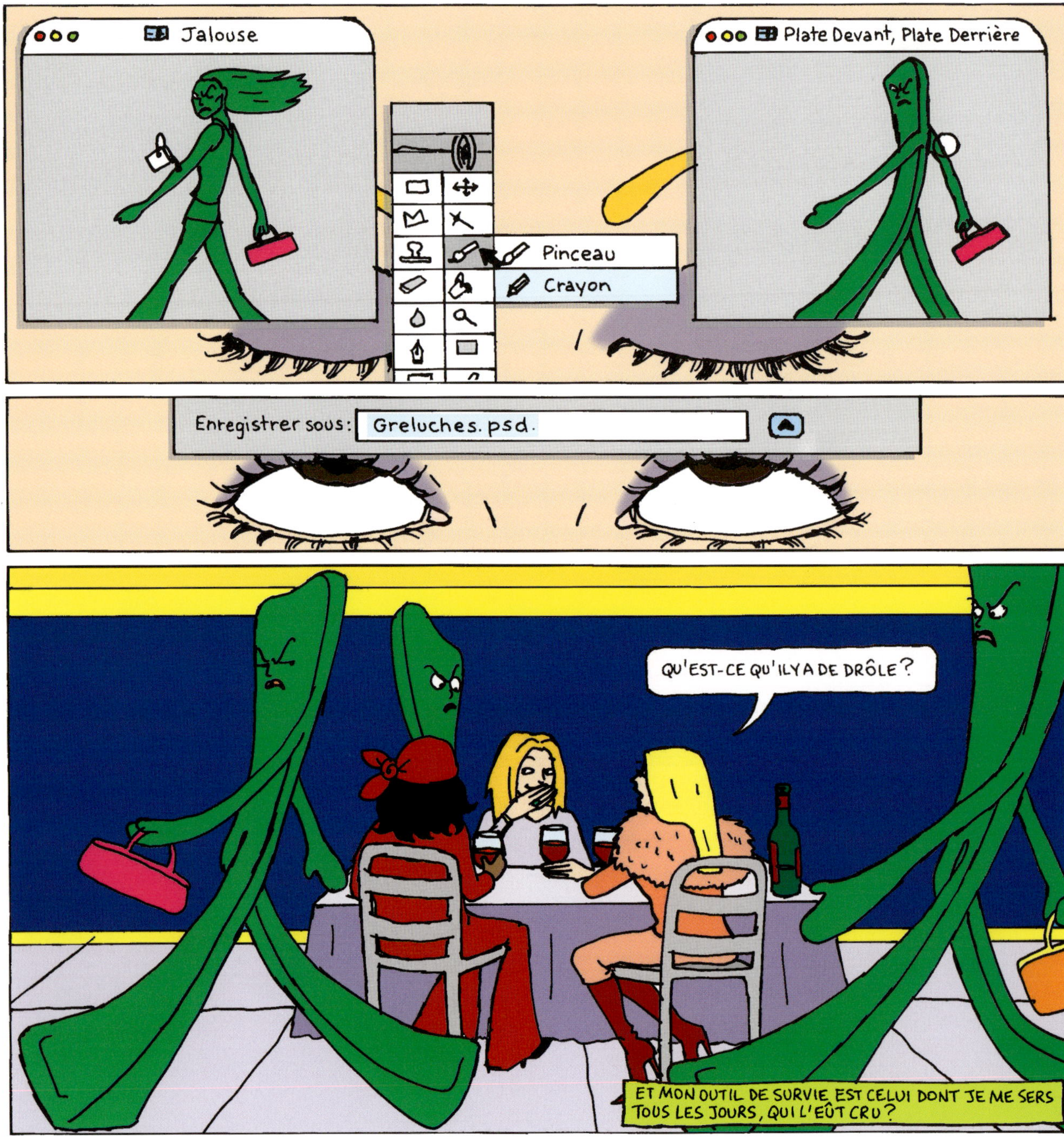
Jalouse
Plate Devant, Plate Derrière
Pinceau
Crayon
Enregistrer sous: Greluches. psd.
QU'EST-CE QU'IL Y A DE DRÔLE ?
ET MON OUTIL DE SURVIE EST CELUI DONT JE ME SERS TOUS LES JOURS, QUI L'EÛT CRU ?

JOUR 10 - MON ÉNERGIE EST AU PLUS BAS...
TON CAPPUCCINO VA ÊTRE FROID!
UNE HEURE PLUS TARD, J'AI VIDÉ CE CAPPUCCINO ET JE SUIS AU TRAVAIL.
HÉ LAUREN, J'ENVOIE 12 PAGES DE *CANCER AND THE CITY*.
4 SUFFISENT, JE CROIS.
PLAGE DE SIESTE PLUS LONGUE : 18H - 20H30.
MES SIESTES AUGMENTENT D'1/2 HEURE À CHAQUE CHIMIO.
SEMAINE 3. THANKSGIVING. MA FAMILLE ET MOI JOUONS LES MARMITONS POUR LE MAESTRO QUI ORCHESTRE LE DÎNER DE FÊTE...
YUN, OUVRE LES HUÎTRES.
DAVE, NETTOIE LES ST-JACQUES.
ANTHONY, RETOURNE LES PATATES.
TONY, COUPE LE PAIN.
DINA, COUPE LES *RADICCHIO*.
MARISA, TRANCHE LES ARTICHAUTS.
VIOLETTA, IL FAUT JUSTE LES BLANCHIR, LES BROCCOLIS *DI RAPE*!
JE SUIS LA MEILLEURE CUISINIÈRE DU NEW JERSEY ET JE LES LAISSE TOUJOURS BOUILLIR!
TU VEUX FAIRE LES CHOSES BIEN, OU PAS?
OUI.
J'Y CROIS PAS, PERSONNE NE DONNE D'ORDRES À MA MÈRE...
...SANS Y PASSER.
C'EST L'UNE DES NOMBREUSES CHOSES DONT JE LUI SUIS RECONNAISSANTE.
PLUS TARD
DELICIOSO!
FAVOLOSO!
MA RECETTE EST QUAND MÊME MIEUX!
LE LENDEMAIN DE THANKSGIVING, J'ARRÊTE DE NAGER ET JE ME METS À COURIR POUR BRÛLER PLUS DE CALORIES.
X-MAS TREES
3 KM ET JE SUIS À BOUT DE SOUFFLE.

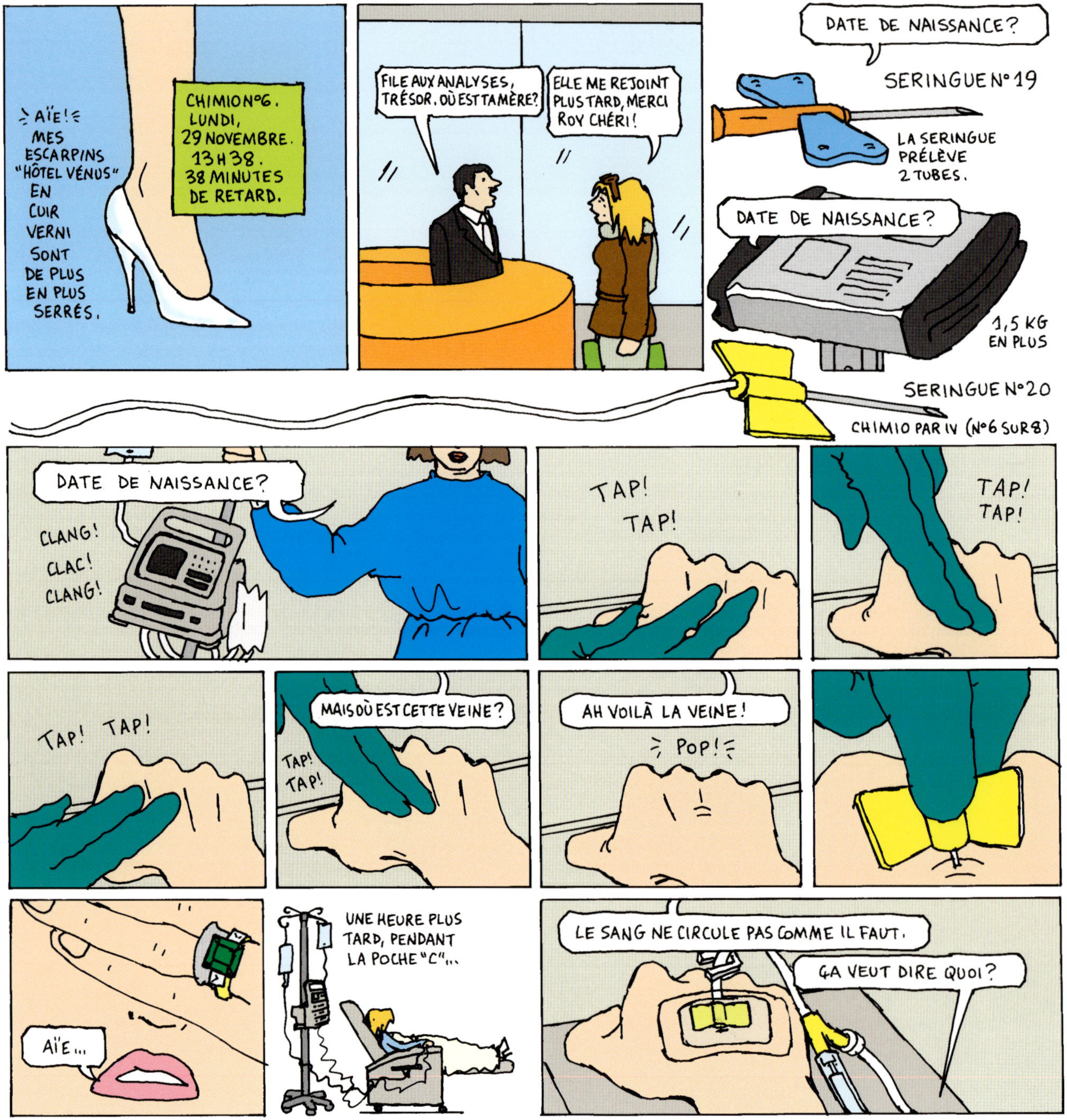
AÏE! MES ESCARPINS "HÔTEL VÉNUS" EN CUIR VERNI SONT DE PLUS EN PLUS SERRÉS.
CHIMIO N°6. LUNDI, 29 NOVEMBRE. 13 H 38. 38 MINUTES DE RETARD.
FILE AUX ANALYSES, TRÉSOR. OÙ EST TA MÈRE?
ELLE ME REJOINT PLUS TARD, MERCI ROY CHÉRI!
DATE DE NAISSANCE?
SERINGUE N°19
LA SERINGUE PRÉLÈVE 2 TUBES.
DATE DE NAISSANCE?
1,5 KG EN PLUS
SERINGUE N°20
CHIMIO PAR IV (N°6 SUR 8)
DATE DE NAISSANCE?
CLANG! CLAC! CLANG!
TAP! TAP!
TAP! TAP!
TAP! TAP!
MAIS OÙ EST CETTE VEINE?
TAP! TAP!
AH VOILÀ LA VEINE!
POP!
AÏE...
UNE HEURE PLUS TARD, PENDANT LA POCHE "C"...
LE SANG NE CIRCULE PAS COMME IL FAUT.
ÇA VEUT DIRE QUOI?

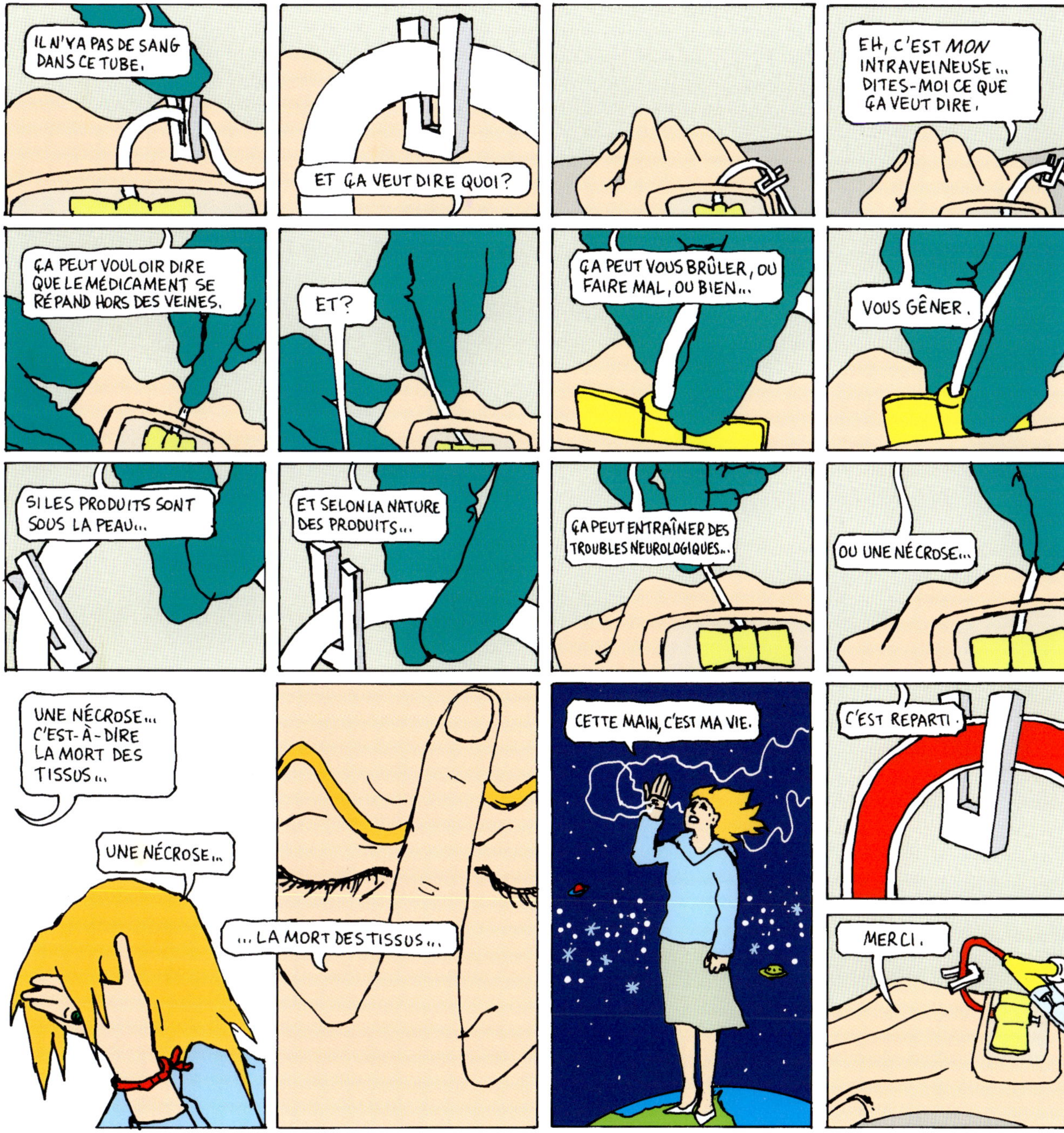

IL N'Y A PAS DE SANG DANS CE TUBE.
ET ÇA VEUT DIRE QUOI?
EH, C'EST *MON* INTRAVEINEUSE... DITES-MOI CE QUE ÇA VEUT DIRE.
ÇA PEUT VOULOIR DIRE QUE LE MÉDICAMENT SE RÉPAND HORS DES VEINES.
ET?
ÇA PEUT VOUS BRÛLER, OU FAIRE MAL, OU BIEN...
VOUS GÊNER.
SI LES PRODUITS SONT SOUS LA PEAU...
ET SELON LA NATURE DES PRODUITS...
ÇA PEUT ENTRAÎNER DES TROUBLES NEUROLOGIQUES...
OU UNE NÉCROSE...
UNE NÉCROSE... C'EST-À-DIRE LA MORT DES TISSUS...
UNE NÉCROSE...
... LA MORT DES TISSUS...
CETTE MAIN, C'EST MA VIE.
C'EST REPARTI.
MERCI.

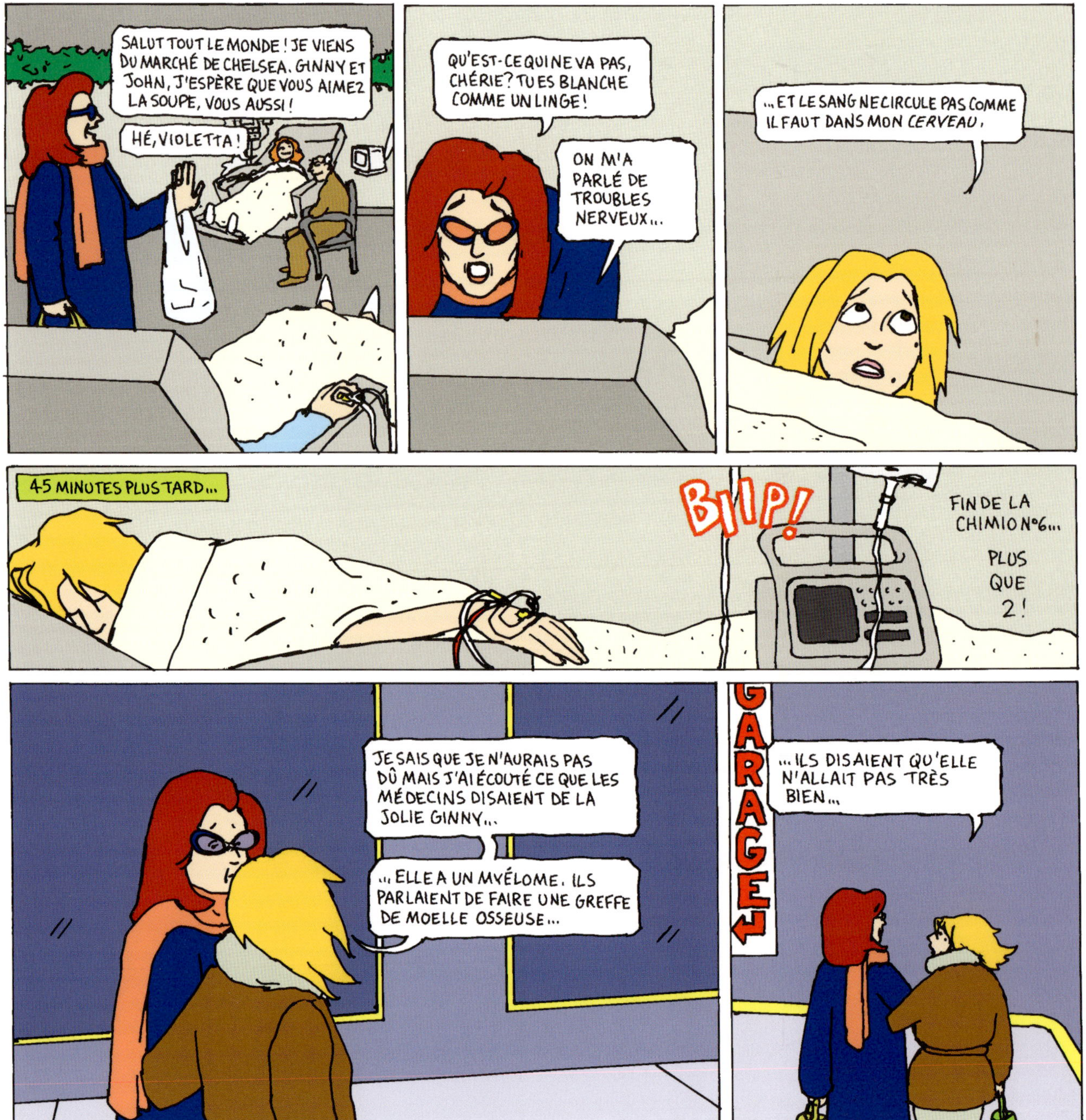
SALUT TOUT LE MONDE ! JE VIENS DU MARCHÉ DE CHELSEA. GINNY ET JOHN, J'ESPÈRE QUE VOUS AIMEZ LA SOUPE, VOUS AUSSI !
HÉ, VIOLETTA !
QU'EST-CE QUI NE VA PAS, CHÉRIE ? TU ES BLANCHE COMME UN LINGE !
ON M'A PARLÉ DE TROUBLES NERVEUX...
... ET LE SANG NE CIRCULE PAS COMME IL FAUT DANS MON *CERVEAU*.
45 MINUTES PLUS TARD...
BIIP !
FIN DE LA CHIMIO N°6...
PLUS QUE 2 !
JE SAIS QUE JE N'AURAIS PAS DÛ MAIS J'AI ÉCOUTÉ CE QUE LES MÉDECINS DISAIENT DE LA JOLIE GINNY...
... ELLE A UN MYÉLOME. ILS PARLAIENT DE FAIRE UNE GREFFE DE MOELLE OSSEUSE...
GARAGE
... ILS DISAIENT QU'ELLE N'ALLAIT PAS TRÈS BIEN...

APRÈS CETTE CHIMIO, JE M'EFFONDRE. À 22H30 SILVANO M'APPELLE...
MARISA, TU N'ES PAS OBLIGÉE DE DESCENDRE ! JE VAIS TE FAIRE MONTER QUELQUE CHOSE ! J'AI PRÉPARÉ UNE BONNE SOUPE DE CHOU-FLEUR ET CHOUX DE BRUXELLES JE SAIS QUE TU ADORES ÇA ! *
NON, JE VAIS VENIR.
* LES BRASSICACÉES SONT ANTICANCER.
MERCREDI 1R DÉCEMBRE.
SERINGUE N°21
CETTE INJECTION DE NEULASTA À 3500$, GENRE CIMENT QUI PREND DANS LA MOELLE ET QUE JE DOIS METRAÎNER, A PRESQUE RAISON DE MON ÉNERGIE DE DÉBUT DE CHIMIO...
"PRESQUE" J'AI DIT. LE LENDEMAIN...
FÉLICITATIONS, CHÉRIE !
MERCI !
...J'AI EU LE FEU VERT DU NEW YORKER
2 JOURS APRÈS LE NEULASTA JE SORS. L'INFIRMIÈRE MARYANN M'A CONSEILLÉ LA MARCHE RAPIDE SI LA COURSE M'ESSOUFFLE.
KM PARCOURUS : 9
ET JUSTE QUAND ON REDEVIENT (UN PEU) SOI-MÊME... LA CHIMIO REPREND AU DÉBUT...
JOUR 10. AU CREUX DE LA VAGUE, JE SUIS ENCORE PLUS BAS QUE D'HABITUDE.
TON CAPPUCCINO EST FROID !
1 HEURE 1/2 PLUS TARD, JE VERSE UN ESPRESSO DANS CE CAPPUCCINO, LE DESCENDS ET ME METS AU TRAVAIL.
JE DOIS FINIR LA COMMANDE DU NEW YORKER.
NOUVELLE PLAGE DE SIESTE PROLONGÉE : 18H - 21H30.
ET ALORS,
JUSTE COMME JE PASSE LA MOITIÉ DU CYCLE,
JUSTE COMME J'APERÇOIS LA LUMIÈRE AU BOUT DU TUNNEL,
LA LIGNE D'ARRIVÉE,
JUSTE QUAND J'AI PRESQUE FINI LA CHIMIOTHÉRAPIE, DONT JE NE SAURAIS JAMAIS SI ELLE ÉTAIT INDISPENSABLE POUR PRÉVENIR UNE RECHUTE...
... LE NEW YORK TIMES PUBLIE UN ARTICLE...
CECI EST UN E-JOURNAL →

The New York Times
nytimes.com
11 Décembre 2004
Recherche : la chimiothérapie est à éviter.
Par ANDREW POLLACK
De nouveaux résultats, publiés hier, tendent à prouver que les probabilités de récidive des cancers du sein peuvent être évaluées par tests ADN, ce qui permettrait aux médecins et aux patients d'éviter le recours aux chimiothérapies, qui peuvent être très nuisibles.
J'INTERROGE LE DR PAULA.
POUR VOUS, IL EST TROP TARD POUR LE TEST, LA CHIMIO EST BIENTÔT FINIE.
AH BON, J'ESPÈRE QUE ÇA AIDERA D'AUTRES GENS.
SEMAINE 3.
C'EST MA SAISON PRÉFÉRÉE...
J'ADORE LES SAPINS...
ET LES GROS FLOCONS DE NEIGE À L'ANGLE DE LA 57E ET DE LA 5E AVENUE...
J'ADORE LES VITRINES DES GRANDS MAGASINS...
PAR CONTRE, LES GRANDS MAGASINS...
SALETÉ DE MÉNOPAUSE MÉDICALE !
... LES COURSES DE NOËL À BLOOMINGDALE, MÊME SANS CHIMIO, C'EST ÉPUISANT...
ATTENTION AU LYMPHOEDÈME ! JE N'AI PAS LE DROIT DE PORTER LES COURSES DU CÔTÉ OPÉRÉ.
VOUS EN AVEZ PLUS BESOIN QUE MOI. JOYEUX NOËL !
QUI EST LE PLUS GÊNÉ DES DEUX : LUI DE M'AVOIR PRISE POUR UNE SDF, OU MOI D'AVOIR L'AIR D'UNE SDF ?

CHIMIO N°7. LUNDI 20 DÉCEMBRE. 13 H 48. 48 MINUTES DE RETARD.
DATE DE NAISSANCE?
SERINGUE N°22
LA SERINGUE PRÉLÈVE 2 TUBES DE SANG.
DATE DE NAISSANCE?
500 G DE PLUS.
OH ALLEZ... POUR UNE FOIS!
CERTAINEMENT PAS.
TIENS, UN AUTRE!
BASTA, MAMAN!
MAIS J'AI FAIT TOUTE LA BOÎTE POUR TOI!
MARISA!
MARY ANN, ON T'A FAIT DES BISCUITS.
OH, JE SUIS AU RÉGIME.
MAIS JE LES PRENDS QUAND MÊME.
* * * * ! TOUT ÇA POUR RIEN!
BON AP'!

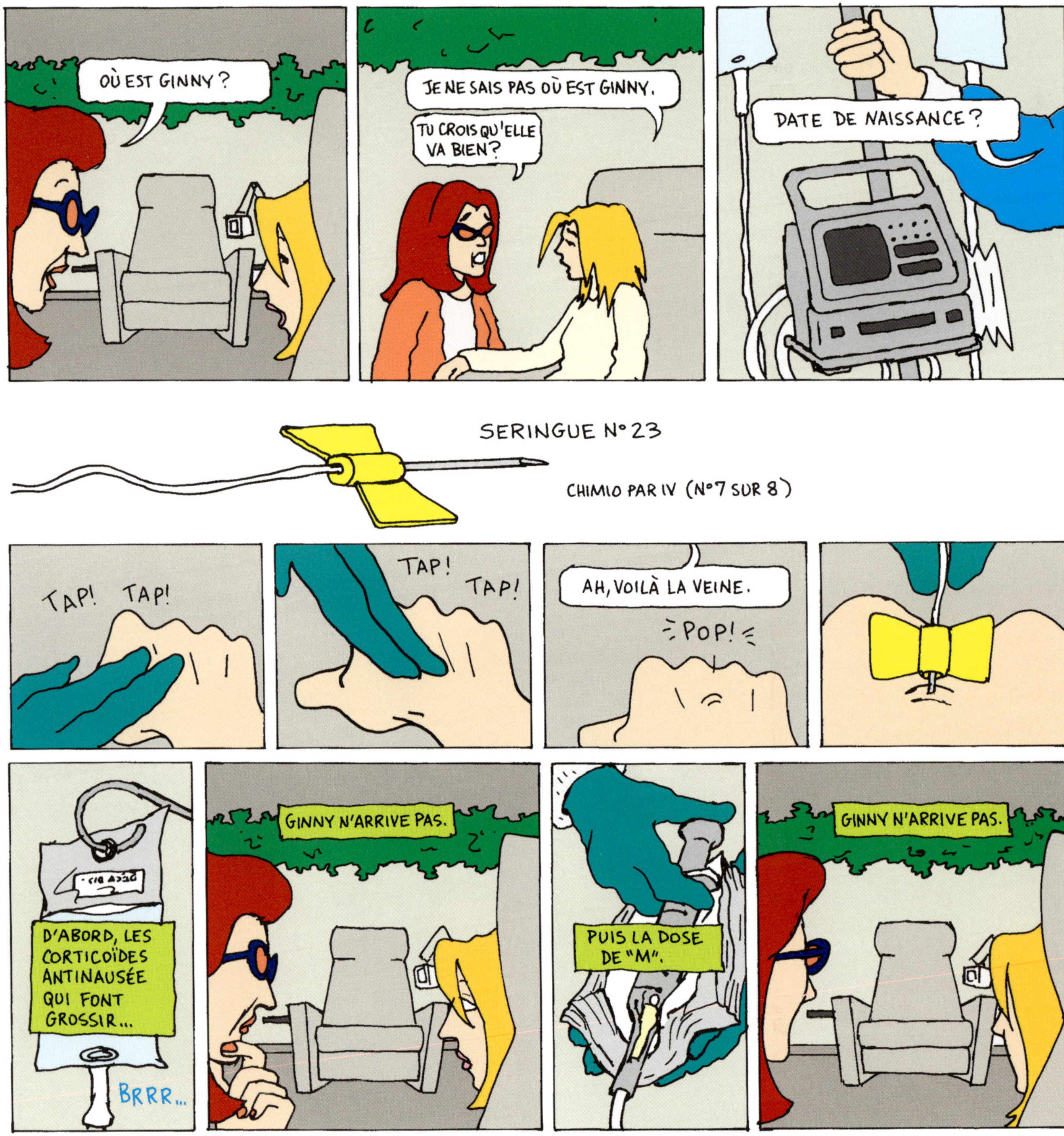
OÙ EST GINNY ?
JE NE SAIS PAS OÙ EST GINNY.
TU CROIS QU'ELLE VA BIEN ?
DATE DE NAISSANCE ?
SERINGUE N° 23
CHIMIO PAR IV (N° 7 SUR 8)
TAP! TAP!
TAP! TAP!
AH, VOILÀ LA VEINE.
POP!
D'ABORD, LES CORTICOÏDES ANTINAUSÉE QUI FONT GROSSIR...
BRRR...
GINNY N'ARRIVE PAS.
PUIS LA DOSE DE "M".
GINNY N'ARRIVE PAS.

PUIS LA DOSE DE "F".
J'AI UN CORDON DE SAINTE-PHILOMÈNE POUR GINNY.
JE GARDE TOUJOURS LE MIEN.
CYTOXAN
PUIS, LA POCHE DE "C".
AH, GINNY, ON TE CHERCHAIT.
ON VOUS A CHERCHÉES AUSSI.
HELLO GINNY ET JOHN!
J'AI PRIÉ POUR VOUS. JE PEUX CONTINUER?
AVEC PLAISIR.
MA MÈRE ATTACHE LE CORDON À SON POIGNET.
NOUS N'AVONS PAS REVU LA JOLIE GINNY. ON ESPÈRE DE TOUT CŒUR QU'ELLE VA BIEN.
BIEN SÛR, JE M'ENDORS PENDANT LE "C"...
BIIP!
CHIMIO 7 RÉGLÉE. IL EN RESTE 1
J'AI VRAIMENT HÂTE QUE ÇA FINISSE.
POURQUOI? TU NE T'ÉCLATES PAS?

RÉVEILLON DE NOËL. TOUTE MA FAMILLE SE RASSEMBLE CHEZ MES PARENTS DANS LE NEW JERSEY, OÙ LE MAESTRO NOUS CONCOCTE UNE FOIS DE PLUS UN REPAS MAGISTRAL.
DINA
JOHNNY
CARMINE
ANTHONY
YUN
DAVID
JE SUIS PLUS GRANDE QUE LUI !
HÉ, ACOCELLA, TU CROIS QU'IL Y A ASSEZ DE FOCACCIA POUR TOI ?
PAPA, IL Y EN A POUR LA SEMAINE.
UNE "FEUILLE" DE 2M.
BOB ET SON NOUVEAU CHÉRI, IRA, SONT VENUS DE NEW YORK...
COMME NOS AMIS MIKE ET ILENE.
CADEAU DES PARENTS
TOQUE EN FOURRURE ROSE
JE L'AI ENLEVÉE PARCE QUE ÇA ME DONNAIT DES BOUFFÉES DE CHALEUR.
MES COUSINS MICHAEL, LINDA, VANNA ET MA GRAND-TANTE DOLLY HABITENT PLUS BAS DANS LA RUE.
APRÈS UN FESTIN SPECTACULAIRE DE FOIE GRAS SUR PAIN AUX FIGUES, HUÎTRES, SALADE DE RADICCHIO DI TREVISO, PUNTARELLE, ST-JACQUES FRAÎCHES EN COQUILLES, TOMATES OBLONGUES ET LANGOUSTINES, LASAGNES, ARTICHAUTS BRAISÉS ET CÔTE DE BŒUF 1RE QUALITÉ... IL EST TEMPS DE PORTER UN TOAST. CE N'EST PAS SEULEMENT NOËL...
... DATE DE NAISSANCE ?

C'EST VRAI? TU ES NÉE À NOËL?
OUI MON ANNIVERSAIRE, C'EST LE JOUR DE NOËL.
J'AI ACCOUCHÉ JUSTE APRÈS LE DESSERT.
MON BÉBÉ A PASSÉ 10 MOIS DANS MON VENTRE.
EN RETARD POUR SA NAISSANCE.
JE VOULAIS VOUS DIRE QUE JE SUIS TRÈS HEUREUSE QUE VOUS SOYEZ TOUS LÀ...
MAINS TACHÉES D'ENCRE: CERTAINES CHOSES NE CHANGENT PAS.
JE SUIS HEUREUSE D'ÊTRE LÀ...
SWEAT "TÊTE DE MORT AVEC DES OREILLES DE MICKEY", POUR DÉFIER LE SORT.
... JE SUIS HEUREUSE D'ÊTRE EN VIE.
BON ANNIVERSAIRE!
JOYEUSES FÊTES!
CLINK!
CLINK!
CLINK!
CLINK!

JE SUIS SI HEUREUSE!
SNIF! SNIF! SNIF!
QUELLE TÊTE ELLE DOIT FAIRE QUAND ELLE EST TRISTE!
ET PUIS MOI, L'EX-MISS JE-VEUX-À-TOUT-PRIX-UN-SAC-HYPE-PLUTÔT-QU'UNE-COUVERTURE-SOCIALE, LA FILLE QUI VOULAIT NE JAMAIS GRANDIR, À CE MOMENT-LÀ, CESSE DE REDOUTER LES ANNIVERSAIRES À VENIR...
44
... ET JE FAIS UN VOEU
104
(ÇA RESTE ENTRE NOUS.)
JE T'AIME, MARCHETTO.
JE T'AIME AUSSI.
C'ÉTAIT QUOI ÇA? UN *SOURIRE*? BOB MORRIS, QUI PENSE QUE SOURIRE-C'EST-POUR-LES-LOSERS, A *SOURI*?!?!
EH! ÇA VA COMME ÇA, TOI!
ELLE T'A GRILLÉ, M. MORRIS.

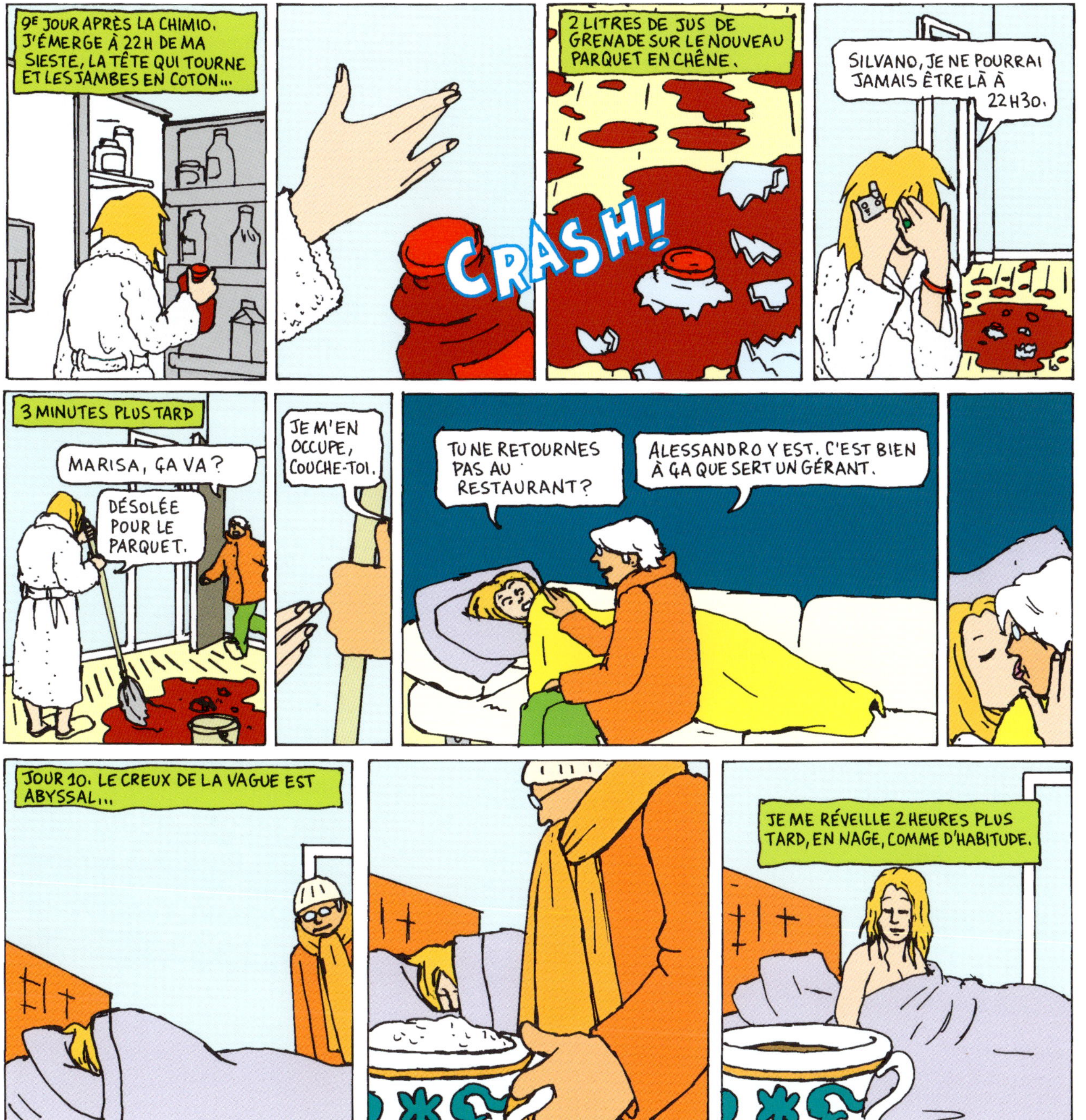
9E JOUR APRÈS LA CHIMIO. J'ÉMERGE À 22H DE MA SIESTE, LA TÊTE QUI TOURNE ET LES JAMBES EN COTON...
CRASH!
2 LITRES DE JUS DE GRENADE SUR LE NOUVEAU PARQUET EN CHÊNE.
SILVANO, JE NE POURRAI JAMAIS ÊTRE LÀ À 22H30.
3 MINUTES PLUS TARD
MARISA, ÇA VA ?
DÉSOLÉE POUR LE PARQUET.
JE M'EN OCCUPE, COUCHE-TOI.
TU NE RETOURNES PAS AU RESTAURANT ?
ALESSANDRO Y EST. C'EST BIEN À ÇA QUE SERT UN GÉRANT.
JOUR 10. LE CREUX DE LA VAGUE EST ABYSSAL...
JE ME RÉVEILLE 2 HEURES PLUS TARD, EN NAGE, COMME D'HABITUDE.

LE RÉVEILLON. OUI, LE RESTAURANT EST OUVERT ET OUI, NOUS PORTONS CES LUNETTES EN PUBLIC.
2005
2005
1ER DE L'AN. ÉGLISE NOTRE-DAME-DE-POMPÉI. JE VOULAIS COMMENCER 2005 EN HONORANT LES SAINTES FEMMES DU LIEU...
LA REDOUTABLE TUEUSE DE SERPENTS AUX YEUX PAISIBLES, SAINTE MARIE, EN FRESQUE SUR LE MUR
À SA DROITE, UNE STATUE DE LA VIERGE MARTYRE, SAINTE PHILOMÈNE.
ÇA FAIT UN BAIL QUE JE NE SUIS PAS VENUE, JE SAIS.
MON DIEU, MARIE, JÉSUS, ET TOUS LES ANGES DU CIEL...
CECI POUR MON SILVANO BIEN-AIMÉ...
ET MON PÈRE...
MA MÈRE...
LEYLA...
MES FRÈRES ET SOEURS...
LEURS FAMILLES...
TOUS LES COUSINS...
LES PATIENTES QUE JE CONNAIS ET AUSSI TOUS LES AUTRES...
MES AMIS...
MES ENNEMIS...
ET LE MONDE.

CHIMIO N°8 !!!
LUNDI 13
JANVIER.
10H46. J'ARRIVE AU BUREAU DE ROY
AVEC 14 MINUTES D'AVANCE.
AUJOURD'HUI C'EST LA DERNIÈRE?
PERMETTEZ QUE JE VOUS ACCOMPAGNE.
PS: MON GLOSS, C'EST "GIDDY" DE M.A.C.
DATE DE NAISSANCE?
?
TAP!
TAP!
VOUS ÊTES SCORPION, JE PARIE.
SCORPION, PIQÛRES... C'EST
DRÔLE, NON?
SERINGUE N°24
LA SERINGUE
PRÉLÈVE
2 TUBES
DE SANG
DATE DE NAISSANCE?
VOUS VOULEZ VRAIMENT SAVOIR?
C'EST SÛR?
MMH.
OUI.
VOUS AVEZ
PRIS 1 KG.
OH...
CES TRUCS-LÀ, ÇA
VA, ÇA VIENT...
PUIS JE VAIS VOIR LE DR PAULA...
NAUSÉES?
OUI.
SUEURS NOCTURNES?
OUI.
BOUFFÉES DE CHALEUR?
OUI.
FATIGUE?
OUI.
DIARRHÉE?
OUI.
ET LE RESTE, COMMENT ÇA VA?
JE NE ME
PLAINS PAS.

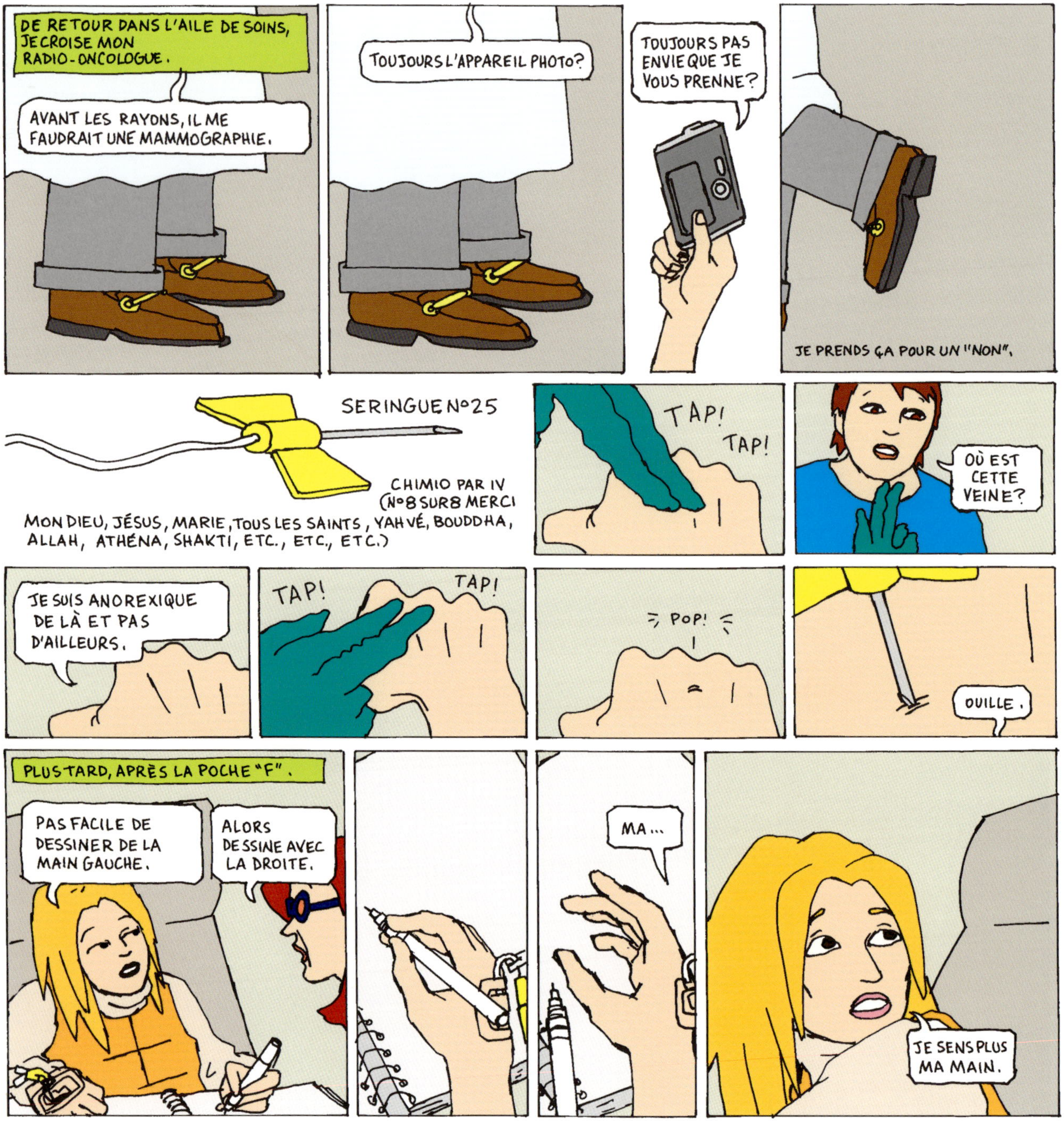
DE RETOUR DANS L'AILE DE SOINS, JE CROISE MON RADIO-ONCOLOGUE.
AVANT LES RAYONS, IL ME FAUDRAIT UNE MAMMOGRAPHIE.
TOUJOURS L'APPAREIL PHOTO?
TOUJOURS PAS ENVIE QUE JE VOUS PRENNE?
JE PRENDS ÇA POUR UN "NON".
SERINGUE N°25
CHIMIO PAR IV (N°8 SUR 8 MERCI MON DIEU, JÉSUS, MARIE, TOUS LES SAINTS, YAHVÉ, BOUDDHA, ALLAH, ATHÉNA, SHAKTI, ETC., ETC., ETC.)
TAP! TAP!
OÙ EST CETTE VEINE?
JE SUIS ANOREXIQUE DE LÀ ET PAS D'AILLEURS.
TAP! TAP!
POP!
OUILLE.
PLUS TARD, APRÈS LA POCHE "F".
PAS FACILE DE DESSINER DE LA MAIN GAUCHE.
ALORS DESSINE AVEC LA DROITE.
MA...
JE SENS PLUS MA MAIN.

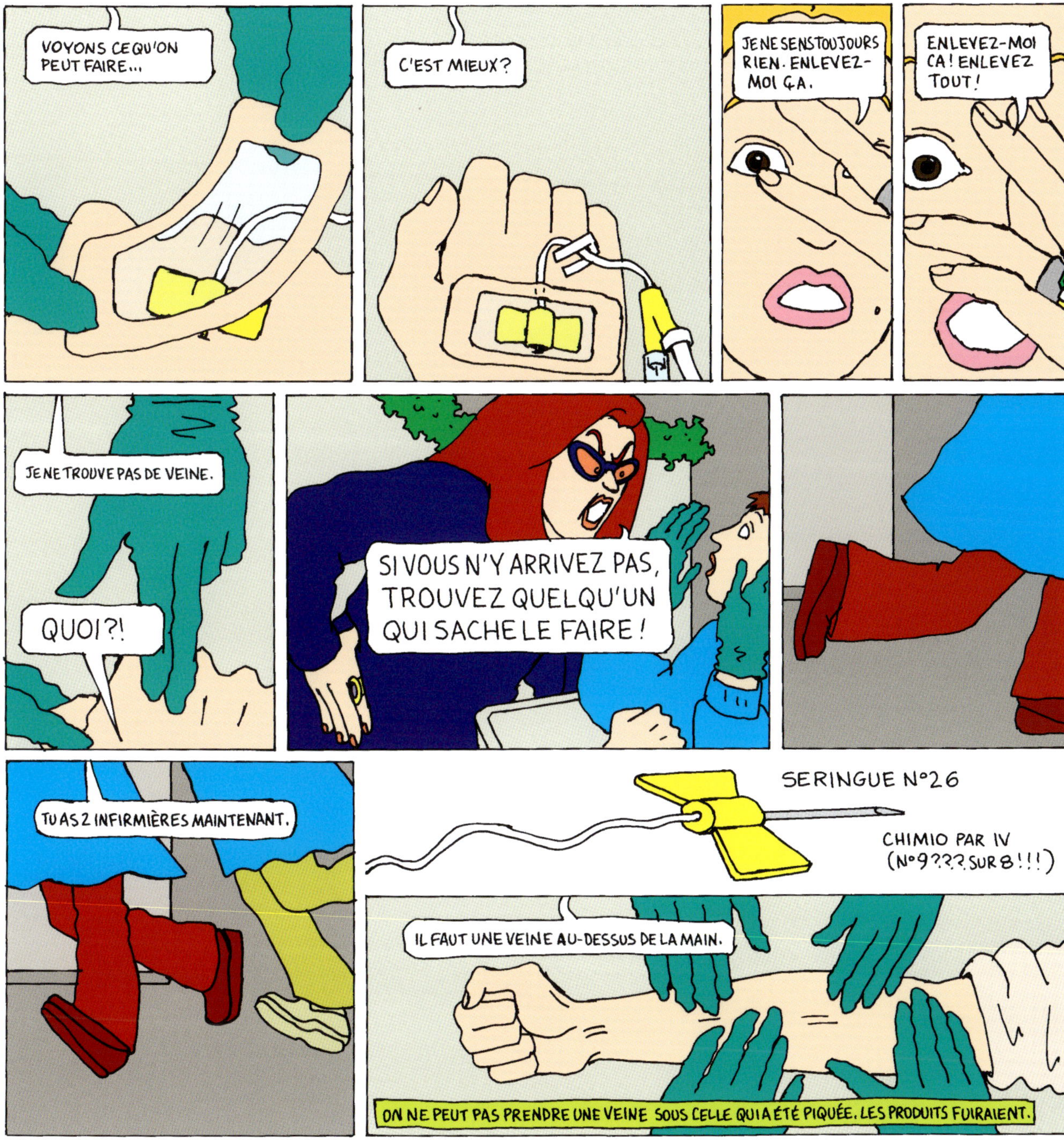
VOYONS CE QU'ON PEUT FAIRE...
C'EST MIEUX ?
JE NE SENS TOUJOURS RIEN. ENLEVEZ-MOI ÇA.
ENLEVEZ-MOI ÇA ! ENLEVEZ TOUT !
JE NE TROUVE PAS DE VEINE.
QUOI ?!
SI VOUS N'Y ARRIVEZ PAS, TROUVEZ QUELQU'UN QUI SACHE LE FAIRE !
TU AS 2 INFIRMIÈRES MAINTENANT.
SERINGUE N°26
CHIMIO PAR IV (N°9 ??? SUR 8 !!!)
IL FAUT UNE VEINE AU-DESSUS DE LA MAIN.
ON NE PEUT PAS PRENDRE UNE VEINE SOUS CELLE QUI A ÉTÉ PIQUÉE. LES PRODUITS FUIRAIENT.

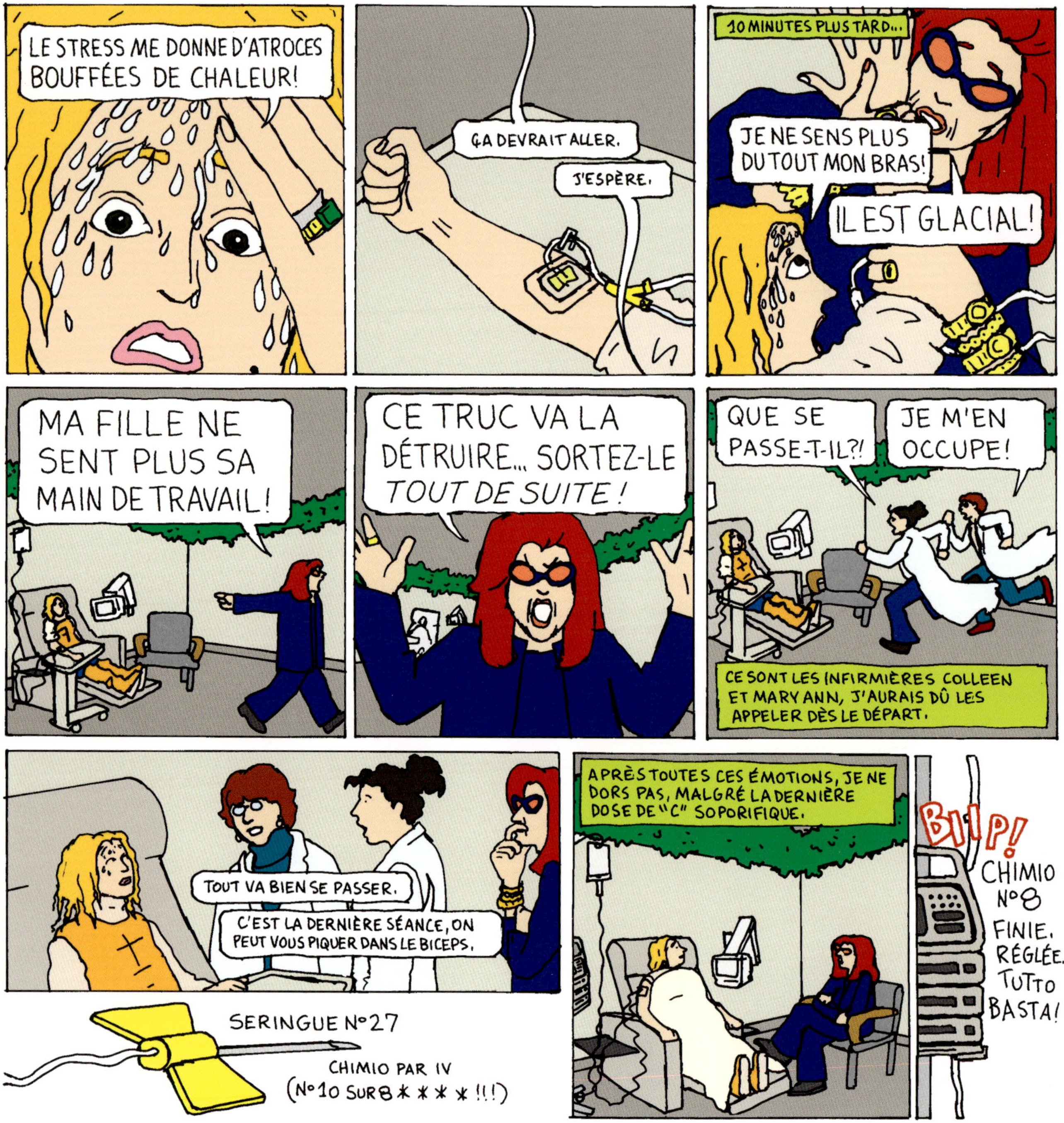
LE STRESS ME DONNE D'ATROCES BOUFFÉES DE CHALEUR!
ÇA DEVRAIT ALLER.
J'ESPÈRE.
10 MINUTES PLUS TARD...
JE NE SENS PLUS DU TOUT MON BRAS!
IL EST GLACIAL!
MA FILLE NE SENT PLUS SA MAIN DE TRAVAIL!
CE TRUC VA LA DÉTRUIRE... SORTEZ-LE *TOUT DE SUITE* !
QUE SE PASSE-T-IL?!
JE M'EN OCCUPE!
CE SONT LES INFIRMIÈRES COLLEEN ET MARY ANN, J'AURAIS DÛ LES APPELER DÈS LE DÉPART.
TOUT VA BIEN SE PASSER.
C'EST LA DERNIÈRE SÉANCE, ON PEUT VOUS PIQUER DANS LE BICEPS.
SERINGUE N°27
CHIMIO PAR IV
(N°10 SUR 8 * * * * !!!)
APRÈS TOUTES CES ÉMOTIONS, JE NE DORS PAS, MALGRÉ LA DERNIÈRE DOSE DE "C" SOPORIFIQUE.
BIIP!
CHIMIO N°8
FINIE. RÉGLÉE. TUTTO BASTA!

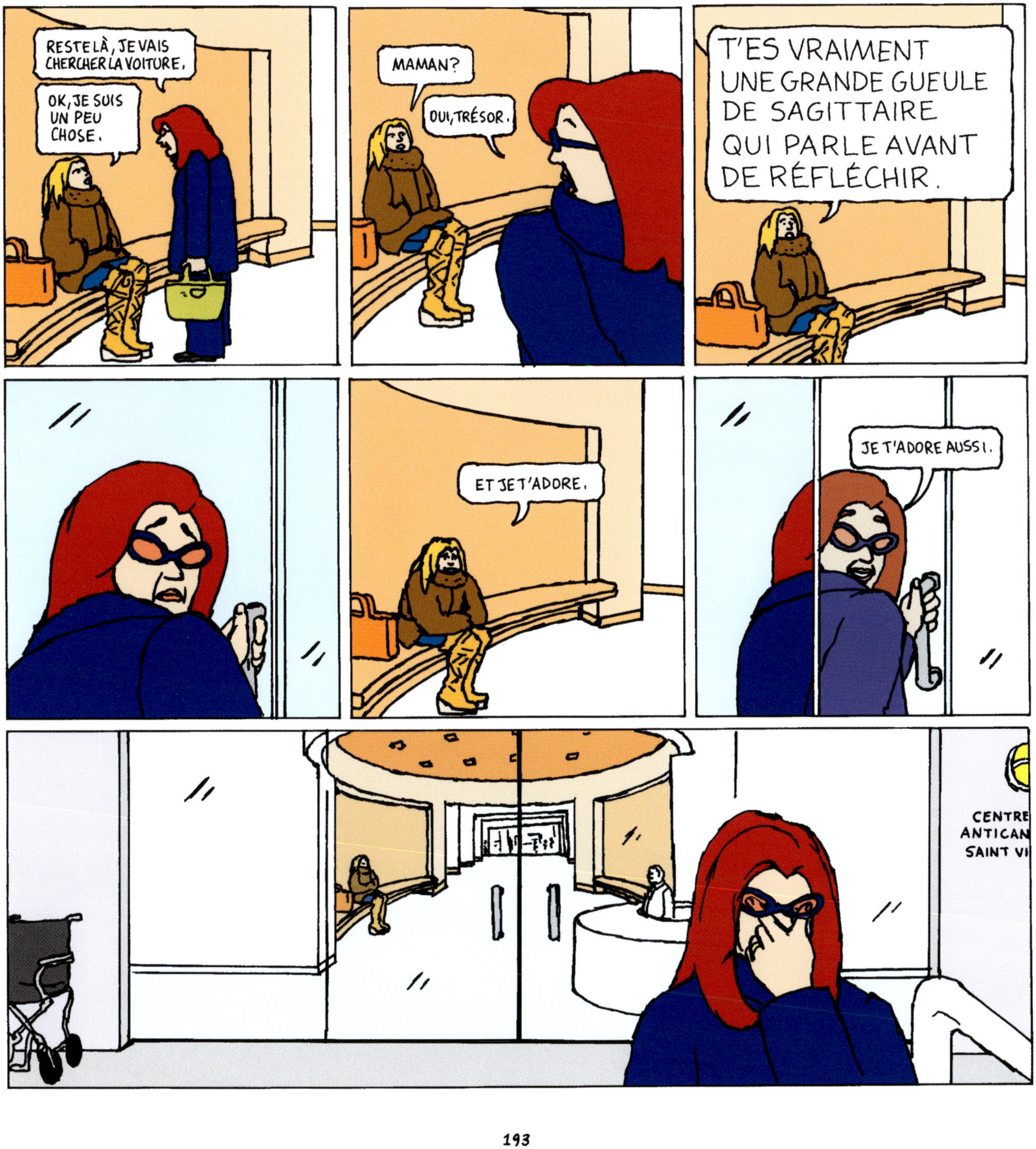
RESTE LÀ, JE VAIS CHERCHER LA VOITURE.
OK, JE SUIS UN PEU CHOSE.
MAMAN?
OUI, TRÉSOR.
T'ES VRAIMENT UNE GRANDE GUEULE DE SAGITTAIRE QUI PARLE AVANT DE RÉFLÉCHIR.
ET JE T'ADORE.
JE T'ADORE AUSSI.
CENTRE
ANTICAN
SAINT VI

SERINGUE N°28
UNE SEMAINE AVANT LES RAYONS JE VAIS AU CASV ME FAIRE TATOUER.
JE PLAISANTE, BIEN SÛR !
VOILÀ MON TATOUAGE. DES PETITS POINTS NOIRS INDÉLÉBILES QUI DÉLIMITENT LA ZONE QUI VA ÊTRE IRRADIÉE.
HYDRATEZ BIEN APRÈS CHAQUE TRAITEMENT.
PUIS JE VOIS LE RADIO-ONCOLOGUE, LE DR RESCIGNO...
IL Y A PEUT-ÊTRE ENCORE QUELQUES CELLULES CANCÉREUSES DANS LE TISSU MAMMAIRE, TROP PETITES POUR ÊTRE DÉTECTÉES, LES RAYONS EMPÊCHENT TOUTE RÉCIDIVE DANS LE SEIN... JUSTE PAR PRÉCAUTION.
DONC ON COMMENCE LA SEMAINE PROCHAINE. 33 SÉANCES, 5 JOURS PAR SEMAINE DU LUNDI AU VENDREDI PENDANT 6 SEMAINES ET DEMIE. DES QUESTIONS ?
OUI. JE FINIS MON PAPIER POUR GLAMOUR... VOUS ÊTES SÛR DE NE PAS VOULOIR ÊTRE DEDANS ?
16 FÉVRIER, LA VEILLE DU PREMIER TRAITEMENT...
BONNE NOUVELLE, CHÉRIE ! J'AI TROUVÉ LA SALLE, ON FAIT LA FÊTE DE MARIAGE LE 9 MARS. MAIS TU NE VEUX VRAIMENT PAS ATTENDRE LA FIN DES RAYONS ?
POURQUOI FÊTER DEMAIN CE QU'ON PEUT FÊTER AUJOURD'HUI ?
LE LENDEMAIN...
SALUT SESSA, ON FAIT LA FÊTE, JE T'ENVOIE LES ADRESSES POUR QUE TU FASSES PARTIR LES INVITATIONS.
SUPER, C'EST QUAND ?
3 SEMAINES ? BOUGE-TOI ET DONNE-MOI DES NUMÉROS, QUE J'APPELLE TOUT LE MONDE. T'ES OÙ LÀ ?
OH, JE VAIS ME FAIRE IRRADIER.

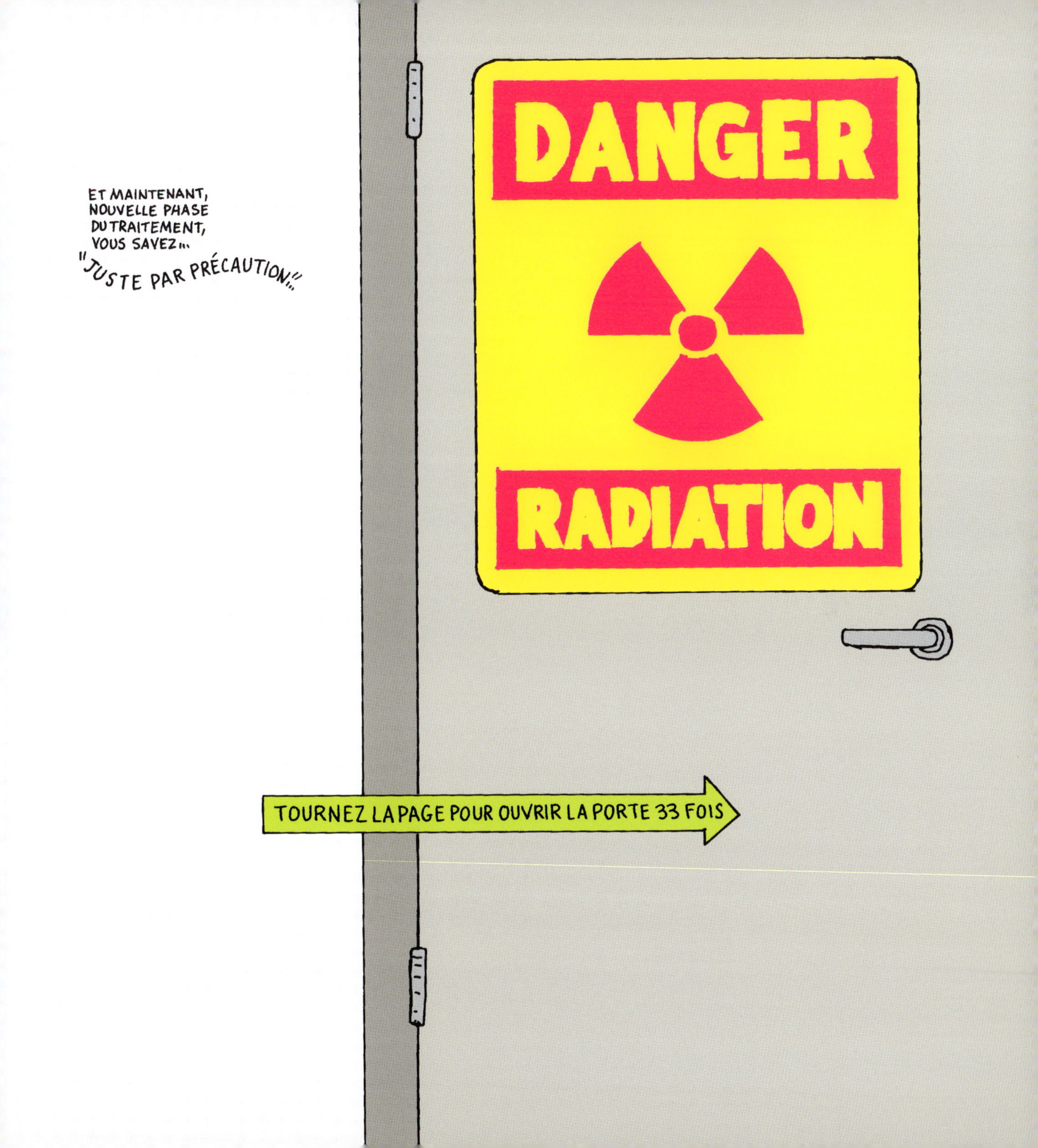
ET MAINTENANT, NOUVELLE PHASE DU TRAITEMENT, VOUS SAVEZ... "JUSTE PAR PRÉCAUTION."
DANGER
RADIATION
TOURNEZ LA PAGE POUR OUVRIR LA PORTE 33 FOIS

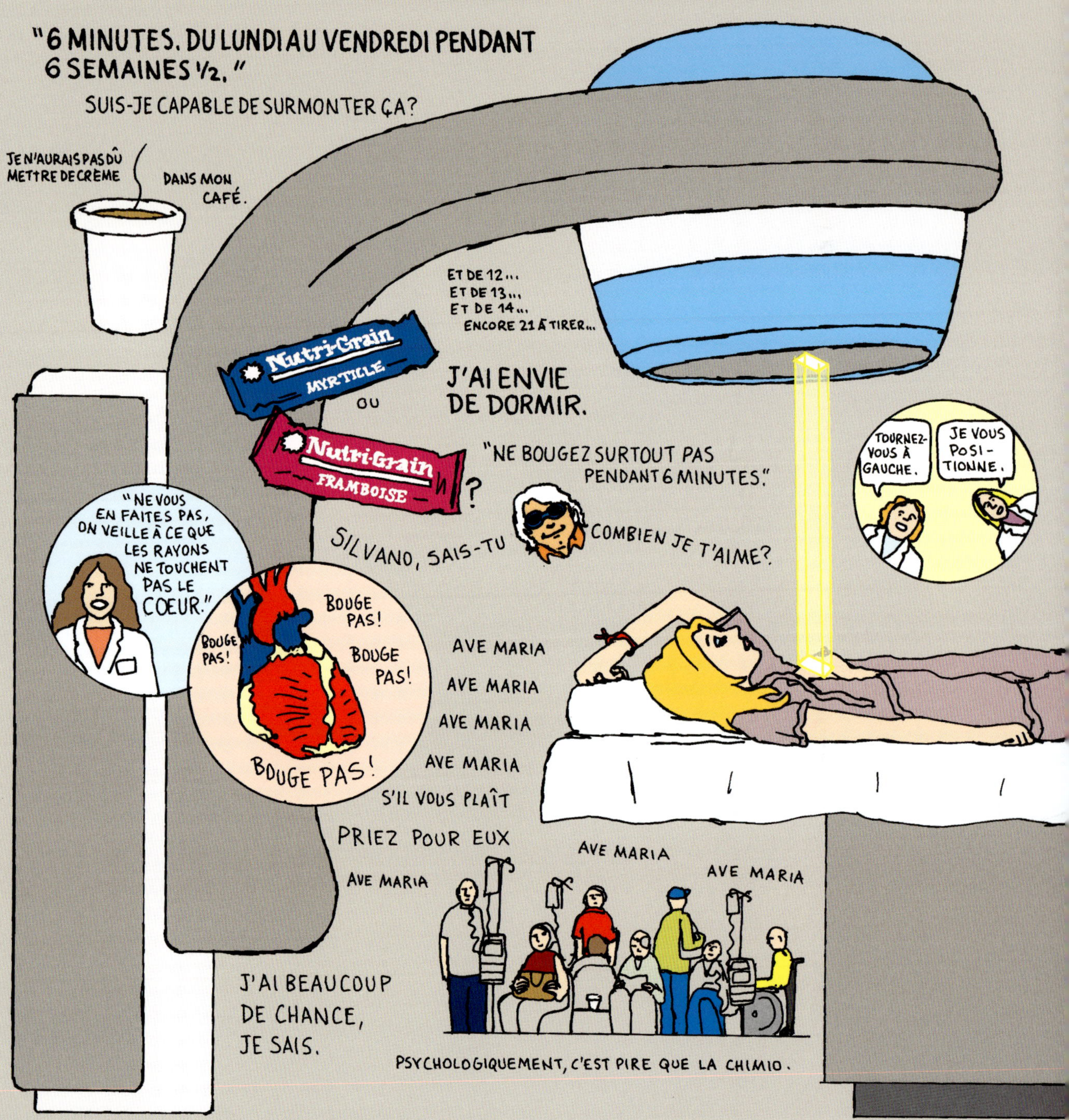
"6 MINUTES. DU LUNDI AU VENDREDI PENDANT 6 SEMAINES 1/2."
SUIS-JE CAPABLE DE SURMONTER ÇA?
JE N'AURAIS PAS DÛ METTRE DE CRÈME
DANS MON CAFÉ.
ET DE 12...
ET DE 13...
ET DE 14...
ENCORE 21 À TIRER...
Nutri-Grain MYRTILLE
OU
Nutri-Grain FRAMBOISE
?
J'AI ENVIE DE DORMIR.
"NE BOUGEZ SURTOUT PAS PENDANT 6 MINUTES."
TOURNEZ-VOUS À GAUCHE.
JE VOUS POSI-TIONNE.
SILVANO, SAIS-TU COMBIEN JE T'AIME?
"NE VOUS EN FAITES PAS, ON VEILLE À CE QUE LES RAYONS NE TOUCHENT PAS LE COEUR."
BOUGE PAS!
BOUGE PAS!
BOUGE PAS!
BOUGE PAS!
AVE MARIA
AVE MARIA
AVE MARIA
AVE MARIA
S'IL VOUS PLAÎT
PRIEZ POUR EUX
AVE MARIA
AVE MARIA
AVE MARIA
J'AI BEAUCOUP DE CHANCE, JE SAIS.
PSYCHOLOGIQUEMENT, C'EST PIRE QUE LA CHIMIO.

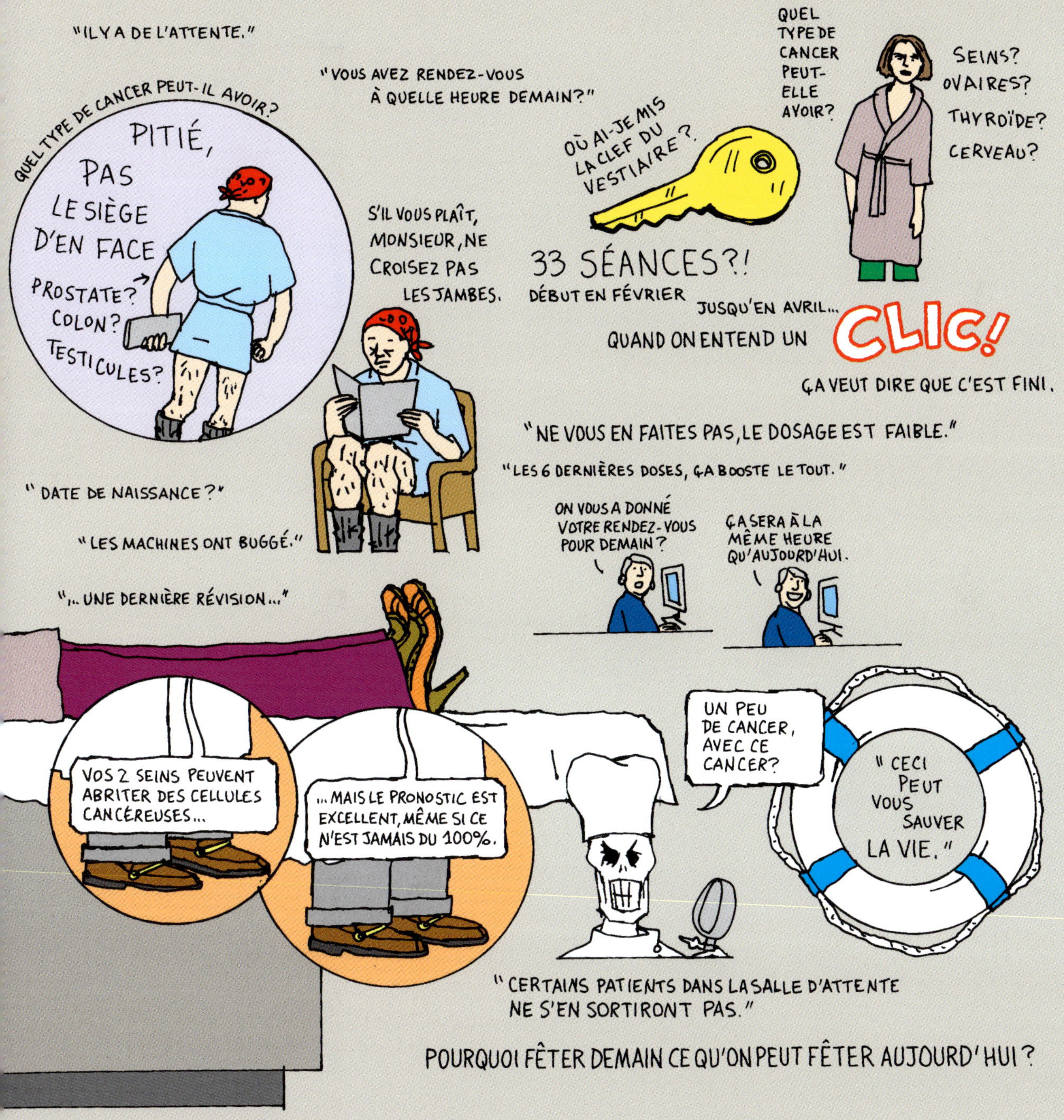
"IL Y A DE L'ATTENTE."
QUEL TYPE DE CANCER PEUT-IL AVOIR?
PITIÉ, PAS LE SIÈGE D'EN FACE
PROSTATE? COLON? TESTICULES?
"VOUS AVEZ RENDEZ-VOUS À QUELLE HEURE DEMAIN?"
S'IL VOUS PLAÎT, MONSIEUR, NE CROISEZ PAS LES JAMBES.
OÙ AI-JE MIS LA CLEF DU VESTIAIRE?
QUEL TYPE DE CANCER PEUT-ELLE AVOIR?
SEINS? OVAIRES? THYROÏDE? CERVEAU?
33 SÉANCES?!
DÉBUT EN FÉVRIER
JUSQU'EN AVRIL...
QUAND ON ENTEND UN CLIC!
ÇA VEUT DIRE QUE C'EST FINI.
"NE VOUS EN FAITES PAS, LE DOSAGE EST FAIBLE."
"LES 6 DERNIÈRES DOSES, ÇA BOOSTE LE TOUT."
" DATE DE NAISSANCE?"
"LES MACHINES ONT BUGGÉ."
ON VOUS A DONNÉ VOTRE RENDEZ-VOUS POUR DEMAIN?
ÇA SERA À LA MÊME HEURE QU'AUJOURD'HUI.
"... UNE DERNIÈRE RÉVISION..."
VOS 2 SEINS PEUVENT ABRITER DES CELLULES CANCÉREUSES...
... MAIS LE PRONOSTIC EST EXCELLENT, MÊME SI CE N'EST JAMAIS DU 100%.
UN PEU DE CANCER, AVEC CE CANCER?
" CECI PEUT VOUS SAUVER LA VIE."
" CERTAINS PATIENTS DANS LA SALLE D'ATTENTE NE S'EN SORTIRONT PAS."
POURQUOI FÊTER DEMAIN CE QU'ON PEUT FÊTER AUJOURD'HUI?

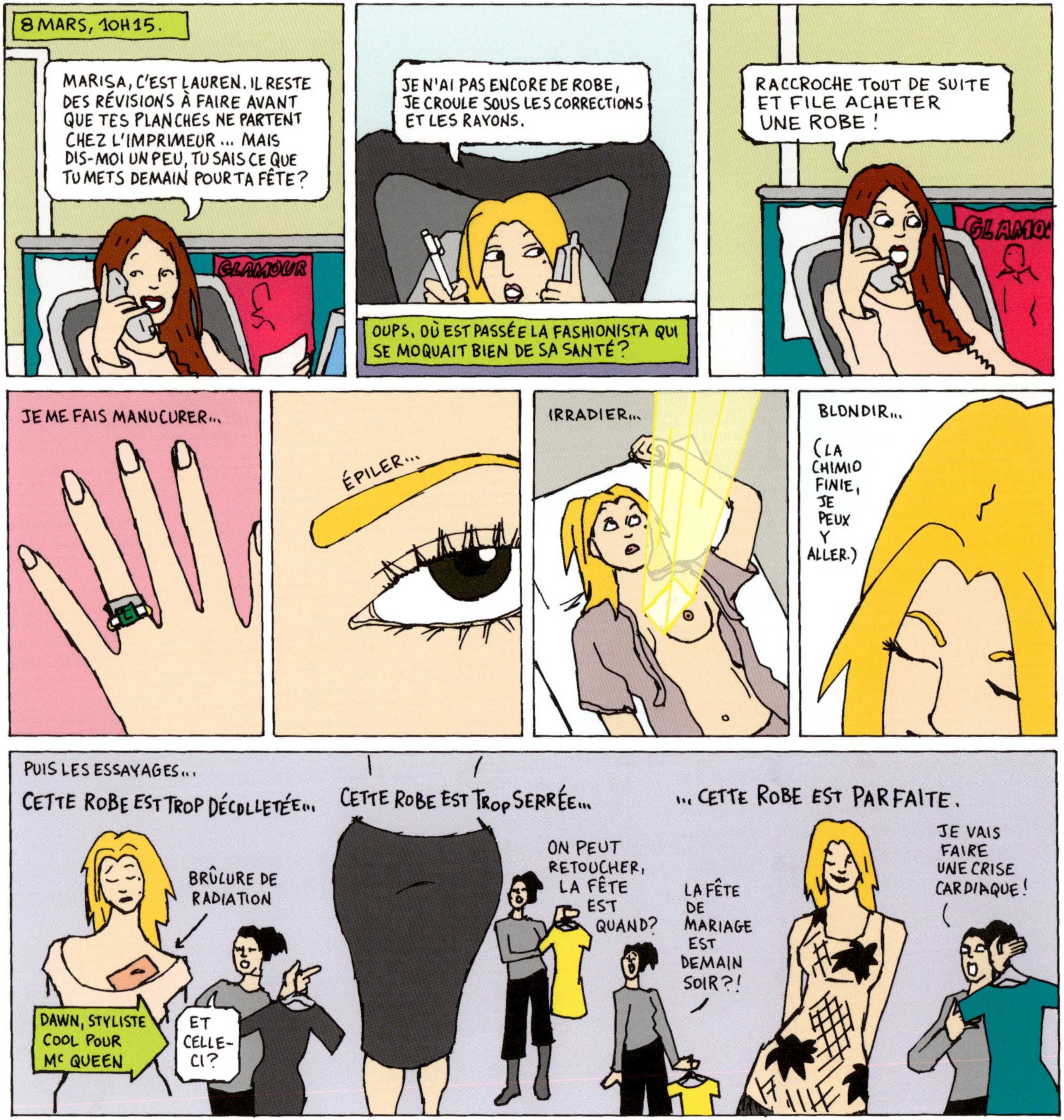
8 MARS, 10H15.
MARISA, C'EST LAUREN. IL RESTE DES RÉVISIONS À FAIRE AVANT QUE TES PLANCHES NE PARTENT CHEZ L'IMPRIMEUR... MAIS DIS-MOI UN PEU, TU SAIS CE QUE TU METS DEMAIN POUR TA FÊTE ?
GLAMOUR
JE N'AI PAS ENCORE DE ROBE, JE CROULE SOUS LES CORRECTIONS ET LES RAYONS.
OUPS, OÙ EST PASSÉE LA FASHIONISTA QUI SE MOQUAIT BIEN DE SA SANTÉ ?
RACCROCHE TOUT DE SUITE ET FILE ACHETER UNE ROBE !
JE ME FAIS MANUCURER...
ÉPILER...
IRRADIER...
BLONDIR...
(LA CHIMIO FINIE, JE PEUX Y ALLER.)
PUIS LES ESSAYAGES...
CETTE ROBE EST TROP DÉCOLLETÉE...
CETTE ROBE EST TROP SERRÉE...
... CETTE ROBE EST PARFAITE.
BRÛLURE DE RADIATION
DAWN, STYLISTE COOL POUR Mc QUEEN
ET CELLE-CI ?
ON PEUT RETOUCHER, LA FÊTE EST QUAND ?
LA FÊTE DE MARIAGE EST DEMAIN SOIR ?!
JE VAIS FAIRE UNE CRISE CARDIAQUE !

ET LE 9 MARS, APRÈS LES RAYONS...
... ON FAIT LA FÊTE.
NOS AMIS RICHARD, SESSA ET KIMBERLEY ONT ORGANISÉ UN GRAND VIN D'HONNEUR DANS LE SALON QUI EXPOSE LES PLUS BELLES VOITURES ITALIENNES. LÀ ON BOIT LE MEILLEUR VIN ITALIEN PÉTILLANT ET ON MANGE LES MEILLEURES SPÉCIALITÉS ITALIENNES – MAIS BON, JE PRÊCHE POUR MA *PAROISSE*.
MARISA, COMMENT VA TON ITALIEN?
À MERVEILLE.
SILVANO PORTE UNE CRAVATE EMILIO PUCCI.
... ET 180 DE NOS MAVs ÉTAIENT LÀ.
SUR MA ROBE ET JUSQU'AU SOL, DES FLEURS DE SOIE NOIRE STYLISÉES.
BELLAVISTA

C'EST MA DERNIÈRE SÉANCE...
JE SOUHAITE EN FINIR POUR DE BON
VITE.
PUIS JE PENSE À LA FINITUDE DE L'EXISTENCE...
ET AU COURT TEMPS QUI NOUS EST IMPARTI...
POURQUOI VOULOIR ABRÉGER NE SERAIT-CE QU'UN MOMENT?
CLIC!
ET VOILÀ, C'ÉTAIT LA 33E!
APRÈS MA DERNIÈRE SÉANCE (SI DIEU LE VEUT), LE DR RESCIGNO ME CONVOQUE.
POURQUOI JE NE SUIS PAS DEDANS?!
GLAMOUR
LES PREMIÈRES PAGES SONT EN KIOSQUE.
JE VOUS AI DEMANDÉ DES CENTAINES DE FOIS ET VOUS AVEZ REFUSÉ.
EH BIEN...
SI VOUS AVEZ BESOIN DE QUOI QUE CE SOIT, JE SUIS DISPONIBLE POUR UNE CONSULTATION.
ET JE PRENDS CONGÉ DE TOUS LES MANIPULATEURS RADIO...
BYE!
ADIEU!
CIAO!
J'ESPÈRE NE JAMAIS VOUS REVOIR!
MAIS JE LIRAI TOUJOURS VOS BD!

SI JE VOULAIS VOIR MES BD DANS LE NEW YORKER, IL ME FALLAIT ÊTRE VUE AU NEW YORKER...
ALLONS ENSEMBLE À LA SOIRÉE DU NEW YORKER.
LES ILLUSTRATEURS DÉTESTENT QUITTER LEUR TABLE À DESSIN.
J'EN SAIS RIEN.
ALLEZ, JE VEUX TE DONNER TON CADEAU D'ANNIV', ON EST EN AVRIL.
SAM N'A NI TÉLÉPHONE PORTABLE NI E-MAIL.
VIENS, ON VA BIEN SE MARRER.
ET IL UTILISE UN RAPIDOGRAPHE DE FIN DE SÉRIE.
UN "S. GROSS" ORIGINAL !
COPYRIGHT 1974 S. GROSS
S.GROSS
J'ADORE !
J'EN ÉTAIS SÛR, MA PUCE. ALLEZ, VIENS BOIRE UN COUP.
TU TE SOUVIENS, IL Y A 3 ANS, AVEC TA SUPER COPINE ?
LA DESSINATRICE RIVALE ?
EH BIEN L'HISTOIRE SE RÉPÈTE.
NON NON...
... JE NE SUIS PLUS MESQUINE, COMME AVANT LE CANCER...
... J'AI PRIS DE LA HAUTEUR.
AH OUI ?
SALUT, COMMENT ÇA VA ?
ÇA ROULE ?

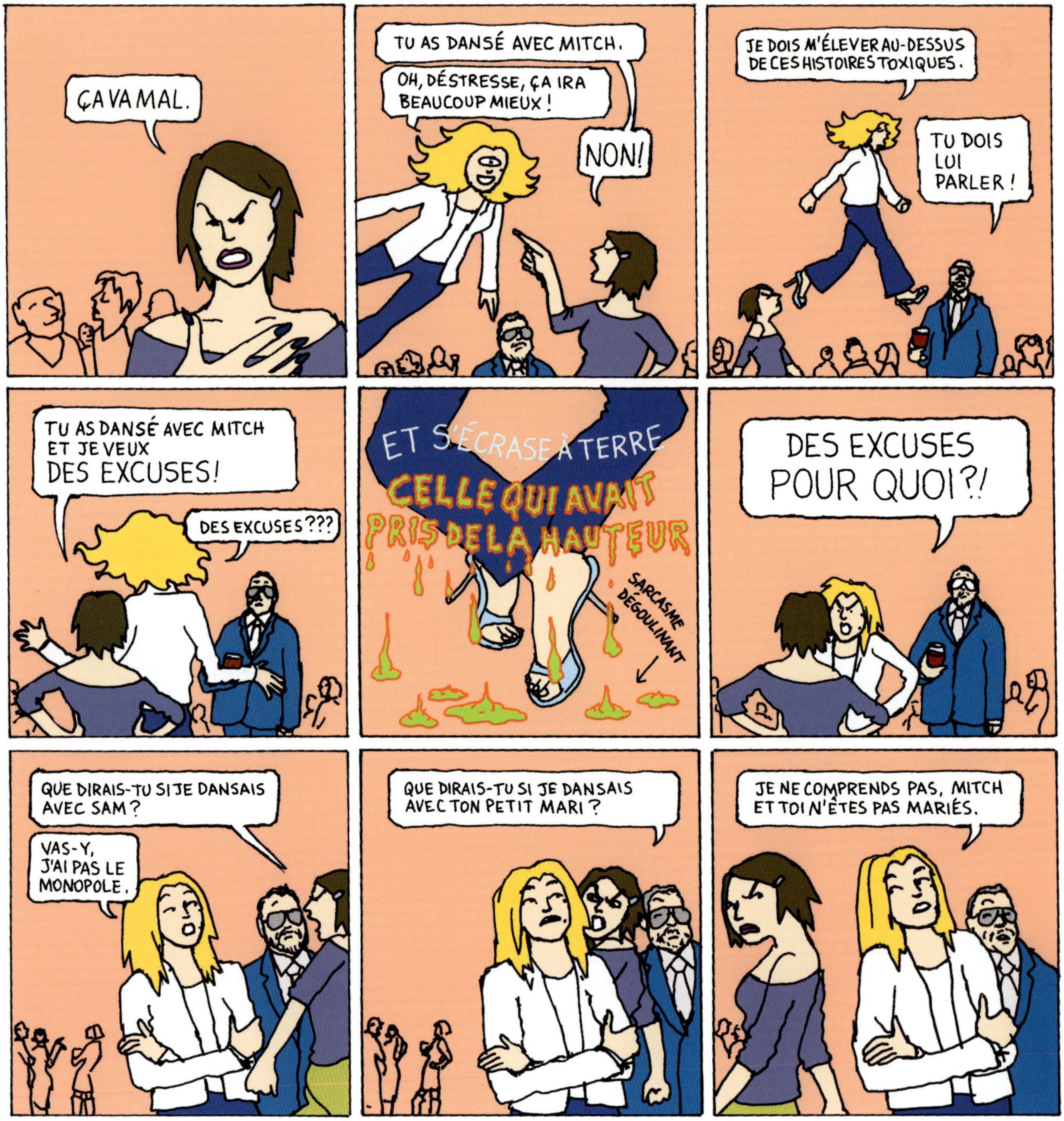
ÇA VA MAL.
TU AS DANSÉ AVEC MITCH.
OH, DÉSTRESSE, ÇA IRA BEAUCOUP MIEUX !
NON!
JE DOIS M'ÉLEVER AU-DESSUS DE CES HISTOIRES TOXIQUES.
TU DOIS LUI PARLER !
TU AS DANSÉ AVEC MITCH ET JE VEUX DES EXCUSES!
DES EXCUSES???
ET S'ÉCRASE À TERRE
CELLE QUI AVAIT PRIS DE LA HAUTEUR
SARCASME DÉGOULINANT
DES EXCUSES POUR QUOI?!
QUE DIRAIS-TU SI JE DANSAIS AVEC SAM ?
VAS-Y, J'AI PAS LE MONOPOLE.
QUE DIRAIS-TU SI JE DANSAIS AVEC TON PETIT MARI ?
JE NE COMPRENDS PAS, MITCH ET TOI N'ÊTES PAS MARIÉS.

SI NOUS POUVONS NOUS PARDONNER RÉCIPROQUEMENT, PEUT-ÊTRE RESTE-T-IL DE L'ESPOIR DANS LE MONDE ?

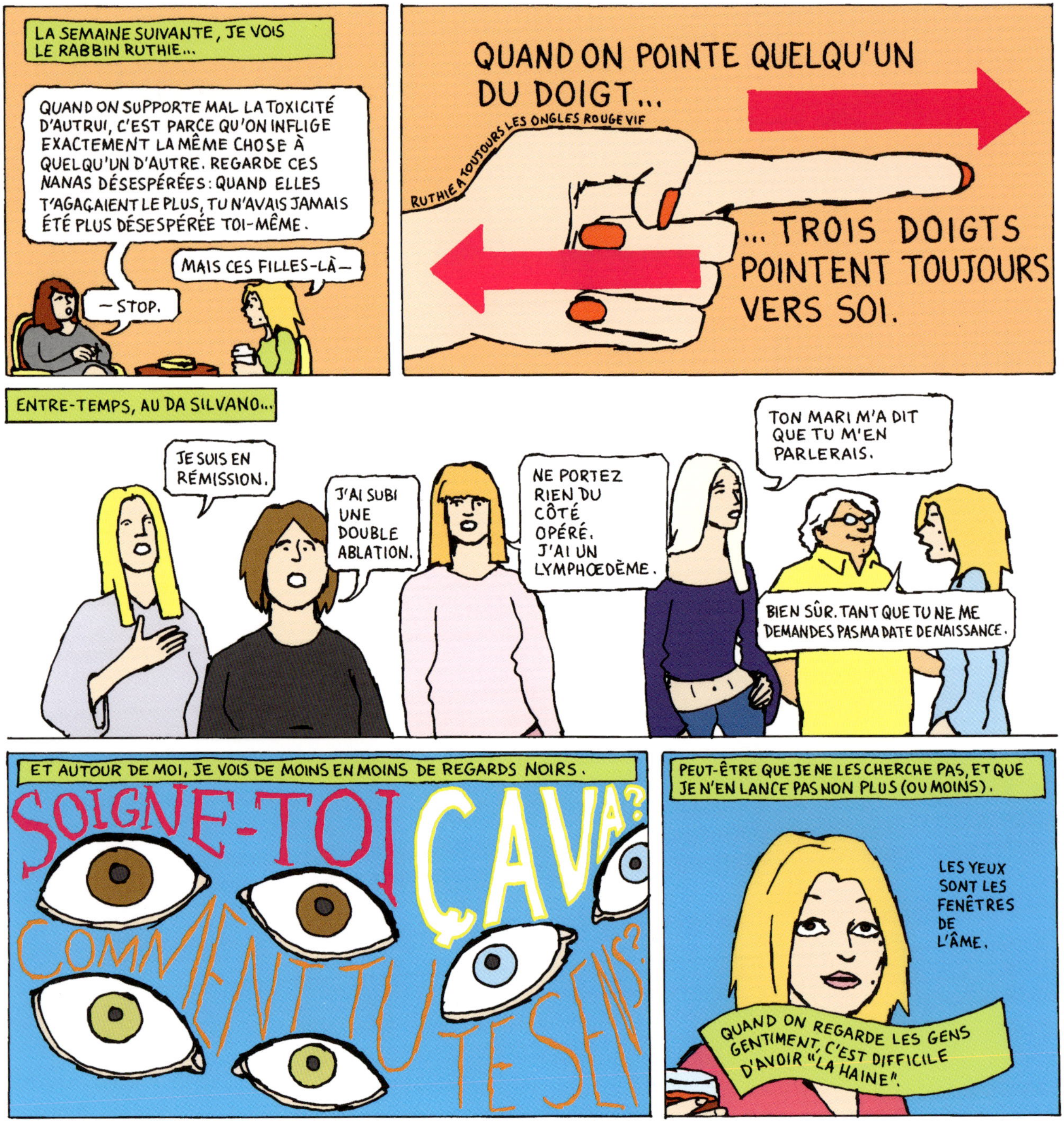
LA SEMAINE SUIVANTE, JE VOIS LE RABBIN RUTHIE...
QUAND ON SUPPORTE MAL LA TOXICITÉ D'AUTRUI, C'EST PARCE QU'ON INFLIGE EXACTEMENT LA MÊME CHOSE À QUELQU'UN D'AUTRE. REGARDE CES NANAS DÉSESPÉRÉES : QUAND ELLES T'AGAÇAIENT LE PLUS, TU N'AVAIS JAMAIS ÉTÉ PLUS DÉSESPÉRÉE TOI-MÊME.
MAIS CES FILLES-LÀ —
— STOP.
QUAND ON POINTE QUELQU'UN DU DOIGT...
RUTHIE A TOUJOURS LES ONGLES ROUGE VIF
... TROIS DOIGTS POINTENT TOUJOURS VERS SOI.
ENTRE-TEMPS, AU DA SILVANO...
JE SUIS EN RÉMISSION.
J'AI SUBI UNE DOUBLE ABLATION.
NE PORTEZ RIEN DU CÔTÉ OPÉRÉ. J'AI UN LYMPHOEDÈME.
TON MARI M'A DIT QUE TU M'EN PARLERAIS.
BIEN SÛR. TANT QUE TU NE ME DEMANDES PAS MA DATE DE NAISSANCE.
ET AUTOUR DE MOI, JE VOIS DE MOINS EN MOINS DE REGARDS NOIRS.
SOIGNE-TOI
ÇA VA?
COMMENT TU TE SENS?
PEUT-ÊTRE QUE JE NE LES CHERCHE PAS, ET QUE JE N'EN LANCE PAS NON PLUS (OU MOINS).
LES YEUX SONT LES FENÊTRES DE L'ÂME.
QUAND ON REGARDE LES GENS GENTIMENT, C'EST DIFFICILE D'AVOIR "LA HAINE".

28 AVRIL. SUIVI AVEC LE DR PAULA ET L'INFIRMIÈRE MARY ANN.
ON VA VOUS METTRE SOUS TAMOXIFÈNE. ÇA BLOQUE LA PRODUCTION D'ŒSTROGÈNE ET RALENTIT LA CROISSANCE DES CELLULES CANCÉREUSES.
IL NE FAUT SURTOUT PAS TOMBER ENCEINTE.
ÇA VA DURER LONGTEMPS?
CINQ ANS.
44 + 5 = 49.
MAMAN?
DÉSOLÉE... JE PENSAIS AVOIR TOUT LE TEMPS QU'IL FAUT, ALORS QUE JE N'AVAIS QU'UNE FRACTION DE SECONDE.
AU REVOIR.
PFIUT
MAMAN?
DÉSOLÉE...
J'AI TOUJOURS CRU QUE TU AURAIS UNE PETITE FILLE.
SNIF!

ÇA VA ALLER?
ÇA VA.
JE RÉCAPITULE: UNE FOIS PAR AN, VISITE OPHTALMO POUR DÉTECTER UNE ÉVENTUELLE TOXICITÉ OCULAIRE, EXAMEN GYNÉCO POUR SURVEILLER LES OVAIRES ET L'UTÉRUS, 1200 MG DE CALCIUM ET 400 UI DE VITAMINE D POUR MAINTENIR LA DENSITÉ OSSEUSE ET ON SE VOIT TOUS LES 4 MOIS, D'ACCORD?
AU DA SILVANO CE SOIR-LÀ...
SILVANO, C'EST OFFICIEL, JE N'AURAI JAMAIS D'ENFANTS...
JE SUIS HEUREUX QUE TU AILLES BIEN.
...MOI QUI AI TOUJOURS VOULU UNE FILLE, J'AI UNE CHANCE FOLLE, LEYLA EST LA MEILLEURE BELLE-FILLE DU MONDE.
15 MAI. PREMIER ANNIVERSAIRE DU DIAGNOSTIC. SILVANO A PRÉVU UNE GRANDE SURPRISE POUR MOI.
PÈRE JAKE!
MARISA!
LE PÈRE PETER JACOBS EST PRÊTRE AU VATICAN, C'EST NOTRE MAV.
AVANT LE REPAS, IL DIT UNE PRIÈRE POUR MOI...
...NEL NOME DEL PADRE E DEL FIGLIO E DELLO SPIRITO SANTO. AMEN.
ET PUIS...
PLIEZ
BEATVS IACOBVS VENETVS
Saint Iacobus,
Ta vie durant tu as accueilli dans la tendresse les malades et les souffrants, et tes mots leur furent un réconfort, et tu accomplis des miracles qui les aidèrent à surmonter la douleur. Entends ma prière, et dans ta bonté, accorde-moi ton aide. Je m'efforce à la patience dans l'adversité, et je te prie de me prémunir contre ce cancer, comme ont prié les croyants des siècles passés, invoquant ta protection.
Saint Iacobus, priez pour moi.
TRADUIT PAR LE PÈRE JAKE
PLIEZ
LE PÈRE JACOBS ME DONNE CETTE IMAGE PIEUSE. SAINT IACOBUS NAQUIT EN 1231 À VENISE, OÙ SES RELIQUES SONT CONSERVÉES À LA BASILIQUE SAINTS-JEAN-ET-PAUL. IL EST LE SAINT PATRON DES CANCÉREUX. ON A RAPPORTÉ À SON PROPOS 4 MIRACLES SPECTACULAIRES.
BON, QU'EST-CE QU'ON MANGE?

ET AUJOURD'HUI ?
JE N'AI QUE DES PENSÉES POSITIVES !
JE PARDONNE À TOUS MES ENNEMIS !
QUELS ENNEMIS ?! J'AIME TOUT LE MONDE !
JE VAIS À CHAQUE CHECK-UP DANS LA JOIE ET LA CONFIANCE !
LES FUTILITÉS NE M'ATTEIGNENT PAS !
JE N'AI PAS LE MOINDRE PETIT SOUCI !
JE VAIS CRÉER DANS MA VIE PAIX ET AMOUR
ET JE MÈNERAI UNE EXISTENCE CONFIANTE, SEREINE JUSQU'À LA FIN DE MES JOURS !
TRA LA
LA LA
LA LA
LAAA...

J'AIMERAIS QUE CE SOIT SI SIMPLE.
AUJOURD'HUI JE SUIS EN BONNE SANTÉ MAIS, À CHAQUE MAMMOGRAPHIE...
MARISA?
VOUS POUVEZ VOUS RHABILLER.
OK.
...IL Y A TOUJOURS UNE SECONDE OÙ MON CŒUR S'ARRÊTE.
SOUVENEZ-VOUS DU LIEN CANCER DU SEIN / MÉLANOME.
IL ME FAUT UNE BIOPSIE DE CE GRAIN DE BEAUTÉ.
SERINGUE N°29
MAUVAIS SIGNE?
LE DR STROBER ME TROUVE UN MÉLANOME MAIS UNE FOIS DE PLUS J'AI DE LA CHANCE. IL A ÉTÉ DÉPISTÉ EN PHASE BÉNIGNE.
QUAND LE CANCER SE MANIFESTE NON PAS 1 FOIS MAIS 2, ON VIT EN ALERTE MAXIMALE.
S'IL Y A DES CELLULES DORMANTES, J'ESPÈRE QU'ELLES NE SE RÉVEILLERONT PAS.
SI PAR MALHEUR JE RETOMBAIS MALADE...
C'EST LE COMBAT DE TA VIE.
CRÈVE!
EN SOMME, IL ME RESTE BEAUCOUP DE TRAVAIL SPIRITUEL.
BAFF!
AÏE!
DOUX, LE REGARD!
DE TRAVAIL PHYSIQUE...
JE SUIS AU RÉGIME, MAIS PAS POUR ÊTRE HYPE.
DE L'EXERCICE ET UNE MASSE CORPORELLE RÉDUITE AIDENT À PRÉVENIR LA RECHUTE.
ET BEAUCOUP DE TRAVAIL ÉMOTIONNEL.
JE ME TUE À ÊTRE DANS LES TEMPS...
...MAIS RESTER EN VIE, C'EST BIEN PLUS DE TRAVAIL, ET JE NE "FERME" PAS À 17H.

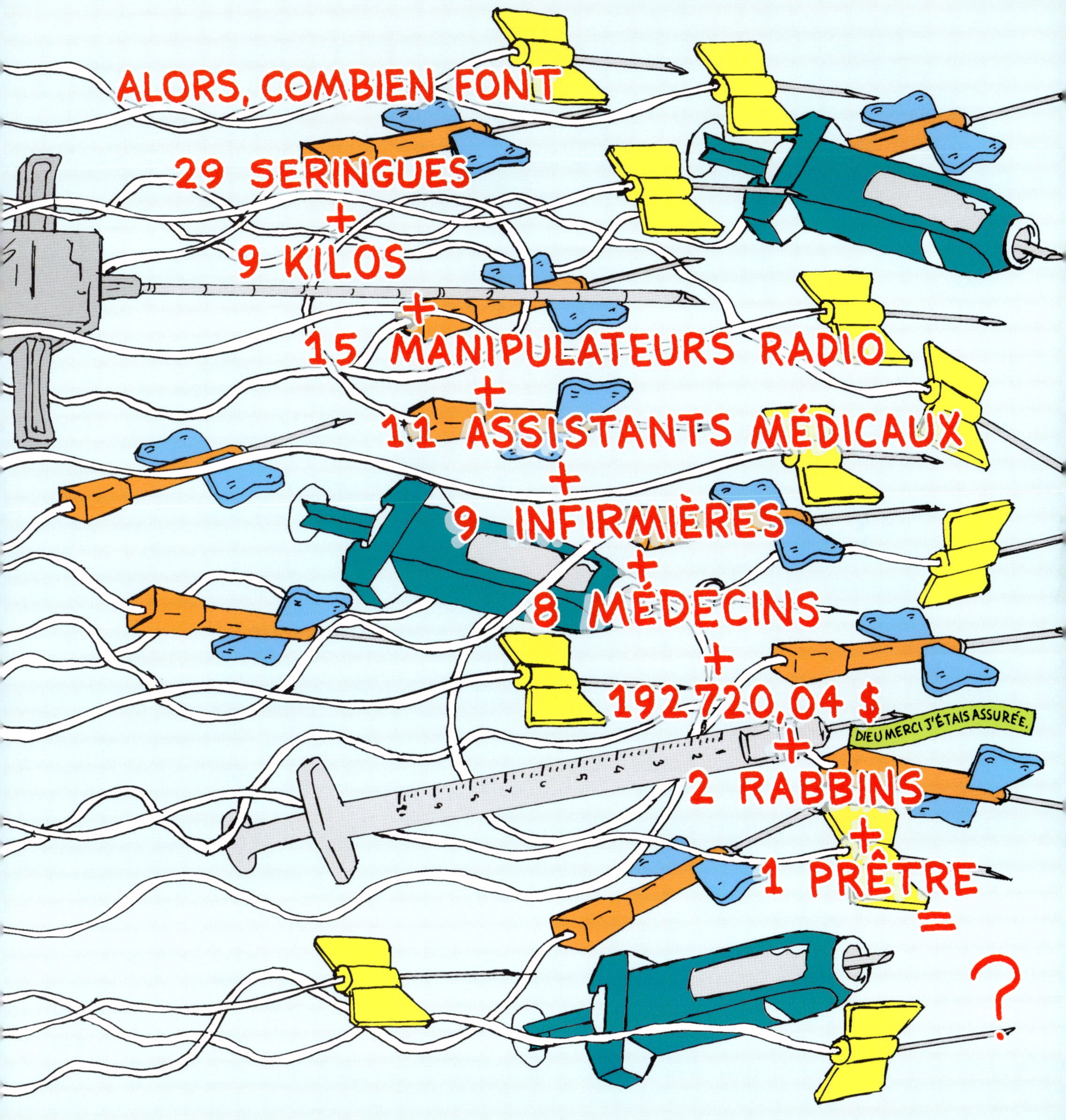
ALORS, COMBIEN FONT
29 SERINGUES
+
9 KILOS
+
15 MANIPULATEURS RADIO
+
11 ASSISTANTS MÉDICAUX
+
9 INFIRMIÈRES
+
8 MÉDECINS
+
192 720,04 $
DIEU MERCI J'ÉTAIS ASSURÉE.
+
2 RABBINS
+
1 PRÊTRE
=
?

RÉPONSE:

MON TOUT FAIT UNE EXPÉRIENCE

QUI M'A CHANGÉE À JAMAIS...

14 JUIN. NOUS REVENONS DU GRAND PRIX DE MONTRÉAL. C'EST LE WEEK-END DE NOTRE 1ER ANNIVERSAIRE DE MARIAGE.
C'EST LE PIRE ORAGE QUE J'AIE JAMAIS VU.
SAUF DANS LES FILMS.
JE N'Y VOIS RIEN.
IL FAUT QU'ON S'ARRÊTE.
60 PERSONNES ONT RÉSERVÉ POUR UNE FÊTE CE SOIR...
MOTOROLA
Numéros d'urgence
...ET JE NE CAPTE PAS.
ON EST DANS UN TROU NOIR.

ÇA M'EXASPÈRE, CE TEMPS.
MAIS NON, ÇA VAUT LE COUP, CES ÉCLAIRS SPECTACULAIRES, CE BROUILLARD INCROYABLE.
TU AS PEUT-ÊTRE RAISON, MARISA.
ON ESSAIE DE REPARTIR?
DOUCEMENT...
TU SAIS QUOI, SILVANO?
CHE BELLA GIORNATA.
DANGER TRAVAUX
STRADALE

MERCI À MA FAMILLE ET À MES AMIS QUI M'ONT TOUJOURS SOUTENUE.

CE LIVRE N'AURAIT JAMAIS VU LE JOUR SANS LES ENCOURAGEMENTS CONSTANTS DE CINDI LEIVE ET DE LAUREN SMITH BRODY DE *GLAMOUR* USA ; DE MON AGENT ELIZABETH SHEINKMAN, DE L'ÉQUIPE ÉDITORIALE DE KNOPF : ROBIN DESSER, DIANA TEJERINA, ANDY HUGHES, PAUL BOGAARDS ET SONNY MEHTA, ET DE CRAIG GERIN ET SALLY WILLCOX AU CAA.

JE SALUE ICI TOUS CEUX QUI SE BATTRONT, SE BATTENT ET SE SONT BATTUS CONTRE UN CANCER, PAS SEULEMENT LE CANCER DU SEIN, MAIS TOUS LES CANCERS.

JE PRIE POUR UN REMÈDE, ET J'ESPÈRE VOIR LE JOUR OÙ CETTE MALADIE SERA ÉRADIQUÉE.

EN SOUVENIR DE JIM MARSHALL ET LORNA CLARKE.

UNE PARTIE DES BÉNÉFICES DE CET OUVRAGE SERA REVERSÉE AU PROFIT DE L'INSTITUT DE CANCÉROLOGIE GUSTAVE ROUSSY (IGR) À VILLEJUIF. CANCER AND THE CITY A ÉTÉ ÉDITÉ GRÂCE AU SOUTIEN DU GROUPE DASSAULT QUI A SOUHAITÉ PAR CE LIVRE-TÉMOIGNAGE SUR LE CANCER DU SEIN, POURSUIVRE SON ENGAGEMENT EN FAVEUR DES MÉDECINS ET CHERCHEURS DE L'IGR.